公路工程施工技术与造价管理

孟灵鑫　杨明　朱利亚　著

吉林科学技术出版社

图书在版编目（CIP）数据

公路工程施工技术与造价管理 / 孟灵鑫,杨明,朱
利亚著 . -- 长春 : 吉林科学技术出版社 , 2023.7
ISBN 978-7-5744-0630-8

Ⅰ . ①公… Ⅱ . ①孟… ②杨… ③朱… Ⅲ . ①道路施
工②道路工程－工程造价－造价管理 Ⅳ . ① U415

中国国家版本馆 CIP 数据核字 (2023) 第 136511 号

公路工程施工技术与造价管理

著	孟灵鑫 杨 明 朱利亚	
出 版 人	宛 霞	
责任编辑	袁 芳	
封面设计	道长矣	
制 版	长春美印图文设计有限公司	
幅面尺寸	185mm×260mm	
开 本	16	
字 数	200 千字	
印 张	14.25	
印 数	1-1500 册	
版 次	2023年7月第1版	
印 次	2024年2月第1次印刷	

出 版 吉林科学技术出版社
发 行 吉林科学技术出版社
地 址 长春市福祉大路5788号
邮 编 130118
发行部电话/传真 0431-81629529 81629530 81629531
81629532 81629533 81629534
储运部电话 0431-86059116
编辑部电话 0431-81629518
印 刷 三河市嵩川印刷有限公司

书 号 ISBN 978-7-5744-0630-8
定 价 86.00元

前　言

随着我国经济的快速发展，对公路交通运输的需求也越来越大，公路事业也随之蓬勃发展。施工技术管理对公路工程质量、安全可靠性、技术经济性等指标发挥着非常重要的作用，应切实加强施工技术管理工作的开展，在降低工程造价的同时，提高施工效率，确保工程质量，重点加强对重难点的控制，以科学的施工技术管理手段优化现场资源配置，进而实现工程质量、进度与成本等多方面的和谐统一，还应加强施工技术管理模式的完善与创新，打造出高质量的精品公路工程。随着公路行业的蓬勃发展，如何降低工程造价、保证成本的合理运用已经成为各个公路单位重要的工作之一。对公路工程实施合理的成本控制是当前公路行业的重要任务，科学的工程造价预结算审核工作可以很好地保障项目成本使用的合理性，对建设项目的顺利实施有着巨大的推动作用。

基于此，本书以"公路工程施工技术与造价管理"为题，首先，围绕公路工程施工展开，内容包括公路建设的内容与特点、公路工程的主要施工过程、我国公路工程施工技术的发展；其次，从公路工程的施工组织设计、公路工程施工的成本管理两方面展开深入讨论；再次，从公路工程路基的施工技术与管理、公路工程路面的施工技术与管理两方面展开，探索公路工程施工技术；最后，针对公路工程的造价原理与定额分析，公路工程概、预算的组成及编制，公路工程投资估算的内容及编制，公路工程的投标报价与造价管理方面等展开了深入讨论。

本书不仅注重构建较为科学、完善的知识结构，还在论述中力求概述清晰、系统全面、深入浅出，便于理解掌握，意在达到抛砖引玉的目的，以求探究公路工程的施工技术与造价管理。

本书由孟灵鑫、杨明、朱利亚所著，具体分工如下：孟灵鑫（温州信达交通工程试验检测有限公司）负责第一章、第二章、第五章内容撰写，计8万字；杨明（温州市交通工程管理中心）负责第三章、第四章、第七章内容撰写，计6万字；朱利亚（温州诚达交通发展股份有限公司）负责第六章、第八章、第九章内容撰写，计6万字。

　　笔者在撰写本书的过程中，得到了许多专家学者的帮助和指导，在此表示诚挚的谢意。由于笔者水平有限，加之时间仓促，书中所涉及的内容难免有疏漏之处，希望各位读者包涵，并多提宝贵意见，以便笔者进一步修改，使之更加完善。

目 录

第一章　公路工程施工概述

现代交通运输由铁路、公路、水运、航空及管道运输等组成。交通运输业是国民经济的重要组成部分，发展国民经济，发展交通运输业，首先必须进行公路建设。基于此，本章主要探索公路建设的内容与特点、公路工程的主要施工过程、我国公路工程施工技术的发展。

第一节　公路建设的内容与特点

公路运输业在整个交通运输业中占的比重较大，它具有机动、灵活、直达、快速、适应性强、服务面广的特点，在社会主义现代化建设中发挥着巨大作用，并且具有良好的发展前景。公路工程施工组织设计，就是在贯彻国家现行技术经济政策、法律法规的基础上，根据公路施工的特点，有组织、有计划地安排施工过程中的各种要素（人力、材料、机械、资金、施工方法和技术），使得公路工程项目建设的工期尽可能地短，成本尽可能得低，工程项目质量越高越好。

一、公路建设的内容

公路建设的内容，按其任务和分工不同，可以分为以下方面。

（一）公路工程的小修、保养

公路工程构造物在长期使用过程中，受到行车和自然因素的作用而不断损坏，只有通过定期和不定期的维修保养，才能保证固定资产的正常使用，保证运输生产不间断地进行，使原有的生产能力得到维持。所以，公路工程的小修、保养是实现固定资产简单再生产的重要手段。

（二）公路工程的大修、中修与技术改造

公路工程产品由不同的建筑材料按照不同的施工工艺完成，其产品各部分的功能也不

尽相同，这就决定了公路各组成部分的寿命不同。所以，尽管为了保证固定资产的正常使用进行了小修或保养，但到了一定年限某些组成部分就会丧失原有的功能，这时就应进行固定资产的更新工作。公路工程大修、中修就是固定资产的更新，通常与公路工程的技术改造相结合。所以，公路工程大修、中修与技术改造是实现固定资产的简单再生产和部分扩大再生产的重要手段。

（三）公路工程基本建设

为了提升公路运输水平，必须通过新建、扩建、改建、重建等形式实现固定资产扩大再生产。

公路建设通过固定资产的维修、固定资产的更新和技术改造、公路工程基本建设三种途径来实现固定资产的简单再生产和扩大再生产。不管哪一种公路建设途径，都需要消耗一定的资源（人力、物力、财力等）和时间，这就需要公路建设组织者研究如何以最小的成本在最短的时间内完成令人满意的建筑产品。

以上三个方面都属于公路建设的内容，都需要消耗一定的人力、物力、财力，但在资金来源、管理方式上则不尽相同。

（四）公路建设内容的资金来源和管理方式

1. 资金来源

公路工程的小修、保养及部分大修、中修由养护费开支，是由交通运输部门向有车的单位或个人征收的用于养路的事业费。

公路工程新建、改建、扩建和重建等由基本建设投资开支。基本建设资金主要有国家预算拨款、银行贷款（国内银行、国外银行）、地方投资、个人投资（国内和国外）、经国家批准的自筹资金（如发行债券、股票投资）等。

结合我国交通运输发展和建设资金现状，国家制定了发展交通运输业的政策，建立了国家公路建设特别基金：①允许集资、贷款；②对已运营高速公路、大桥实行收费，以偿还本息；③对已运营高速公路、大桥的经营权允许作为商品出售，以获取资金，再投资公路工程基本建设。

2. 管理方式

公路小修、保养由各地市交通运输部门下属的养路道班、养护公司等养路部门自行安排和管理。高速公路日常养护由各高速公路管理部门负责。

公路大修、中修及技术改造由养路部门提出计划报上级主管部门批准后，自行管理和安排。新建、改建、扩建和重建的公路工程一般由省、市政府主管部门下达任务。新建高速公路由省级主管部门上报国家主管部门审批。

总而言之，一切公路工程基本建设活动必须按照国家相关规定和要求进行管理。

二、公路建设的特点

公路建设的特点包括两个方面：一是公路建筑产品的特点，二是公路工程施工的特点。只有全面了解这两个方面，才能更好地进行施工组织与管理。

（一）公路建筑产品的特点

第一，固定性。公路建筑产品一经建成，其地点不再改变，也不能移动。

第二，多样性。公路工程的技术标准、技术等级、结构形式、使用功能等的不同，决定了公路产品的组成部分、结构形式复杂多样。

第三，庞大性。公路工程是线性构造物，跨越的地区广、占地多、形体庞大。

第四，易损性。公路工程由于暴露于大自然中，在行车和自然因素的作用下容易损坏。

（二）公路工程施工的特点

第一，施工周期长。公路工程包括路基、路面、桥梁、涵洞、隧道、交通工程设施等，建筑产品形体庞大、固定，使得施工周期长，在较长的一段时间内占用大量的人力、物力、财力，直至整个工程完工，才能使用该产品。

第二，施工流动性大。公路工程产品是线性结构，跨越的地区广，并且工程数量分布不均匀，这就要求建筑材料沿线移动运输，施工人员、机械设备沿线流动作业。公路施工的流动性，给施工企业的生产管理和生活安排带来了很大影响，也带来了施工基地的建立、施工组织形式的选择、施工运输的经济合理等问题。

第三，施工协作性强。公路工程产品复杂多样，施工环节比较多，工序复杂，要求不同专业组、不同地点、不同时间的劳动主体及材料、运输必须相互配合、通力协作。因此，施工过程中的综合平衡和调度、严密计划和科学管理就显得特别重要。

第四，施工过程中干扰因素多。公路工程施工大部分是露天作业，因此受自然条件、外界因素的影响比较大，如气候、地质、施工进度、施工成本等都有很大影响。而且，由于公路部分结构的易损性，需不断进行维修养护，才能维持正常使用性能。

只有了解公路建设的这些特点，才能找到公路施工的规律。研究和遵循这些规律，才能科学地进行施工组织与管理，提高公路建设的经济效益。

第二节　公路工程的主要施工过程

一、公路工程施工过程的基本认知

（一）公路工程施工过程的主要内容

公路工程施工过程就是生产公路建筑产品的过程，是劳动者利用劳动工具作用于劳动对象的过程，是由一系列的施工活动组成的。为了更有效地组织施工生产，必须首先研究施工过程的内容。公路工程施工过程有两方面的含义：一方面是劳动过程，施工过程离不开人、材料、施工机械等；另一方面是自然过程，如水泥混凝土的凝结硬化过程、乳化沥青分裂过程等。施工生产过程的内容是相互联系的劳动过程和自然过程的结合。

根据劳动过程的性质及在基本建设中起的作用不同，可将公路工程施工过程划分为以下四种。

1. 施工准备过程

施工准备过程是指建筑产品在投入生产前所进行的全部生产技术准备工作，如可行性研究、勘察设计、施工准备等。

2. 基本施工过程

基本施工过程是指直接为完成建筑产品而进行的生产活动，即施工现场所发生的施工活动，如路基施工、路面施工、桥涵施工等。

3. 辅助施工过程

辅助施工过程是指为保证基本施工过程的正常进行所必需的各种辅助生产活动，如动力的生产、机械设备的维修、材料的加工等。

4. 服务施工过程

服务施工过程是指为基本施工过程和辅助施工过程提供各种服务的过程，如原材料、成品、半成品、机具、燃料等的采购与运输等。

（二）公路工程施工过程的组成要素

组织公路工程施工，必须研究公路工程施工过程的最小要素，以满足施工组织、计划、控制与管理等工作的需要。

《公路工程建设项目概算预算编制办法》（JTG 3830—2018）将公路工程划分为临时工程、路基工程、路面工程、桥梁涵洞工程、隧道工程、交叉工程、交通工程及沿线设施、绿化及环境保护工程、其他工程等9个项目。每个项目又细分为若干个分部分项工程，如独立大桥工程，又划分为桥头引道、基础、下部构造、上部构造、沿线设施、调治及其他工程、临时工程等7个分部工程。

公路工程施工过程是将上述公路分部分项工程按照施工工艺流程组织施工。为了更好地管理公路工程施工过程，使施工组织设计做得更科学、合理，原则上将施工过程依次划分如下。

1. 动作与操作

动作是指工人或施工机械在施工生产时一次完成的最基本施工活动，若干个相互关联的动作组成操作。完成一个动作所耗用的时间和占用的空间是制定定额的重要原始数据。

2. 工序

工序是指施工技术相同、在劳动组织上不可分割的施工过程，工序由若干个操作组成。从施工工艺流程看，同一工序在工人数量、施工地点、施工工具及材料等方面均不发生变化。如果上述因素中某个因素发生改变，就意味着从一道工序转入另一道工序。施工组织往往以工序为最基本对象。工序是《公路工程预算定额》（JTG/T 3832—2018）的最小子目（或称工程细目），也是施工组织设计时最小的施工过程要素。

3. 操作过程

操作过程是由若干个在技术上相互关联的工序所组成的，可以相对独立完成的某一分部分项工程。如对整个路面工程而言，包括路槽、路肩、垫层、基层、面层等操作过程；其中垫层又包括铺筑、整平、洒水、碾压等工序；每一道工序又可分为若干个动作与操作。

4. 综合过程

综合过程是由若干个在产品结构上密切联系的，能最终获得一种产品的施工过程的总和，如一座独立桥梁、一条隧道、一条路线工程等。

以上划分，因工程性质及施工对象的复杂程度而异，并无统一划分的规定，要根据是否有利于科学地进行施工组织与管理而定。

（三）公路工程施工过程的逻辑关系

要保证施工过程的协调性，就需要保证各施工过程的合理顺序。施工过程的各项工作之间的先后顺序关系叫逻辑关系，按其逻辑关系的特点可分为工艺关系和组织关系。

1. 工艺关系

工艺关系是指在现有的技术和工作程序条件下，同一施工段的相邻两个工作必须遵守的先后施工顺序。生产线相邻的两个工作之间的先后施工顺序是由工艺过程决定的，受生产力水平制约，具有客观性；非生产性工作之间的先后施工顺序是由工作程序决定的。

2. 组织关系

组织关系是指在现有的管理水平下，由于工期和资源（人力、物力、财力）的限制，各项工作之间确定的施工作业方式。它受管理水平、工期和资源制约，具有主观性。

二、公路工程施工过程的组织原则

影响公路工程施工过程组织的因素有很多，如施工地点、施工性质、施工生产类型、建筑产品的结构与材料、施工机械设备条件、自然条件等，而施工过程的组织灵活多样，没有完全相同的模式。但是，不管施工过程的组织怎样变化，为了降低工程成本、缩短施工工期、保证工程质量，公路工程施工过程的组织都应遵守以下基本原则。

（一）施工过程的连续性

施工过程的连续性是指建筑产品的施工过程各阶段、各工序的进行在时间上是紧密衔接的，不发生各种不合理的中断现象。表现为在施工过程中，劳动生产力始终处在不停工的施工状态中，劳动对象始终处于被加工的状态中，这种加工可以是施工的状态，也可以是检验的状态，或者是自然过程（如水泥混凝土的凝结硬化）。

保持和提高施工过程的连续性，可以缩短施工工期、降低施工成本。

（二）施工过程的协调性

施工过程的协调性（也称比例性），是指建筑产品的施工过程各阶段、各工序之间，在生产能力上要保持一定的比例关系，各施工环节的工人数、生产效率、设备数量等都必须互相协调，不发生脱节和比例失调的现象。如某专业队人数多、生产能力强，造成产品过剩，而另一专业队人数少、生产能力较差、产品供应跟不上，这就属于比例失调，施工过程中应当避免。在施工过程中，由于受材料变化（如品种变化、货源改变等）、采用新工艺、自然因素的变化等的影响，都会使实际生产能力发生变化，造成生产能力比例失调。因此，施工组织工作必须根据变化的情况，及时采取措施，调整各种比例关系，保证施工过程的协调性。

协调性是保证施工过程能够连续进行的前提，能使施工生产过程中人力和机械设备得到充分利用，避免产品在各个施工阶段和工序之间的停顿和等待，从而缩短施工工期。

（三）施工过程的均衡性

施工过程的均衡性（也称节奏性），是指施工过程的各个环节都要按照施工计划的要求，在一定时间内生产出相等或递增数量的产品，使各生产班组或设备的任务量保持相对稳定（各施工段劳动量大致相等），不发生时松时紧现象（使用同一种材料、机械或半成品的项目，不要安排在同一时间施工）。如果施工中做到均衡性，就能充分利用机械设备和工时，避免突击赶工造成的各种损失，有利于保证生产质量、降低生产成本、调配劳动力和机械设备。

实现施工生产的均衡性，必须保持生产的比例性，加强计划管理，强化生产指挥系统，做好施工技术和物资准备。

（四）施工过程的经济性

施工过程的经济性是指施工过程除了满足技术要求外，必须讲求经济效益，要用最少的劳动消耗，尽量取得较大的生产成果。如果在施工组织中做到了连续性、协调性和均衡性，就基本上实现了施工过程的经济性。

基于以上四点可以看出，连续性、协调性、均衡性和经济性是相互制约、相互关联的。在施工组织过程中，连续性、协调性和均衡性安排得好，施工过程的经济性自然就能保证。在编制施工组织设计时，必须全面衡量上述四个方面的要求，根据实际情况协调安排。

三、公路工程施工过程的时间组织

在施工过程中，把施工对象（工程项目）按自然形态或人为地划分为若干个部分，这些部分称为施工段。根据施工段的划分数量和施工工序的分解数量，公路工程施工过程时间组织类型主要有以下四种。

（一）单施工段单工序型

单施工段单工序型是指施工任务不能划分或不需要划分为若干个施工段，只有一个施工段，且在这单一的施工段施工时仅需要一道工序就完成了施工任务。这是公路工程施工过程时间组织最简单、最基本的一种类型。

（二）单施工段多工序型

单施工段多工序型是指施工任务不能划分或不需要划分为若干个施工段，只有一个施工段，在这单一的施工段施工时需要完成 $n(n>1)$ 道工序的施工过程。如一座独立的涵洞，无法划分施工段，但需多道工序才能完成施工任务。

（三）多施工段多工序型

多施工段多工序型是指施工任务可以划分为多个施工段，每个施工段又需要完成 $n(n>1)$ 道相同工序的施工过程。如一段路线工程，每 $1\sim2km$ 划分一个施工段，每个施工段又由几道工序完成。

（四）混合型

混合型是指在一个施工任务中，含有单施工段单工序型、单施工段多工序型和多施工段多工序型中的两种或三种类型，这是施工过程中最常见的一种类型。例如，一项施工任务中，既有路线工程，又有独立涵洞或小桥。路线工程可划分由若干个施工段若干道工序完成，而独立涵洞或小桥只能作为一个施工段分解为若干道工序完成施工任务。此为公路工程施工过程时间组织的混合型。

四、公路工程施工过程的作业方式

（一）作业方式的主要类型

在公路施工生产中，施工队（班组）对施工对象的施工作业方式一般可分为顺序（依次）作业法、平行作业法和流水作业法三种基本施工方式，也称组织方式。

1. 顺序作业

顺序作业是只组织一个施工队，按工艺流程和施工程序，该队完成所有施工段上的所有工作。顺序作业方式具有以下特点。

（1）优点。单位时间内投入的劳动力、施工机具、材料等资源量较少，有利于资源供应的组织；施工现场的组织、管理比较简单。

（2）缺点。没有充分地利用工作面进行施工，工期长。如果由一个施工队完成全部施工任务，则不能实现专业化施工，不利于提高劳动生产率和工程质量；如果按专业成立施工队，则各专业队不能连续作业，有时间间歇，劳动力及施工机具等资源无法均衡使用。

2. 平行作业

平行作业是组织几个劳动组织相同的独立施工队，在同一时间、不同空间按工艺关系和组织关系要求完成各项工作。平行作业方式具有以下特点。

（1）优点。充分地利用工作面进行施工，工期短。

（2）缺点。如果每一个施工段的每项工作均成立专业队，则各专业队不能连续作业，劳动力及施工机具等资源无法均衡使用；如果由一个工作队完成一个施工段的全部施工任务，则不能实现专业化施工，不利于提高劳动生产率和工程质量。单位时间内投入的劳动力、施工机具、材料等资源量成倍地增加，不利于资源供应的组织；施工现场的组织管理比较复杂。

3. 流水作业

流水作业是将拟建施工项目中的每一个施工对象分解为若干个工作并按照工作成立相应的专业队，各专业队按照施工顺序依次完成各施工对象的施工过程，同时保证施工在时间和空间上连续、均衡和有节奏地进行，使相邻两个专业队能最大限度地搭接作业。流水作业方式具有以下特点。

（1）科学地利用了工作面，使各道工序紧凑地进行施工，施工队依次转移，减少了停工和窝工现象的产生，加快了进度，计算总工期比较合理。

（2）实现了专业化作业，为工人提高技术水平和进行技术改造、革新创造了有利条件，更好地保证了工程质量，提高了劳动生产率。

（3）实现了连续作业，相邻的专业队之间实现了最大限度的合理搭接。

（4）单位时间投入施工的资源量较为均衡，有利于资源供应的组织工作。

（5）为文明施工和进行现场的科学管理创造了有利条件。

（二）流水作业的经济效果

通过比较三种施工方式可以看出，流水作业法是一种先进、科学的施工方式。由于其在工艺过程划分、时间安排和空间布置上进行统筹安排，可体现出优越的技术经济效果。

第一，施工工期较短，可以尽早发挥投资效益。由于流水施工的节奏性、连续性，可以加快各专业队的施工进度、减少时间间隔。特别是相邻专业队在开工时间上可以最大限度地进行搭接，充分地利用工作面，做到尽可能早地开始工作，从而达到缩短工期的目的，使工程尽快交付使用或投产，尽早获得经济效益和社会效益。

第二，实现专业化生产，可以提高施工技术水平和劳动生产率。由于流水施工方式建立了合理的劳动组织，使各工作队实现了专业化生产，工人连续作业，操作熟练，便于不断改进操作方法和施工机具，可以不断提高施工技术水平和劳动生产率。

第三，连续施工，可以充分发挥施工机械和劳动力的生产效率。由于流水施工组织合理，工人连续作业，没有窝工现象，机械闲置时间少，增加了有效劳动时间，从而使施工机械和劳动力的生产率得以充分发挥。

第四，提高工程质量，可以增加建设工程的使用寿命和节约使用过程中的维修费用。由于流水施工实现了专业化生产，工人技术水平高，而且各专业队之间紧密地搭接作业可以互相监督，使工程质量得到提高，因而可以延长建设工程的使用寿命，同时可以减少建设工程使用过程中的维修费用。

第五，降低工程成本，可以提高承包单位的经济效益。资源消耗均衡，便于组织资源供应，使得资源储存合理、利用充分，从而减少各种不必要的损失，节约材料费；生产率高，可以节约人工费和机械使用费；降低了施工高峰人数，使材料、设备得到合理供应，可以减少临时设施工程费；工期较短，可以减少企业管理费。

（三）作业方式的综合运用

顺序作业法、平行作业法、流水作业法在生产过程中不仅可以单独运用，而且可以根据具体条件将三种基本作业方式加以综合运用，从而形成平行流水作业法、平行顺序作业法及立体交叉平行流水作业法。这些施工过程组织的综合形式，一般均能取得较明显的经济效果。

1. 平行流水作业法

在平行作业法的基础上，按照流水作业法的原则组织施工，以达到适当缩短工期，使劳动力、材料、机具需要量保持均衡的目的。

2. 平行顺序作业法

平行顺序作业法的实质是用增加施工力量的方法来达到缩短工期的目的。它使顺序作业法和平行作业法的缺点更加突出，仅适用于突击性施工情况。

3. 立体交叉平行流水作业法

立体交叉平行流水作业法是在平行流水作业法的基础上，采用上、下、左、右全面施工的方法。它可以充分利用工作面来有效地缩短工期，一般适用于工序繁多、工程特别集中的大型构造物的施工，如大桥、隧道等工程量大、工作面狭窄、工期短的情况。

第三节　我国公路工程施工技术的发展

近几年，我国的交通事业蓬勃发展，公路工程数量不断增加，规模不断在增大。[①] 我国公路工程施工技术发展历程中的典型工程主要包括路基路面工程和桥梁工程。

---

① 方翠兰，张力. 基于模糊神经网络的公路工程造价评估研究 [J]. 公路工程，2017，42（4）：228.

一、路基路面工程

随着汽车工业和交通运输的发展，现代化公路的路基路面工程逐步形成了新的学科分支。我国路基路面工程科技工作者在路基路面工程建设和科学研究中取得了许多突破性的成果。

（一）路基强度与稳定性

根据不同类别土的特性，研究了粒料加固、石灰加固、水泥加固、专用固化剂加固等行之有效的技术措施。在多年冻土地区、膨胀土地区、沙漠地区、黄土地区、盐渍土地区等特殊地区，通过研究采用各种有效技术修建公路路基，取得了十分宝贵的经验。

（二）高路堤修筑技术与支挡结构

为了提高路堤路基的稳定性，研究提出的技术措施包括：减轻路堤自重，采用轻质粉煤灰或轻质塑料块修筑路基；修筑轻型路基支挡结构，特别是加筋土挡墙的研究和工程建设取得了许多成果，如条带加筋、网格加筋、土工织物加筋等均取得良好效果。

（三）软土地基稳定技术

在软土地基上修筑路基路面，天然地面的自然平衡状态将发生改变，在很长时间内路基将处于不稳定状态。为此，广泛开展了软土的调查与判别方法研究，提出了改变软土性质的技术措施，如砂井或塑料排水板排水固结法、沙层排水加载预压法、无机结合料深层加固法、真空预压法、薄壁管桩法等。在力学分析研究方面，通过现场跟踪观测与建立预测分析模型预估与控制软土地基加固后的工后沉降，从而提高路基的稳定性。

（四）岩石路基爆破技术

利用爆破技术开山筑路在我国有悠久的历史，但在最近几十年中，我国山区筑路工程技术有了新的发展，创造了系统的大爆破技术，每次总装炸药量多达数十吨，一次爆破可清除岩石数十万立方米。大爆破以现代爆破理论为基础，事先进行周密的勘测与调查。经过精心设计的大爆破不仅能降低造价、缩短工期，而且能使爆破后形成的坡面状况十分接近路基横断面设计要求。

（五）沥青路面

20 世纪 60 年代初，随着我国石油资源的大规模开发，我国开始使用国产沥青筑路。早期的沥青路面主要采用薄层表面处治层，以改善行车条件。20 世纪 70 年代末，逐步形成了以灌入式沥青路面为主的沥青路面承重结构。20 世纪 80 年代末，开始兴建高速公路，沥青路面成为主要的路面形式。通过 30 多年的集中攻关，对无机结合料稳定类基层（也称半刚性基层）沥青路面进行了系统的研究，形成了我国沥青路面的主要结构及我国半刚性基层沥青路面设计、施工及管理成套技术，包括沥青原材料的生产工艺、装备，沥青材料的技术指标与标准、试验设备及方法，沥青混合料的技术指标与标准，混合料设计技术，混合料性能检测设备及方法，沥青路面现代化施工整套设备、施工技术与施工管理等。我国也对粒料类基层和沥青结合料类基层（也称柔性基层）、水泥混凝土类基层（也称刚性基层）沥青路面的设计与使用性能进行研究，逐步形成了适合我国特点的沥青路面结构与材料设计方法。

（六）水泥混凝土路面

20 世纪 70 年代中期，交通运输发展速度加快，为提高部分干线公路、城市道路及厂矿道路承重能力，相继采用水泥混凝土路面结构。随后，针对水泥混凝土路面存在的各种问题，开展了系统而具有相当规模的科学研究，从而在我国形成了修筑水泥混凝土路面的成套技术，包括水泥的性能、指标、标准及生产工艺，水泥混凝土路面基层的作用，水泥混凝土路面结构性能与设计方法，接缝构造、工作原理及接缝设计方法，水泥混凝土路面小规模施工和大规模现代化施工成套装备及施工方法、施工组织管理等。20 世纪 80 年代中期，东南大学负责在江苏盐城修筑了我国第一条连续配筋水泥混凝土路面。20 世纪 90 年代中期，又在江苏镇江修筑了更大规模的连续配筋水泥混凝土路面。2001 年，在南京修筑了连续配筋水泥混凝土沥青混凝土路面结构，首次进行了长久性沥青路面的尝试，为我国连续配筋混凝土路面使用奠定了一定的基础。此后，对钢纤维混凝土路面、碾压混凝土路面、复合结构混凝土路面等新型路面结构开展了系统研究，并取得一批实用性研究成果。

（七）绿色道路路面建设技术

绿色交通是 21 世纪资源节约型交通建设的主题。近年来，围绕温拌技术，开展了温拌沥青路面设计与施工技术、温拌橡胶沥青的设计与施工等系列技术研究，以减少热拌沥青混凝土施工过程中对能源的消耗。围绕再生技术，进行了沥青路面厂拌热再生和厂拌冷再生技术、沥青路面就地热再生技术和就地冷再生技术、全厚式再生技术等系列再生技术的应用研究。结合水泥混凝土路面旧路改造，进行了水泥混凝土路面就地碎石化技术和水泥混凝土路面材料再生利用等技术研究，形成了成套的绿色路面建养技术。

二、桥梁工程

我国公路桥梁工程施工技术的发展可概括为中小跨径桥梁施工装配式、工厂化、大型机械化及标准化，大跨径桥梁施工技术成熟化和创新化。

（一）中小跨径桥梁施工技术

我国已经全面掌握了中小跨径钢筋混凝土桥梁和预应力钢筋混凝土桥梁施工技术。中小跨径桥梁施工技术从设计与施工相互独立的状态，已经逐渐发展成把设计和施工紧密结合起来，进行标准化设计和施工，采用工厂化加工制作和现场大型机械化施工，全过程标准化施工、精细化管理、自动化监测的系统化施工技术，这种施工技术在我国公路桥梁建设中已得到广泛使用。

东海大桥是我国第一座真正意义上的跨海大桥，其非通航孔桥跨均采用上述施工方法。桩基采用大口径 PHC 桩和钢管桩，工厂制造、接长，现场整体起吊插打；承台采用混凝土预制套箱，整体安装后浇筑封底混凝土，再分批次浇筑承台混凝土；墩身采用预制吊装方案，现浇湿接头；梁部则根据该地区海况，选择了 60m 和 70m 两种跨度箱梁，两种箱梁均为工厂预制，大型浮吊整孔安装，5~6 孔一联形成后连续采用预制安装的方法，该桥仅花了 3 年时间就完成了施工。

杭州湾跨海大桥全长 36km，水文气象条件非常复杂，施工非常困难。其 50m 和 70m 跨径连续梁也是采用工厂化整孔预制、现场大型机械化整孔吊装施工技术。这种针对中小跨径桥梁的整孔预制吊装、运架一体化的工艺体现了现代桥梁发展机械大型化的发展趋势。

东海大桥、杭州湾跨海大桥等超长跨海工程在强潮和台风侵袭的内海和海湾中，创造性地引入了近万根钢管桩、钻孔灌注桩的群桩基础精准定位、快速施打、预制装配等新技术。

（二）大跨径桥梁

大跨径桥梁通常是指跨越能力在百米及以上的拱桥、斜拉桥及悬索桥。大跨径桥梁塔高、跨径大、自振周期长。[①] 进入 21 世纪以后，我国大跨径桥梁施工技术已经逐渐成熟化和创新化，全面掌握了大型深水群桩基础施工技术，千米级斜拉桥（塔、索、梁）制造、安装和控制技术，大跨钢箱梁建造、超长缆索制造、混凝土高塔、长大深埋沉管隧道、离岸厚软桥隧转换人工岛及海上长联桥梁施工等施工技术。

2008 年建成的苏通大桥是我国自主设计和建造的世界首座突破千米跨径的斜拉桥，主跨跨径 1088m，在施工技术方面攻克了深水急流中施工平台搭设及群桩基础施工（131 根、直径 2.8m、桩长 120m）和高塔（300.4m）、长索（577m）、大跨结构施工控制等十余项世界级关键技术难题，解决了千米级斜拉桥几何非线性及与施工控制对接技术难题，研发了具有自主知识产权的桥梁结构静动力空间分析软件，为设计及施工控制提供了关键技术手段。在国际上首次创建了深水、急流、潮汐河段条件下大型群桩基础全钢护筒施工控制技术，将倾斜度由传统的 1/100 提高到 1/200，研发了多点同步控制整体下沉和定位施工控制技术，实现了世界上最大钢吊箱整体下沉，将定位精度由传统的 50mm 提高到 20mm，突破了大型钢吊箱的规模和重量制约。在国际上首次系统地提出了千米级斜拉桥施工全过程自适应几何控制方法并建立了制造安装一体化控制系统，创建了索塔、斜拉索、钢箱梁数字化制造安装控制关键技术。技术应用实现了高塔倾斜度从 1/3000 提高到 1/42000、长索制作精度从 1/5000 提高到 1/20000、主梁标高误差 ≤ L/4000、桥轴线误差 ≤ L/45000，攻克

---

① 杨伟林，高志兵，陶小三，等 . 厚软场地上大跨径桥梁设计反应谱研究 [J]. 防灾减灾工程学报，2005，25（4）：394.

了千米级斜拉桥施工控制技术难题。

2012年建成通车的泰州大桥为世界上首座跨径突破千米的三塔连跨悬索桥，实现了巨型深水沉井基础施工，研发了世界首创的"沉井钢锚墩＋锚系"半刚性定位系统，增强了沉井在施工过程中的操控性，能有效抑制沉井摆动，保证定位精确度，增强了对水文、气象、航运等环境因素的适应性，攻克了钢塔用150mm高强度厚承压板焊接质量及变形控制难题，创下了我国桥梁建设史上熔透焊缝对接厚度之最，掌握了三塔悬索桥上部结构施工关键技术，形成了施工步道、主缆、钢箱梁施工成套技术，研发了紧缆机、缠丝机、主缆除湿系统等关键设备。

2018年建成通车的港珠澳大桥，围绕跨海集群工程建设关键技术，成功掌握了外海厚软基大回淤超长沉管隧道施工关键技术、外海厚软基桥隧转换人工岛施工关键技术、海上装配式桥梁施工关键技术、跨海集群工程混凝土结构120年使用寿命保障关键技术及安全环保关键技术等。

在其他桥梁的建设中，也各有突破。在长江边透水的软弱深厚覆盖层中，润扬长江公路大桥成功地实现了敞开式锚碇深基坑开挖的矩形地下连续墙工法和排桩冻结工法的技术突破；阳逻长江大桥、黄埔大桥发展了圆形地下连续墙施工工艺；南京长江四桥发展了双环形地下连续墙施工工艺。继江阴长江大桥陆域沉放巨型深沉井（平面尺寸70m×59m、深58m）之后，泰州大桥创造了沉入19m水深和55m覆盖层的沉井工法新纪录。

（三）隧道工程

近年来，我国隧道及地下工程得到了前所未有的迅速发展。目前，我国已掌握特长山岭隧道建设技术、软岩隧道大变形控制技术、高瓦斯隧道建设技术、岩爆隧道建设技术、大断面矩形顶管及矩形盾构设计与应用技术，隧道机械化施工水平等方面取得了进一步突破。

1. 地质勘测

近年来，勘测水平不断提高。随着复杂地质条件下大埋深和长洞线隧道工程的不断增多，工程勘察综合利用了遥测遥感、多点高频物探、GIS、GPS等技术，不仅提高了勘测效率，也大幅提高了控制精度等级。施工技术方面引入BIM技术，建立3D数字化模型，把施工中所需物料的信息纳入模型中，对施工中的难点、重点进行模拟演示，严格把控物料的输入与输出。

2. 开挖和支护技术

我国在公路隧道开挖和支护流水线作业领域，先后自主研发了挖装机、液压凿岩设备、自动机械化混凝土喷射设备、拱架安装机、模板台车和移动栈桥等一系列施工设备，极大地提高了工作效率。近年来，科研施工人员不断地摸索研究，自主制造了中国盾构，且在国内及国际市场上得到了广泛的推广与应用。通过大量工程实践，汲取经验，不断创新、改进和完善了 TBM 技术，攻克了 TBM 在软弱地层掘进脱困与沉降控制核心技术，从而形成了具有中国特色的超浅埋、大宽度、小净距矩形顶管与盾构技术，创造了多项世界隧道施工领域纪录。

3. 防灾与减灾

隧道地质灾害主要包括突水突泥、岩爆、大变形和高瓦斯。突水突泥灾害源的定位定量预报技术取得了较大突破，尤其是对含水构造的静储量估算。灾害预测预警尝试建立以微震为载体的多元信息综合预报预警系统，以实现对灾害补给水量和涌水量的预测预警，该技术已在成兰铁路跃龙门隧道进行了现场试验。

对大规模突水突泥灾害的治理，涌现出了一系列新型注浆材料及配套工艺、装备，初步解决了高压大流量动水封堵与富水破碎岩体加固的技术难题，如江西吉莲高速公路莲花隧道大规模破碎带突水突泥的治理。

隧道工程结构新材料与运营管理的进步以防排水材料、衬砌混凝土材料及反光材料为代表，隧道结构新材料及工艺不断涌现，如喷涂速凝型防水材料、高性能防腐混凝土、自发光材料等。隧道风险监控方面发展了无线智慧感知及可视化技术，研发了隧道结构健康快速检测车，提出了等效节能照明理念，并以秦岭终南山公路隧道为应用示范工程，突破了长大隧道防灾救灾和通风照明技术的难题，采取竖井送排式纵向通风方式，每座隧道洞内设置 3 处特殊照明带，缓解驾驶疲劳。

第二章　公路工程的施工组织设计

当前，大型公路工程项目建设质量是推动国民经济政治社会稳定发展的经济技术力量基础，公路工程项目建设设计施工质量对促进整个国家的稳定和经济发展水平提高，以及全体人民的生命财产安全、生活品质、文化水平等，具有非常重要的指导意义和积极推动作用。基于此，本章主要探索公路工程施工方案的确定、公路工程施工进度计划的编制、公路工程资源供应计划的编制、公路工程施工平面图规划设计。

第一节　公路工程施工方案的确定

施工方案是指对工、料、机等生产要素所做的总体设想和安排。施工方案是编制施工组织设计首先要考虑的问题，也是决定其他内容的基础。施工方案的选择是决定整个工程全局的关键，施工方案一经确定，则整个工程施工的进程、人力及机械的需要和布置、工程质量、施工安全、工程成本、现场的状况等也就随之被规定下来。施工组织的各个方面无一不与施工方案发生联系而受到重大影响。施工方案的优劣，在很大程度上决定了施工组织设计的质量和施工任务完成的好坏。因此，确定一个先进合理、切实可行的施工方案是公路工程施工组织设计重要的内容。

选择施工方案的基本要求是科学合理、组织严密、实用性强，施工期限满足业主要求，确保工程质量和施工安全，工料机消耗和施工费用最低。

工程施工方案主要包括技术方面（施工方法的制定、施工机具的选择）和组织方面（施工顺序的安排、流水施工的组织）的内容。

一、公路工程施工方案的主要内容

（一）制定施工方法

工程的各个施工过程均可以采用各种不同的方法进行施工。凡是采用新技术、新工艺、新材料、新设备和对本工程的施工质量起关键作用的项目，或技术复杂、工人操作不熟练的工序，在施工方案中要详细说明施工方法和技术措施，必要时单独编制施工作业设计指导书。对于常见的一般结构形式，工人已熟练掌握的常规做法，则可不必详述。

施工方法是施工方案的核心内容，它对工程的实施具有决定性的作用。施工方法在技术上必须保证工程质量、提高劳动生产率、加快施工进度及充分利用施工机械的要求，做到技术上先进、经济上合理。在拟定工程施工方法的同时，要明确指出该施工项目的质量标准以及确保质量和安全的措施。施工方法必须具备实现的可能性；应满足合同工期的要求；应进行多种可能方案的经济比较，力求降低成本；能够保证施工质量和安全；应尽量采用机械化施工，提高机械化施工水平，以便加快施工进度。

施工方法的确定取决于工程特点、工期要求、施工条件、质量要求等因素，各种不同类型工程的施工方法有很大差异。对于同一种工程，其施工作业方法也有多种可供选择，如路基填土拌和时可采用路拌法和厂拌法两种，桥梁安装时可采用木扒杆、桥机或起重设备等多种方法。

（二）选择施工机具

施工方法一经确定，机械设备的选择就应以满足施工方法的要求为基本原则，而正确选择施工机械能使施工方法更为先进、合理。因此，施工机械的选择，在很大程度上决定了施工方案的优劣，所以施工机械选择时应注意以下方面：

第一，遵循施工条件。选择施工机械必须符合施工现场的地质、地形等条件及施工进度等要求，这是合理选择施工机械的重要依据。

第二，符合施工企业情况。尽管某种施工机械在各方面都很合适，但该施工企业没有或购置不划算，就不能作为可选择的方案。

第三，坚持经济性原则。施工机械在使用过程中有损耗费、运行费。为了减少施工过程中产生的费用，不能使用多功能的机械设备来完成单一的工作，一定要以满足施工需要为目的。

第四，遵循合理配合的原则。选择施工机械时，一定要保证主导施工机械的充分利用，再来配置辅助施工机械。如在土方工程施工中，使用单斗挖掘机挖土时，需要配置几台自卸汽车运输，自卸汽车的数量必须保证挖掘机连续不断地工作而不致因等车造成停歇。同时，自卸汽车的数量也必须与挖掘机单斗容量相匹配，以保证充分发挥挖掘机的效力。

第五，从全局出发，统筹考虑选择。从全局出发就是不仅考虑本项工程施工的需要，也要考虑所承担的同一施工现场其他工程施工的需要。

第六，购置机械和租赁机械的选择。根据工程量的大小与企业资金情况，对施工需要的机械是购置还是租赁，要进行比较选择。

施工机械的设备配置主要包括以下类型：

1. 路基工程施工机械设备的配置

（1）路基工程施工机械设备的配置种类。路基工程施工机械设备主要包括推土机、装载机、挖掘机、铲运机、平地机、压路机、凿岩机及石料破碎和筛分设备，应根据工程的作业要求，选择不同的机械设备。

（2）路基工程施工机械设备的配置方案

第一，对于清基和料场准备等路基施工前的准备工作，选择的机械与设备主要有推土机、挖掘机、装载机和平地机等；遇有沼泽地段的土方挖运任务，应选用湿地推土机。

第二，对于土方开挖工程，选择的机械与设备主要有推土机、装载机、挖掘机、铲运机和自卸汽车等。

第三，对于石方开挖工程，选择的机械与设备主要有挖掘机、推土机、移动式空气压缩机、凿岩机、爆破设备等。

第四，对于土石填筑工程，选择的机械与设备主要有推土机、铲运机、羊足碾、压路机、洒水车、平地机和自卸汽车等。

第五，对于路基整形工程，选择的机械与设备主要有平地机、推土机和挖掘机等。

2. 路面基层施工机械设备的配置

（1）路面基层施工机械设备的配置原则

第一，达到计划生产量，确保工期。

第二，充分利用主机的生产能力。

第三，主导机械与辅助机械及运输工具之间的工作能力要保持平衡，使机械得到合理的配合利用。

第四，进行比较和核算，使机械设备经营费用降到最低。

（2）路面基层施工机械设备的配置方案

第一，基层材料的拌和设备选择集中拌和（厂拌）采用成套的稳定土拌和设备，现场拌和（路拌）采用稳定土拌和机。

第二，摊铺平整机械选择拌和料摊铺机、平地机、石屑或厂料撒布车。

第三，装运机械选择装载机和运输车辆。

第四，压实设备选择压路机。

第五，清除设备和养护设备选择清除机、洒水车。

3. 沥青路面施工机械设备的配置

（1）沥青混凝土搅拌设备的配置。根据工作量和工期选择设备的生产能力和移动方式，一般生产能力要相当于摊铺能力的70%左右。沥青混合料拌和厂一般包括原材料存放场地、沥青储存及加热设备、搅拌设备、试验室及办公用房。高等级公路一般选用生产量高的强制间歇式沥青混凝土搅拌设备。高等级公路路面的施工机械应优先选择自动化程度较高和生产能力较强的机械，以摊铺、拌和为主导机械，并与自卸汽车、碾压设备配套作业，通过优化组合，使沥青路面施工全部实现机械化。

（2）沥青混凝土摊铺机的配置。通常每台摊铺机的摊铺宽度不宜超过7.5m，可以按照摊铺宽度选用、确定摊铺机的台数。

（3）沥青路面压实机械配置。沥青路面压实机械配置有光轮压路机、轮胎压路机和双轮双振动压路机。

4.混凝土路面施工机械设备配置

水泥混凝土路面施工设备主要有混凝土搅拌楼、装载机、运输车、布料机、挖掘机、吊车、滑膜摊铺机、整平梁、拉毛养护机、切缝机、洒水车等，通常按施工方法配置。

（1）滑膜式摊铺施工。水泥混凝土搅拌楼容量应满足滑膜摊铺机施工速度 1m/min 的要求，高等级公路施工宜选配宽度为 7.5~12.5m 的大型滑膜摊铺机，远距离运输宜选混凝土罐送车，可配备一台轮胎式挖掘机辅助布料。

（2）轨道式摊铺施工。除水泥混凝土生产和运输设备外，还要配备卸料机、摊铺机、振捣机、整平机、拉毛养护机等。

5.桥梁工程施工机械设备的配置

（1）通用施工机械。常用的有各类吊车、各类运输车辆和自卸汽车等。桥梁工程的混凝土生产与运输机械主要有混凝土搅拌站、混凝土运输车、混凝土泵和混凝土泵车。

（2）下部施工机械。下部施工机械分为预制桩施工机械和灌注桩施工机械。预制桩施工机械包括常用的施工设备有蒸汽打桩机、液压打桩机、振动沉拔桩机、静压沉桩机等。灌注桩施工机械包括根据施工方法的不同配置不同的施工机械。

第一，全套管施工法要相应配置全套管钻机。

第二，旋转钻施工法要相应配置有钻杆旋转机和无钻杆旋转机（潜水钻机）。

第三，旋挖钻孔法要相应配置旋挖钻孔机。

第四，冲击钻孔法要相应配置冲击钻机。

第五，螺旋钻孔法要相应配置螺旋钻孔机。

（3）上部施工机械。上部施工机械根据施工方法的不同配置不同的施工机械。

第一，顶推法的主要施工设备有油泵车、大吨位千斤顶、导向装置等。

第二，滑模施工方法的主要施工设备有滑移模架、卷扬机油泵、油缸、钢模板等。

第三，悬臂施工方法的主要施工设备有吊车、悬挂用专门设计的挂篮设备等。

第四，预制吊装施工方法的主要施工设备有各类吊车或卷扬机、万能杆件、贝雷架等。

第五，满堂支架现浇法的主要施工设备有各类万能杆件、贝雷架和各类轻型钢管支架等。

另外，对跨海大桥的施工需配置相应的专业施工设备，如打桩船、浮吊、搅拌船等。

6. 隧道工程施工机械设备的配置

由于隧道的类型不同，使用施工机械也不相同，有的隧道使用一般的土石方机械即可施工，有的隧道需使用专用施工机械，如使用全断面掘进机（TBM）、壁式掘进机、液压冲击锤等。盾构法施工盾构的形式多样，按开挖方式的不同，可分为手工挖掘式、半机械挖掘式、机械化挖掘式三种；机械化盾构也有多种形式，主要有刀盘式、行星轮式、铲斗式、钳爪式、铣削壁式和网格切割式盾构。所以，根据施工方法的不同，需配备不同的设备。下面主要介绍暗挖施工法的机械配置，主要包括：

（1）钻孔机械，包括风动凿岩机、液压凿岩机、凿岩台车。

（2）装药台车，找顶及清底机械。

（3）初次支护机械，包括锚杆台车、混凝土喷射机、混凝土喷射机械手。

（4）注浆机械，包括钻孔机、注浆机。

（5）装渣机械，包括轮胎式装载机、履带式装载机、扒爪装岩机、铲斗装岩机。

（6）运输机械，包括自卸汽车、矿车。

（7）二次支护衬砌机械，包括模板衬砌台车（混凝土搅拌站、搅拌运输车、混凝土运输泵）。

（三）安排施工顺序

施工顺序的安排是编制施工方案的主要内容。施工顺序安排得好，可以加快施工进度，减少人工和机械的停歇时间，并能充分利用工作面，避免施工干扰，科学地、均衡地、连续地施工。工程施工顺序具有一定的规律性，在工程施工中要认真研究和分析施工顺序的基本因素，制定出最佳的施工顺序。施工顺序安排的原则如下：

第一，符合工程施工工艺的要求，即工程项目各施工过程之间存在一定的工艺顺序关系。如在桩基础施工中，钻孔后要尽快地灌注混凝土，以防止塌孔，两道工序必须紧密衔接。

第二，遵从合理组织施工过程的基本原则，即符合施工过程的连续性、协调性、均衡性、经济性原则。

第三，考虑关键工程、重点工程、控制工程的合理施工顺序。如公路工程中的大桥、隧道、深堑等，如不在前期完工，可能导致其他工程不能施工（如无法运输材料、机具，工期太长，路面摊铺等），所以要集中力量、重点控制、重点安排。

第四，考虑施工质量的要求，在安排施工顺序时，要以确保施工质量作为前提条件，如果有影响工程质量的问题，要重新安排或者采取必要的技术措施保证工程质量。

第五，使施工顺序、施工方法、施工机具相协调。例如，在钢筋混凝土梁体施工时，简支梁桥和连续梁桥的施工顺序显然不相同，由于施工方法不同，所采用时机具设备不同，施工顺序也必然不同。

第六，考虑水文、地质、气候的影响。在安排施工顺序时，要充分考虑洪水、雨季、冬季、季风、不良地质地段等因素的影响。如路基施工一般应安排在雨季到来之前或雨季结束之后。

第七，考虑施工期、安全生产、环境、保护等要求，尽力使工期最短。

（四）组织流水施工

在公路工程施工过程中，将建筑产品施工的各道工序分配给不同的专业施工队去完成，每个专业施工队按照确定的施工次序在不同的时间相继在各个施工段进行相同的施工生产，由此形成了专业队、施工机械和材料供应的移动路线，称为流水线。以流水形式组织施工作业，可使整个施工过程始终连续、均衡、协调地进行。不论是分部分项工程，还是单位、单项工程，都可以组织流水作业，按流水作业法组织施工。

1. 流水作业施工的主要类型

工程建筑物、构筑物的复杂程度不同，同时受地理环境影响不同，造成了流水参数的差异。公路工程施工过程根据流水节拍的不同，可将流水作业施工分为有节拍流水作业和无节拍流水作业。有节拍流水作业是同一工序的流水节拍值在各施工段相等的流水作业类型，无节拍流水作业是施工任务的流水节拍无规律的施工组织类型。

（1）有节拍流水作业划分及总工期。有节拍流水作业分为全等节拍流水、成倍节拍流水和分别流水。

第一，全等节拍流水。全等节拍流水是指在组织流水作业时，所有工序（施工过程）在各个施工段上的流水节拍值彼此都相等的组织方式。

第二，成倍节拍流水。成倍节拍流水是指相同工序的流水节拍值在各施工段上都相等，不同工序的流水节拍值彼此不相等，但在所有流水节拍值中有一个最大公约数，其他流水节拍值是最大公约数的整倍数关系的组织方式。

第三，分别流水。分别流水是指相同工序的流水节拍值在各施工段上相等，而不同工序的流水节拍值相互不完全相等，也不存在最大公约数的流水组织方式。组织分别流水作业时，要完全实现施工对象不间断的被加工状态是做不到的。为了降低施工成本，应保证专业施工队的连续施工状态；或者为了达到缩短施工工期的目的，在工作开展的过程中只要具备开工条件就开工。分别流水作业施工总工期的确定，一般采用作图法；但当按紧凑法组织施工时，也可以用直接编阵法求得最短施工总工期。

（2）无节拍流水作业组织及总工期。无节拍流水作业是指同一工序的流水节拍值在各施工段上不完全相等，并且不同工序的流水节拍值相互也不完全相等的施工组织方式。

对于公路工程来说，沿线工程量并非均匀分布（如大、中型桥梁或路基土、石方的高填、深挖等属于集中型工程）。在实际工程中，各专业施工队在施工机械和劳动力固定的条件下，流水作业速度不可能总保持一致。所以，有节拍流水作业并非常见，大多是无节拍流水作业。

无节拍流水作业的作图有两种方法，即专业队连续作业法（潘特考夫斯基法）和紧凑法（开工要素法）。无节拍流水作业的施工总工期，一般是通过作图确定。为了求得最短的施工总工期，首先必须对施工段进行排序，其次才能通过作图确定其最短总工期。

2. 组织流水作业施工的方法

（1）划分施工段。划分施工段就是把劳动对象（工程项目）按自然形态或人为地划分成劳动量大致相等的若干段。例如，一个标段上有若干座小涵洞，可以把每一座小涵洞看成一个施工段，这就自然形成了若干个施工段；如果把一个标段的路线工程部分，每几千米划分为一个施工段，就属于人为地把劳动对象划分成若干个施工段。不同的施工段在施工过程安排中有一定的施工次序，同一项目施工次序不同则施工工期有可能不同。施工段的施工次序是施工组织者根据实际情况人为安排的，称为组织关系，又被称为工作逻辑关系中的软逻辑。

（2）分解工序。分解工序就是把劳动对象（工程项目）的施工过程，按照施工工艺流程分解成若干道工序或操作过程，每道工序或操作过程分别按工艺原则组建专业施工队，即有几道工序，原则上就应该有几个专业施工队。在确定的施工方案下，施工工艺流程基本确定，故施工工艺流程称为工艺关系，又被称为工作逻辑关系中的硬逻辑。

（3）确定施工顺序。确定施工顺序就是各个专业施工队按照一定的施工次序，依次地、连续地由一个施工段转移到下一个施工段，不间断地完成同工序施工任务的过程。例如，某路线工程的施工过程是施工准备、施工放样、路基施工、路面施工，即可看作4道工序，每道工序可组织一个或多个专业施工队，每个专业施工队按照施工段间的施工次序，由一个施工段转移到下一个施工段，直至完成本工序各工段的施工任务。

（4）确定流水时间参数。施工单位根据能达到的生产力水平和流水强度，确定流水节拍和流水步距，有时还有技术间隙时间和组织间歇时间，从而确定施工总工期。

（5）施工段之间、工序之间尽可能连续。为了缩短工期，提高经济效益，减少施工工人和施工机械不必要的闲置时间，施工段上各相邻工序之间或同一工序在相邻施工段之间开展作业的时间，应尽可能地相互衔接起来。

3. 流水作业施工的主要参数

流水作业法组织施工时，施工过程的连续性、均衡性和协调性取决于流水作业法的参数及参数之间的关系。一般将流水作业法的参数分为空间参数、工艺参数和时间参数。

（1）空间参数。执行任何一项施工任务，都要占用一定范围的空间。在组织流水作业时，用工作面、施工段两个参数表达流水作业在空间布置上所处的状态，这些参数称为空间参数。

第一，工作面。某一专业工种的工人或某种型号的施工机械在进行施工操作时所占用的活动空间称为工作面。工作面有两层含义：①某一专业工种的工人或某种型号的施工机械在进行施工操作时所占用的活动空间，即实际操作工作面；②某工种的一个工人或某种型号的一台机械所必须具备的工作空间，由最小工作面确定。工作面的布置以缩短施工工期、发挥工人和机械的生产效率为目的，并遵守安全技术和施工技术规范的规定。

工作面的大小决定了最多能安置多少个工人或布置多少台施工机械进行施工操作，它反映空间组织的合理性。

第二，施工段数。划分施工段的目的包括：①多创造工作面，为下道工序尽早开工创造条件；②为不同的工序（不同工种的专业施工队）能在不同的工作面上平行作业创造条件。只有划分施工段，才能展开流水作业。

划分施工段的注意事项包括：①人为地划分施工段时，尽可能使各施工段劳动量大致相等，相差不宜超过15%。②施工段的划分应考虑施工规模、资源供应等，通常以主导工序的施工组织为依据。③施工段的划分应考虑施工对象的结构完整性，如大型人工构造物以伸缩缝、沉降缝为界划分施工段。一般的工程结构应在受力最小而又不影响工程质量、结构外观的位置划分施工段。④施工段的划分要考虑各专业施工队有合适的工作面，过大，影响工期；过小，不能充分发挥人工、机械的生产效率。

（2）工艺参数。任何一项施工任务的实施，都由若干不同种类和特性的工序（施工过程）组成，每一道工序都有其特定的施工工艺。在组织流水作业时，用工序（施工过程）和流水强度这两个参数来表达流水作业施工工艺开展顺序及特征，这些参数称为工艺参数。

第一，工序数。根据具体情况，把一个工程项目（分部工程）分解为若干道具有独自施工工艺特点的施工过程，称为工序。每一道工序由专业施工队来承担施工。例如，桥梁钻孔灌注桩的施工可以分解为埋护筒、钻孔、灌混凝土等，预制混凝土构件可以分解为绑钢筋、支模板、浇筑混凝土。

工序数要根据构造物的复杂程度和施工方法来确定。分解工序时，应注意：①工序分解的粗细程度，应以流水作业进度计划的性质为依据。对于实施性施工组织设计的流水作业进度计划，工序应分解得细一些，可分解到分项工程。对于控制性施工组织设计的流水作业进度计划，工序应分解得粗一些，可以是单位工程，甚至是单项工程。②结合所选择的施工方案分解工序。如钢筋混凝土结构的现场浇筑与预制安装，沥青混凝土路面的机械摊铺施工与人工摊铺施工，二者分解施工工序是不同的。③分解工序应重点突出，抓住主要工序，不宜太细，使流水作业进度计划简明扼要（如路面工程可以划分为底基层、基层、面层）。④一个流水作业进度计划内的所有工序应按施工工艺流程（或施工的先后次序）排列，所采用的工序名称应与现行定额的项目名称一致。

第二，流水强度。流水强度又称流水能力或生产能力，每一道工序在单位时间内所完成的工程量称为流水强度。流水强度越大，专业队应配备的机械、需用的人工及材料等也就越多，工作面也相应增大，施工工期将会缩短。

（3）时间参数。每一工序（施工过程）的完成都要消耗时间。在组织流水作业时，用流水节拍、流水步距、流水展开期、流水稳定期、技术间隙时间、组织间歇时间和总工期等 7 个参数来表达流水作业在时间组织中所处的状态，这些参数统称为时间参数。

第一，流水节拍。流水节拍是指一道工序（专业施工队）在一个施工段上开展作业的持续时间。当施工段数确定后，流水节拍的长短影响总工期。而影响流水节拍长短的因素有施工方案、施工段的工程数量、专业施工队的人数、机械台数、每天的作业班次等。

第二，流水步距。流水步距是指两个相邻工序的专业施工队相继投入同一施工段开始工作的间隔时间，即开始时间之差。流水步距的大小对总工期有很大影响。在施工段数目和流水节拍确定的条件下，流水步距越大，总工期就越长。

确定流水步距时，在考虑正确的施工顺序、合理的技术间隙、组织间歇、适当的工作面和施工的均衡性的同时，一般还应遵循一定原则：①采用最小的流水步距，即相邻两工序在开工时间上最大限度、合理地衔接，以缩短工期；②流水步距要能满足相邻两道工序在施工顺序上相互制约的关系；③尽量保证各专业施工队都能连续作业；④确定流水步距要保证工程质量，满足安全施工的要求。

第三，流水展开期。从第一个专业施工队开始作业起，到最后一个专业施工队开始作业止，其时间间隔称为流水展开期。流水展开期是能够让全部专业施工队都进入流水作业状态的时间参数。一般情况下，从此时起有一段时间每天的资源需要量保持不变，各专业施工队完成相应的工作量，开始了连续、均衡而紧凑的流水作业阶段。

第四，流水稳定期。流水稳定期是指最后一个专业施工队从开始作业起，到完成各施工段工作任务为止花费的时间。

第五，技术间隙时间。在组织流水作业时，不仅要考虑专业施工队之间的协调配合及施工质量、施工安全等，而且要根据材料特点和工艺要求，考虑合理的工艺等待时间，然后下一个专业施工队才能施工，这个等待时间称为技术间隙时间（如混凝土的凝结硬化、油漆的干燥等）。

第六，组织间歇时间。在流水作业中，由于施工安排或施工组织的原因，造成流水步距以外增加的间歇时间称为组织间歇时间。如施工过程中的检查、验收，施工人员和施工机械的转移等需用的时间都是组织间歇时间。

第七，总工期。在流水作业中，施工任务从开工到完成需要的时间为总工期。总工期为流水展开期和流水稳定期之和。

二、公路工程施工方案的编制要点

（一）路基工程施工方案编制要点

作为路面的基础，稳定、坚实、耐久的路基是确保路面质量的关键。[1] 路基工程施工组织设计重点考虑以下内容：确定施工方法和土方调配，编制施工进度计划。

---

[1]　《中国公路学报》编辑部 . 中国路基工程学术研究综述·2021[J]. 中国公路学报，2021，34（3）：1.

1.确定土方调配

根据路基横断面计算出土石方的"断面方数"，经复核后，即可进行土石方调配。调配时需考虑技术经济条件，尽量在经济合理的范围内移挖作填，使路堑和路堤中土石方数量达到平衡，减少废方与借方。在全部土石方合理调配后，即可得出路基土石方施工方数量。在平原地区的路基施工中，路基填方为主导工序，土方调配应重点处理好摊铺、碾压以及与桥涵施工的关系，做到分段施工，使工作面得到充分利用。

2.选择施工方法

按照土的种类、土方数量、运距、施工机械等具体条件，并根据工程期限和各种施工方法的技术经济指标来确定施工方法，正确地选用土方机械。土方调配与施工方法的选择密切相关，互为影响，必须同时考虑，最后的调配结果应与所选用机械的经济运距相适应。

3.编制施工计划

施工方法和土方调配确定以后，即可计算得出路基工程的施工方数量，然后根据所采用的施工定额，求出劳动力的工日数量和施工机械的台班数量。之后，根据路基工程的施工期限安排工地的施工日期和施工程序，将路基土石方专业施工队所承担的施工地段具体按各种土方施工机械（如推土机、铲运机、挖土机等）所施工的地段划分为施工分段。该施工分段将开挖路堑与填土路堤的地点规划在一段，成为完整的挖、运、填、压的工作循环。

对于高填深挖大量集中的重点土石方工程，必须详细进行所选定的不同施工方法的开挖设计和填筑设计，并绘制每一工作循环的平面布置略图。此外，还应编制工人和机具的供应计划，以及筹划所需的机具修理、水电供应和施工所需的其他办公与生活用品的供应组织，以保证工程的顺利开展。

（二）路面工程施工方案编制要点

路面工程在确定施工方案和进度计划时，除了与施工组织总设计内容基本相同外，还要根据自身特点，充分考虑以下因素：

第一，路面各结构层的质量检验、材料准备及实验路段。在施工组织设计时，要考虑进行各个结构层的质量检验。考虑好路面材料的采购、场外运输、试验路段的铺筑，以便获取数据。

第二，路面施工的特殊技术要求。路面的各种结构层有其特殊的技术要求，以及各种"缝"的施工要求和注意事项。特别注意对于沥青结构层和水泥混凝土结构层的技术要求，以及设备的配置与施工时间的关系。

第三，布置好堆料点、运料线、行车路线。由于路面用料数量很大，且对各结构层的平整度有一定的要求，所以对于堆料地点、运料路线及机械的行驶路线都应予以适当的规定，即做好工地运输组织。

第四，主要施工机械的数量和规格。拌和设备的生产能力应与材料的初凝时间或温度要求相适应，从而决定机械的数量和规格等。例如，所需的机械设备有摊铺集料设备、拌和设备（路拌）、整形设备、碾压设备、养护设备，应注意在时间上是否能衔接上。

第五，按均衡流水法组织施工。路面工程各结构层之间的施工采用线性流水作业方式。在编制施工组织设计的进度计划时，应考虑路面工程施工工序之间的逻辑关系。各结构层的施工可以采用搭接流水方式以加快施工进度。因此，要分析各结构层之间的施工进度，根据施工进度选择搭接类型，并根据各结构层施工进度和所需要的工作面大小计算搭接时距，还要考虑各结构层进行质量检验所需的时间等。

除此以外，还要做到路上与基地统筹兼顾，并制定切实可行的劳动力、其他设备、材料供应计划，保障工程顺利实施。

（三）桥涵工程施工方案编制要点

桥涵工程包括基础及下部构造、上部构造、防护工程、引道工程等分部工程。每个分部工程又分为若干个分项工程，如基础及下部构造分为明挖基础、桩基、管柱、承台、沉井、桩的制作、钢筋加工安装、墩台安装等分项工程。

桥涵工程施工方法与施工顺序在结构设计时已基本确定。例如，桥墩（台）的施工顺序为挖基、立模板、基础片石混凝土、基础回填土、墩（台）身混凝土、绑扎钢筋、墩（台）帽混凝土、锥坡填土、浆砌片石护坡。又如，涵管的施工顺序为挖基、砌基础、安装管节、砌洞口、防水层、进出口铺砌、回填土。

桥梁的下部施工时，如果设备或模板数量有限，可采用流水施工方式组织施工。当采用流水施工时，应注意流水施工的相关时间参数，如流水节拍、流水步距、技术间隙时间等。

（四）隧道工程施工方案编制要点

隧道工程施工方案的编制，除了与施工组织总设计内容基本相同外，还要根据隧道工程施工的自身特点，重点考虑以下内容。

1. 洞口施工场地的平面布置

以洞口为中心的施工场地总平面布置应注意结合工程规模、工期、地形特点、弃渣场和水源等情况，本着因地制宜、充分利用地形、合理布置、统筹安排的原则进行，并应符合下列要求：

（1）合理布置大堆材料（砂石料）、施工备用品及回收材料堆放场地位置。

（2）生活服务设施应集中布置在宿舍、保健和办公用房附近。

（3）运输便道、场区道路和临时排水设施等，应统一规划，做到合理布局，形成网络。

（4）以洞口为中心，布置施工场地。施工场地应事先规划、分期安排，并减少与现有道路的交叉与干扰。

（5）铺道运输的弃渣线、编组线和联络线，应形成有效的循环系统。

（6）长隧道洞外应有大型机械设备安装、维修和存放的场地。

（7）机械设备、附属车间、加工场地应相对集中；仓库应靠近公路，并设有专用线。

（8）危险品库房按有关安全规定办理。

2. 确定掘进循环进尺的方法

编制山岭公路隧道时，确定掘进循环进尺时应注意下列问题：

（1）在有大型机具设备的条件下进尺的选择：软弱围岩开挖时，爆破开挖一次进尺不能过大，应控制在一定的范围内；中硬度及以上的完整围岩开挖时，一般可采用深孔爆破，适当增加进尺以加快进度；坚硬完整的围岩开挖时，应根据周边炮眼的外插角及允许超挖量确定其进尺。

（2）风、水、电等临时设施的设计：在编制隧道工程施工组织设计时，可选用的机械通风方式有风管式、风墙式、巷道式。

（3）掘进需考虑的有关因素：围岩类别、机具设备、隧道月掘进进尺要求。

（4）钻爆作业设计。

第二节 公路工程施工进度计划的编制

一、公路工程施工进度计划的主要价值

施工进度计划就是在既定施工方案的基础上，根据规定的工期和各种资源供应条件，按照施工过程的合理施工顺序及施工组织的原则，对全工地的所有工程项目进行时间上的安排。施工进度计划反映了工程从施工准备工作开始直至工程竣工的全部施工过程，反映了各分部分项工程及各工序之间的相互衔接关系。

施工进度计划的价值，在于确定各个施工项目及其主要工种工程、准备工作和全工地性工程的施工期限及其开工和竣工的日期，从而确定公路施工现场劳动力、材料、成品、半成品、施工机械的需要数量和调配情况以及现场临时设施的数量、水电供应数量和能源、交通的需要数量等。施工进度计划的编制有助于领导部门抓住关键，统筹全局，合理布置人力、物力，正确指导施工生产活动的顺利进行；有利于工人群众明确目标，更好地发挥主动精神；有利于施工企业内部及时配合，协同作战。因此，正确地编制施工进度计划是保证各施工项目以及整个建设工程按期交付使用、充分发挥投资效益、降低公路工程施工成本的重要条件。

二、公路工程施工进度计划的编制依据

施工进度计划的编制必须符合法律法规、政策规章以及技术条件、自然情况、施工实

际等的要求。具体来说，包含以下方面：

第一，工程的全部施工图纸及有关水文、地质、气象和其他技术经济资料。

第二，上级或合同规定的开工、竣工日期。

第三，主要工程的施工方案。

第四，劳动定额和机械使用定额。

第五，劳动力、机械设备供应情况。

三、公路工程施工进度计划的编制过程

公路工程施工进度计划的编制过程主要包括以下步骤：

第一，研究施工图纸、有关资料及施工条件。

第二，划分施工项目，计算实际工程数量。

第三，编制合理的施工顺序和选择施工方法。

第四，计算各施工过程的实际工作量（劳动量）。

第五，确定各施工过程的劳动力需要量（及工种）和机械台班数量（及规格）。

第六，设计与绘制施工进度图。

第七，检查与调整施工进度。

四、公路工程施工进度图的主要形式

施工进度图通常以图表形式表示，主要形式有横道图、垂直图和网络图三种。

（一）横道图

横道图由两大部分组成，左面部分是以分部分项工程为主要内容的表格，包括相应的工程量、定额和劳动量等计算依据；右面部分是指示图表，是由左面表格中的有关数据经计算得到的。指示图表用横向线条形象地表示出分部分项工程的施工进度，线的长短表示某施工持续时间；线的位置表示施工过程；线上的数字表示劳动力数量；线的不同符号表示作业队或施工段别，线段表示各施工阶段的工期和总工期，并综合反映各分部分项工程相互间的关系。

这种表示方法的优点：比较简单、直观、易懂、容易编制。

这种表示方法的缺点：①分项工程（或工序）的相互关系不明确；②施工日期和施工地点无法表示，只能用文字说明；③工程数量实际分布情况不具体；④仅反映平均施工强度，它适用于绘制集中性工程进度图、材料供应计划图或作为辅助性的图示附在说明书内用来向施工单位下达任务。

（二）垂直图

垂直图的表示特点是以纵坐标表示施工日期，以横坐标表示里程或工程位置，而各分部分项工程的施工进度则相应地用不同的斜线表示。工程量在图表上方相应位置表示，施

工组织平面示意图可在图表的下方相应地表示，资源分布图可在图表右侧以曲线表示。

垂直图的优点：弥补了横道图的某些不足，工程项目的相互关系、施工的紧凑程度和施工速度都十分清楚，工程的分布情况和施工日期一目了然，从图中可以直接找出任何一天各施工队的施工地点和应完成的工程数量。

垂直图的缺点：①反映不出某项工作提前（或推迟）完成对整个计划的影响程度；②反映不出哪些工程是主要的，不能明确表达出哪些是关键工作；③计划安排的优劣程度很难评价；④不能使用电子计算机，绘制和修改进度图的工作量很大。

（三）网络图

网络图与横道图、垂直图相比，不但能反映施工进度，而且更能清楚地反映出各个工序、各施工项目之间错综复杂的相互联系、相互制约的生产和协作关系。不论是集中性工程，还是线性工程，都可以用网络图表示工程进度。因此，这是一种比较先进的工程进度图的表示形式，应大力推广使用。

第三节　公路工程资源供应计划的编制

公路工程项目资源供应计划是在确定施工方案及施工进度的基础上进行编制的。资源供应计划必须满足施工方案、施工进度的实施和发包方要求。

一、公路工程资源供应计划的主要价值

资源的供应计划，可作为有关职能部门按计划调配各种资源需要量的依据，有利于及时组织劳动力和物资的供应，以保证施工生产的顺利进行。

资源供应计划与施工成本有着密切的关系，特别是材料供应计划，编制时一定要满足施工实际的需要，既要保证正常的施工需要，还要保证施工进度加快时的需要。资源供应计划编制的优劣与流动资金的周转率和利用率有直接的关系。

二、公路工程资源供应计划的编制依据

为保证公路施工生产的正常进行，编制资源供应计划应遵循下列依据：

第一，必须遵守国家的法律法规和各项规定。

第二，按照国家各项物资管理政策和要求进行编制。

第三，用科学的态度，实事求是地编制资源供应计划，并应留有余地。

第四，了解市场、掌握市场，按照市场规律编制资源供应计划。

第五，编制资源供应计划，应尽量采用当地的资源，以减少运杂费，降低资源采购成本。

三、公路工程资源供应计划的编制内容

公路工程资源供应计划的编制内容主要包括以下方面：

第一，收集基础资料，包括设计部门提供的工程项目设计资料、施工部门提供的施工组织设计资料、财务部门提供的计划年度资金、计划部门规定的主要资源材料消耗定额。

第二，根据工程量和规定使用的劳动定额及要求的工期，计算完成工程所需的劳动力数量，计算过程中应考虑节假日、雨天和施工方法不同对劳动力数量产生的影响。

第三，确定计划年度主要工程材料的储备定额，根据完成的工程量和所选用材料消耗定额计算材料需要量。

第四，结合施工方案，确定选择机械配备的数量和种类，再根据工程量和机械时间定额，考虑施工所需各种机械的施工作业班制，进行各种施工机械台班需要量的计算。

四、公路工程资源供应计划的编制程序

资源供应计划一般分为三个阶段进行编制，编制时应考虑周到、切合实际。

第一，准备阶段。准备阶段要通过调查、研究收集上期计划情况和本期计划的任务，调整储备定额的有关资料以及新技术、新材料、新工艺的使用和市场变化的信息，经过分析加工，去伪存真。

第二，编制阶段。编制阶段要核算需要、确定储备、查清库存和可供安排的资源，要进行物资计划的审查，避免漏项和人为的差错，使计划尽可能符合实际。

第三，执行阶段。执行阶段要不断检查计划的执行情况，发现问题及时调节处理。

第四节　公路工程施工平面图规划设计

公路工程施工平面图是对一个施工项目施工现场的平面规划和空间布置的具体成果。它是根据工程规模、特点和施工现场的条件，按照一定的设计原则，正确解决公路工程施工期间所需设置的各种临时工程和其他设施的合理位置关系。公路工程施工平面图是进行施工现场布置的依据和实现施工现场有组织、有计划地进行文明施工的先决条件，是施工组织设计的重要组成部分。

一、公路工程施工平面图规划设计的依据

第一，有关设计资料，包括工程总平面图、地形地貌图、区域规划图、建设项目范围内有关的一切已建和拟建的各种设施。

第二，建设地区的自然条件和经济条件。

第三，建设项目的建筑概况、施工进度计划和主要施工方案，便于了解各施工阶段情况，合理规划施工场地。

第四，各种材料、半成品的供应计划，施工机械和运输工具一览表和运输方式，便于规划工地内部的存放场地和运输路线。

第五，各类临时设施的性质、形式、面积和尺寸。

第六，各加工车间、场地规模和设备数量、位置。

第七，水源、电源资料。

二、公路工程施工平面图规划设计的原则

施工场地平面图布置是一项系统工程，在很大程度上取决于施工现场的具体条件。它涉及的因素很广，不可能轻易获得令人满意的结果，必须通过方案的比较及必要的计算与分析才能决定。一般施工平面图规划设计应遵循以下原则：

第一，在保证施工顺利进行的前提下，尽量减少施工用地，少占农田，使平面布置紧凑合理。

第二，合理组织运输，力求材料直达工地，减少二次搬运和场内的搬运距离并将笨重的和大型的预制构件或材料设置在使用点附近。所有货物的运输量和起重量必须减至最小，保证运输方便、顺畅、经济。

第三，所有临时性建筑和运输线路的布置，必须便于为基本工作服务，并不得妨碍地面和地下建筑物的施工，还应充分利用各种永久性建筑物、构筑物和原有设施，降低临时设施的费用。

第四，加工等附属企业基地应尽可能设在原料产地或运输汇集点（如车站、码头）。

第五，附属企业内部的布置应以生产工艺流程为依据，并有利于生产的连续性。

第六，应符合安全防火和劳动保护的要求，要采取有力措施避免自然灾害的发生。

第七，各种生产生活设施应便于工人的生产和文化生活，施工管理机构的位置必须有利于全面指挥。

第八，场地布置应与施工进度、施工方法、工艺流程和机械设备相适应，尽量减少专业工种和工程之间的干扰。

三、公路工程施工平面图规划设计的类型

（一）施工总平面图

施工总平面图是以整个工程为对象的施工平面布置方案，道路工程施工总平面图应包括以下内容：

第一，原有河流、居民点、交通路线（公路、铁路、大车道等）、车站、码头、通信、运输点及工地附近与施工有关的建筑物。

第二，施工用地范围和工程主要项目，沿路线里程的大中桥、隧道、渡口、交叉口、

集中土石方等的位置以及道班房、加油站等运输管理服务建筑物位置。

第三，将施工组织设计的成果，如采料场、附属工厂和基地、仓库、临时动力站（如抽水站、发电所、供热站等）、临时便道、便桥、电源线路、变压器位置以及大型机械设备的停放、维修场地直接标在图上。

第四，施工管理机构，如工程局、工程处、施工队及工程指挥系统的驻地。

第五，其他与施工有关的内容，如地质不良地段、国家测量标志、气象台、水文站以及防洪、防风、防火、安全设施等需要表示的内容。

（二）单项工程与分部分项工程的施工平面图

单项工程与分部分项工程的平面图布置有两种情况：一种是在施工总平面图的控制下进行布置，另一种是以施工总平面图为依据，即基本上按照施工总平面图有关内容进行布置。但不论哪一种，都应比施工总平面图更加深入、更加具体。

1. 重点工程施工场地布置图

一般说来，大桥、隧道、立交枢纽等都是重点工程，其施工场地布置图应在有等高线的地形图上按比例绘制。图上应详细绘出施工现场、辅助生产生活等区域的布置情况，绘出原有地物情况。

2. 其他单项局部平面布置图

对于大型项目，因施工周期长，管理工作量大，附属、辅助企业多，必要时应绘制其他单项局部平面布置图。主要类型如下：

（1）沿线砂石料场平面布置图。

（2）大型附属企业如沥青混合料拌和厂、预制构件厂、主要材料加工厂（木工厂、机修厂）等平面布置图。

（3）临时供水、供电、供热基地及管线分布平面图。

（4）主要施工管理机构的平面布置图。

四、公路工程施工平面图规划设计的步骤

第一，分析有关调查资料。

第二，合理确定起重、吊装、运输机械的布置（其直接影响仓库、料场、半成品制备场的位置和水电线路以及道路的布置）。

第三，确定混凝土、沥青混凝土搅拌站的位置。

第四，考虑各种材料、半成品的合理堆放。

第五，布置水电线路。

第六，确定各临时设施的布置和尺寸。

第七，决定临时道路位置、长度和标准。

第三章　公路工程施工的成本管理

由于公路工程施工项目成本管理涉及的内容较多，并且贯穿整个工程项目施工活动的全过程，因此，做好公路工程施工项目成本管理，对提高施工企业的经济效益具有至关重要的作用。基于此，本章主要讨论的内容包括公路工程成本管理概述、公路工程成本会计与预算管理、公路工程责任成本与质量成本管理。

第一节　公路工程成本管理概述

一、公路工程成本管理的主要特点

工程项目实施过程中，对施工项目成本进行有效的组织、实施、控制、跟踪、分析和考核等管理活动，可以使施工项目成本与施工现场的质量、进度、安全、合同、信息管理及组织协调工作达到最佳的配合状态，从而实现降低施工成本、增加企业利润的目标。[①]公路工程成本管理的特点主要体现在事先能动性、综合优化性、内容适应性和动态跟踪性等方面。

（一）事先能动性

由于某项公路建设工程来说，项目管理具有一次性的特征，因而其成本管理只能在这种不再重复的过程中进行管理，以避免某一工程项目上的重大失误。这就要求项目成本管理必须是事先的、能动性的、自为的管理。公路工程项目通常在项目管理的起始点就要对成本进行预测，制定计划、明确目标，然后以目标为出发点，采取各种技术、经济、管理措施实现目标。

（二）综合优化性

项目成本管理的综合优化性是由项目成本管理在公路工程项目管理中的特定地位所决

---

① 杜红云，陈晓明．公路工程施工项目成本管理探讨［J］．价格月刊，2008（8）：84.

定的。项目经理部并不是企业的财务核算部门，而是在实际履行工程承包合同中，以为企业创造经济效益作为最终目的的施工管理组织。它是为生产有效益的合格项目产品而存在的，不是仅仅为了成本核算而存在于企业之中。因此，公路工程项目成本管理的过程必然要求其与项目的工期管理、质量管理、技术管理、分包管理、预算管理、资金管理、安全管理紧密结合起来，从而组成项目成本管理的完整网络。

工程项目中每一项管理职能，每个管理人员都参与着工程项目的成本管理，他们的工作都或多或少与项目的成本直接或间接相关。公路工程项目只有把所有管理职能、所有管理对象、所有管理要素纳入成本管理轨道，整个项目才能收到综合优化的功效。

（三）内容适应性

公路工程项目成本管理的内容是由公路工程项目管理的对象范围决定的。它与企业成本管理的对象范围既有联系，又有明显的差异。对公路工程项目成本管理中的成本项目、核算台账、核算办法等必须进行深入的研究，不能盲目地要求与企业成本核算对口。

通常来说，项目成本管理只是对工程项目的直接成本和间接成本的管理，除此之外的内容均不属于项目成本管理范畴。

（四）动态跟踪性

公路工程项目产品的生产过程不同于工业产品的生产，其成本状况随着生产过程的推进会随客观条件的改变而发生较大的变化。尤其是在市场经济的背景下，各种不稳定因素会随时出现，从而影响项目成本。如建材价格的提高、工程设计的修改、产品功能的调整、因建设单位责任引起的工期延误、资金的到位情况、国家规定的预算定额的调整、人工机械安装、分包人的价格上涨等，都使项目成本的实际水平处在不稳定的环境中。

公路工程项目想要实现预期的成本目标，维护企业的合法权益，争取应有的经济效益，就应采取有效措施控制成本。其中包括调整预算、合同索赔、增减账管理等一系列针对性措施。从项目成本管理的这一特点可以更进一步看清项目成本管理的重要性和优越性。

二、公路工程成本管理的基本原则

在公路工程成本管理的实施过程中，应当遵循以下原则。

（一）领导推动和全员参与原则

企业的领导者是企业成本的责任人，必然是公路工程施工成本的责任人。当承接一项公路工程任务后，领导者应该制定项目成本管理的方针和目标，组织项目成本管理体系的建立和保持，使企业全体员工能充分参与施工成本管理，创造企业成本目标的良好内部环境。

工程项目管理的本质是人，人的本质是思想和精神。纵观世界发展史，从工业革命到信息化时代，历史的滚滚车轮无一不是人在推动。具体到工程成本管理，管理的每一项工作、每一个内容都需要相应的人员来完善，抓住本质、全面提高人的积极性和创造性是搞好施工项目成本管理的前提。

公路工程成本管理工作是一项系统工程，其进度管理、质量管理、安全管理、施工技术管理、物资管理、劳务管理、计划统计、财务管理等一系列管理工作都关联到施工项目成本。公路工程项目成本管理是工程管理的中心工作，只有让企业全体人员共同参与，才能保证工程成本管理工作顺利地进行。

（二）目标分解和明确责任原则

公路工程成本管理的工作业绩最终要转化为定量指标，而这些指标的完成是通过上述各级各个岗位的工作实现的，为明确各级各岗位的成本目标和责任，就必须进行指标分解。施工企业确定工程责任成本指标和成本降低率指标，是对工程成本进行了一次目标分解。企业的责任是降低企业管理费用和经营费用，组织项目经理部完成工程责任成本指标和成本降低率指标。项目经理部还要对工程项目责任成本指标和成本降低率目标进行二次目标分解，根据岗位不同、管理内容不同，确定每个岗位的成本目标和所承担的责任，把总目标进行层层分解，落实到每一个人，通过每个指标的完成来保证总目标的实现。

指标分解并不是提倡分散主义，只要各自的工作完成就行；提倡风险分担更不是不要集体主义，相反，企业管理水平的提高需要建立在团结互助的集体主义精神和团队精神的基础上。施工项目成本管理涉及施工管理的方方面面，而它们之间又是相互联系、相互影响的，必须发挥项目管理的集体优势，协同工作，才能完成公路工程成本管理这一系统工程。

（三）管理权限与内容匹配原则

项目成本管理是企业各项专业管理的一个部分。从管理层次上讲，企业是决策中心、利润中心，项目是企业的生产场地、生产车间，行业的特点是大部分的成本耗费在此发生，因而它是成本中心。项目完成了材料和半成品在空间和时间上的流水，绝大部分要素或资源要在项目上完成价值转换，并要求实现增值，其管理上的深度和广度远远大于一个生产车间所能完成的工作内容，项目上的生产责任和成本责任是非常大的。为了完成或者实现工程管理和成本目标，必须建立一套相应的管理制度，并授予相应的权力。

因此，相应的管理层次，它所对应的管理内容和管理权力必须相称和匹配，否则会发生责、权、利的不协调，从而导致管理目标和管理结果的扭曲。

（四）动态、准确、及时性原则

项目成本管理是为了实现工程成本目标而进行的一系列管理活动，是对工程成本实际开支的动态管理过程。由于工程成本的构成是随着工程施工的进展而不断变化的，因而动态性是施工成本管理的属性之一。进行工程成本管理的过程，即不断调整好工程成本支出与计划目标的偏差，使工程成本支出基本与目标一致。这就需要进行工程成本的动态管理，它决定了工程成本管理不是一次性的工作，而是工程全过程每日每时都在进行的工作。公路工程成本管理需要及时、准确地提供成本核算信息，不断反馈，为上级部门或项目经理进行工程成本管理提供科学的决策依据。

公路工程成本管理所编制的各种成本计划、消耗量计划，统计的各项消耗、各项费用支出，必须是实事求是的、准确的。若计划的编制不准确，各项成本管理就失去了基准；若各项统计不实事求是、不准确，成本核算就不能真实反映出虚盈或虚亏，就会导致决策失误。

因此，确保工程成本管理的动态性、及时性、准确性是工程成本管理的灵魂。

（五）过程控制与系统控制原则

公路工程成本是由工程过程的各个环节的资源消耗形成的。因此，工程成本的控制必须采用过程控制的方法，分析每一个过程影响成本的因素，制定工作程序和控制程序，使之时时处于受控状态。工程成本形成的每一个过程又是与其他过程互相关联的，一个过程成本的降低可能引起关联过程成本的提高。

因此，工程成本的管理必须遵循系统控制的原则，进行系统分析，制定过程的工作目标必须从全局利益出发，不能为了小团体的利益损害整体的利益。

三、公路工程成本管理的具体内容

公路工程项目成本管理的内容主要包括成本预测、成本计划、成本核算、成本分析、成本控制和成本考核。

（一）成本预测

公路工程项目的成本预测是通过成本信息和工程项目的具体情况，并运用一定的预测分析方法，对未来的成本水平及其可能的发展趋势作出科学的估计，其实质就是在正式施工之前对成本进行核算。通过成本预测，可以使项目经理部在满足建设单位和施工企业要求的前提下，选择成本低、效益好的最佳成本方案，并可以在工程项目成本形成的过程中，针对成本管理的薄弱环节，加强对成本的控制，从而克服盲目性，提高预见性。因此，进行工程项目的成本预测是项目成本决策与计划的依据。

（二）成本计划

公路工程项目成本计划是项目经理部对项目施工成本进行计划管理的工具。它是以货币形式编制工程项目在计划期内的生产费用、成本水平、成本降低率以及为降低成本所采取的主要措施和规划的书面方案，它是建立项目成本管理责任制、开展成本控制和核算的重要基础。

一个项目成本计划应包括从开工到竣工所必需的施工成本，它是降低项目成本的指导文件，是设立目标成本的依据。

（三）成本核算

公路工程项目成本核算是指项目施工过程中所发生的各种费用和形式项目成本的核算，其核算的基本方法如下：

第一，按照规定的成本开支范围，对施工费用进行归集，计算出施工费用的实际发生额。

第二，根据成本核算对象，采用适当的方法，计算出该工程项目的总成本和单位成本。

项目成本核算所提供的各种成本信息，是成本预测、成本计划、成本控制、成本分析和成本考核等各个环节的依据。加强项目成本核算工作，对降低项目成本、提高企业的经济效益有积极的作用。

（四）成本分析

公路工程项目成本分析是在成本的形成过程中，对项目成本进行的对比评价和剖析总结工作，它贯穿项目成本管理的全过程。也就是说，项目成本分析主要利用工程项目的成本核算资料（成本信息）与目标成本（计划成本）、预算成本以及类似的工程项目的实际成本等进行比较，了解成本的变动情况。同时，也要分析主要技术经济指标对成本的影响，系统地研究成本变动的因素，检查成本计划的合理性，并通过成本分析，深入揭示成本的变动规律，寻找降低项目成本的途径，以便有效地进行成本控制。

（五）成本控制

公路工程项目成本控制是指在施工过程中，对影响项目成本的各种因素加强管理，并采取各种有效措施，将施工中实际发生的各种消耗和支出严格控制在成本计划范围之内，随时揭示并及时反馈，严格审查各项费用是否符合标准，计算实际成本和计划成本之间的差异并进行分析，消除施工中的损失浪费现象，发现和总结先进的经验。通过成本控制，使之最终实现甚至超过预期的成本节约目标。项目成本控制应当贯穿在公路工程项目从招投标阶段开始直到项目竣工验收的全过程，它是企业全面成本管理的重要环节。

（六）成本考核

公路工程项目成本考核是指在项目完成之后，对项目成本形成中的各责任者，按照项目成本目标责任制的有关规定，将成本的实际指标与计划、定额、预算进行对比和考核，评定项目成本计划的完成情况和各责任者的业绩，并以此给予相应的奖励和处罚。通过成本考核，做到有奖有惩、赏罚分明，才能够有效地调动企业的每一个职工在各自的施工岗位上努力完成目标成本的积极性，为降低项目成本和增加企业的积累作出自己的贡献。

四、公路工程成本管理的责任体系

（一）公路工程成本管理责任体系的主要内容

项目成本控制是一项涉及施工生产各个方面的综合性工作。项目成本控制体系由项目成本控制标准体系、项目成本控制责任体系和项目管理责任体系三部分构成。其中，项目管理责任体系又包括信息流通体系、成本预测体系和成本控制体系。

1. 信息流通体系

信息流通体系是对成本形成过程中有关成本信息进行汇总、分析和处理的系统。施工企业各层次、各部门及各生产环节，对成本形成过程中的实际成本信息进行收集和反馈，用具体的数据及时、准确地反映成本管理中的情况。反馈的成本信息经过分析处理，对企业各层次、各部门及各生产环节发出调整成本偏差的指令，确保降低成本目标按计划得以实现。

2. 成本预测体系

成本预测体系是在企业经营整体目标的指导下，通过对项目成本的预测、决策和计划确定目标成本，再将目标成本进一步层层落实，分解到企业各层次、各部门及各个生产环节，进而形成明确的成本目标，保证成本管理控制的具体实施。

3. 成本控制体系

成本控制体系是进行项目成本管理的组织保证，实际上是围绕着工程项目，企业从纵向上和横向上，根据分解的成本目标，对成本形成的整个过程进行控制。其具体内容包括在投标过程当中对成本的预测、决策和成本计划的事前控制，对施工阶段成本计划实施的事中控制，项目验收成本结算评价的事后控制。

（二）公路工程成本管理责任体系的基本特征

1. 组织机构完整

项目成本管理责任体系必须有完整的组织机构，保证成本管理活动的有效运行。应根据工程项目不同的特性，因地制宜地建立工程项目成本管理责任体系的组织机构。组织机构的设计应包括管理层次、机构设置、职责范围、隶属关系、相互关系及工作接口等。

2. 运行程序明确

项目成本管理责任体系必须有明晰的运行程序，其内容主要包括项目成本管理办法、实施细则、工作手册、管理流程、信息载体及传递方式等。运行程序以成本管理文件的形式表达，表述控制施工成本的方法、过程，使之制度化、规范化，用以指导项目成本管理工作的开展。程序设计要简洁、明晰，保证流程的连续性、程序的可操作性。信息载体和传输应尽可能采用现代化手段，利用计算机及互联网，提高运行程序的先进性。

3. 目标职责明晰

项目成本管理责任体系对企业各部门和工程项目的各管理岗位要制定明确的成本目标和岗位职责，使企业各部门和全体职工明确自己为降低项目成本应该做什么和如何做，以及应负的责任和应达到的目标。岗位职责和目标可以包含在实施细则和工作手册中，岗位职责一定要考虑全面、分工明确。

4.成本核算规范

项目成本核算是在成本范围内，以货币为计量单位，以项目成本直接耗费为对象，在区分收支类别和岗位成本责任的基础上，利用一定的方法，正确组织项目成本核算，全面反映项目成本耗费的核算过程。它是项目成本管理的一个重要组成部分，也是对项目成本管理水平的一个全面系统的反映。因此，规范项目成本核算十分重要。

5.管理考核严格

项目成本管理责任体系应包括严格的考核制度，考核包括项目成本考核和成本管理体系及其运行质量的考核。项目成本管理是项目施工成本全过程的实时控制，考核也是全过程的实时考核，绝非工程项目施工完成后的最终考核。当然，工程项目施工完成后的施工成本的最终考核也是必不可少的，一般是通过财务报告反映。但如果只是最终考核，由于已经盖棺论定，为时已晚，因此要以全过程的实时考核确保最终考核的通过。

（三）公路工程成本管理责任体系的构建要素

1.搭建管理责任体系组织机构

组织机构是施工项目成本控制的关键和保障，也是层层落实成本管理目标的重要措施。根据我国公路工程施工企业的现状，组织机构主要包括组织管理层、项目经理部及岗位层次的组织机构。

（1）组织管理层。组织管理层主要是建立项目成本管理体系，组织体系的运行，行使管理职能和监督职能。负责项目全面成本管理的决策，确定项目合同价格及成本计划，确定项目管理层的成本目标。

（2）项目经理部。项目经理部的成本管理职能是组织项目部人员，在确保工程质量、如期完成工程项目的前提下，制定成本管理方面的具体措施，落实公司制定的各项成本管理规章制度，完成上级确定的施工成本降低目标。项目经理部是工程施工的具体领导机构，很重要的一项工作是将成本指标进行层层分解，并与各岗位人员签订项目经理部内部责任合同。

（3）岗位层次的组织机构。岗位层次的组织机构即项目经理岗位的设置，由项目经理部根据公司人事部门的工程施工管理办法及工程项目的规模、特点和实际情况进行确定，具体人员可由项目经理部在公司的持证人员中选定。

项目经理部的岗位人员负责完成各岗位的业务工作，落实制度规定的本岗位的成本管理职责，这是成本管理目标得以实现的关键所在。

2.制定管理责任体系相关文件

制定相关文件是项目成本管理责任体系实施的依据，主要包括公司层次的项目成本管理办法、项目层次的项目成本管理办法及岗位层次的项目成本管理办法。

（1）公司层次的项目成本管理办法。公司层次的项目成本管理办法主要包括：①项目责任成本的确定及核算办法；②物资管理或控制办法；③项目成本核算办法；④成本的过程控制及审计；⑤成本管理业绩的确定及奖罚办法；等等。

（2）项目层次的项目成本管理办法。项目层次的项目成本管理办法主要包括：①成本目标的确定办法；②材料及机具管理办法；③成本指标的分解办法及控制措施；④各岗位人员的成本职责；⑤成本记录整理及报表程序。

（3）岗位层次的项目成本管理办法。岗位层次的项目成本管理办法主要包括：①岗位人员日常工作规范；②成本目标的落实措施；等等。

3.完善管理责任体系内部配套

公路工程的项目经理部是根据工程管理需要而设置的一次性临时机构，项目的成本收益也具有明显的一次性。工程项目经理部与商业、工业等行业不同，它既无法像其他行业那样可以获得抵御市场风险的能力和相应的风险收益，也无法拥有固定的资源和要素。

工程项目经理部只能对供应到本工程项目的要素拥有支配权和处置权，为保证项目成本管理顺利进行，使经理部获得相应的经济效益，施工企业必须进行项目施工成本管理，完成内部配套工作。配套工作主要包括建立内部模拟要素市场、远离项目施工成本中的市场风险、建立项目施工成本管理体制。

4.完善管理责任体系其他配套

因项目成本管理纵向贯穿工程投标、施工准备、正式施工、竣工结算的全过程，横向覆盖企业的经营、技术、物资、财务、审计等管理部门及项目经理部等现场管理部门，涉及面很广、施工周期长，是一项综合性的管理工作。在建立项目成本管理体系的过程中，要注意以成本管理目标（系数）为中心，相应地配套或完善管理系统，其主要内容如下：

（1）以确定项目成本核算岗位责任和协调成本管理工作为主要任务，建立企业成本决策和成本管理考核系统。

（2）以确定项目责任成本和项目成本责任范围为主要任务，建立由预算、计划部门牵头，生产、技术、劳资等部门参加的项目成本测算管理系统。

（3）以落实项目成本支出和消耗为主要任务，建立由财务部门牵头，物资、设备、劳动等部门参加的项目成本核算的管理系统。

（4）以建立工程各项专业管理为主要任务，建立企业生产管理和经济管理系统。

（5）以建立健全企业内部模拟市场管理为主要任务，建立由物资部门牵头，设备、劳动等部门参加的工程施工内部要素市场管理系统。

第二节　公路工程成本会计与预算管理

一、公路工程成本会计

（一）成本会计的内涵

成本会计是根据会计资料和其他有关资料，对企业生产经营活动过程所产生的成本，根据成本最优化的要求，有组织、系统地进行预测、决策、控制、分析和考核，促进企业提高产品质量、降低成本，实现生产经营的最佳运转，不断提高企业经济效益的一项经济管理活动。成本会计是财务会计与管理会计的混合物，是计算及提供成本信息的会计方法。

随着会计管理的发展与完善以及责任会计与目标成本管理在企业的应用，企业内部的责任会计体系应运而生。工程成本会计是运用于管理施工企业生产活动的一种责任会计。

（二）公路工程会计核算

1. 会计假设

会计的基本前提（会计假设）是指组织会计核算工作应当明确的前提条件，是对会计领域中某些不确定因素作出的合乎常理的判断。会计的基本前提是建立会计原则的基础，一般包括会计主体前提、持续经营前提、会计分期前提、货币计量前提。

（1）会计主体。会计主体是指会计所服务的特定单位。会计主体前提是指会计反映的是一个特定单位的经营活动，而不包括投资者本人的经济业务或其他经营单位的经营活动。会计主体与法律主体概念不同，一般来说，法律主体往往是会计主体，但会计主体并不一定是法律主体。

会计主体前提的意义在于划清企业所有者财产、企业经营活动与企业所有者个人的活动以及与其他会计主体的界限，使企业在会计核算上作为一个独立核算单位。会计主体前提的目的在于每一个经济实体在处理一切会计实务时，均居于自身的立场去做，进而使它产生的会计信息能反映其本身的财务状况或经营成果，而不受所有权关系或非相关因素的影响。会计主体前提明确了会计工作的空间范围。

（2）持续经营。持续经营指的是会计核算应以持续、正常的生产经营活动为前提，而不考虑企业是否破产清算。

会计主体的生产经营活动是持续、正常地进行下去，还是面临破产情况，对会计核算有着重大影响。若会计主体的生产经营活动将持续、正常地进行下去，在可预见的未来不会面临破产和进行清算，就意味着它所拥有的资产能在正常的生产经营过程中被耗用或出售，其所持有的债权和承担的债务也能在正常的生产经营过程中得以收回和清偿。那么，以此为前提，会计就采用一般方法来对其生产经营活动情况予以确认、计量和报告。否则，就应采用破产清算的特殊方法来进行会计处理。

持续经营前提为资产计量和收益确认奠定了基础，提供了理论依据。同时，在这一前提基础之上，企业所采用的会计方法、会计程序才能保持稳定，才能够按正常的基础反映企业的财务状况和经营成果。因此，持续经营是会计在每个主体中正常活动的前提条件，它明确了会计工作的时间范围。

（3）会计分期。会计分期是指将会计主体持续不断的生产经营过程，人为地划分为若干个较短的、首尾相连的、相等间距的时期，即会计期间，以分期反映经营活动情况及其结果。在通常情况下，企业的生产经营活动是持续不断地进行的，财务会计不能等到企业的生产经营过程终结时才作出财务会计报告、提供会计信息。因为企业管理当局和外界信息使用者需要及时了解和掌握企业的会计信息，为了满足企业管理和信息使用者的需要，就必须将企业持续不断的生产经营过程分割成一系列的会计期间。

明确了会计分期前提，产生了本期与非本期的差别，才引起企业的资产、负债、收入和费用归属于哪个期间的问题，从而出现权责发生制和收付实现制的区别，也使不同类型的会计主体有了记账的基准，出现了应收、应付、递延、预提、待摊等会计处理方法。

（4）货币计量。货币计量是指会计主体在会计核算过程中采用货币作为计量单位，记录、反映会计主体的经营情况。企业生产经营活动的反映，虽然涉及多种计量标准，如货币、实物数量、重量、劳动时间等，但货币作为一般等价物，最具代表性和适用性。因此，会计使用货币作为统一的计量标准，对企业的各项生产经营活动进行计量和综合反映。

在货币计量前提下，企业的会计核算应当以人民币为记账本位币。业务收支以人民币以外的货币为主的企业，可以选定其中一种货币作为记账本位币，但编报的财务会计报告应当折算为人民币。

2. 会计要素

会计要素是对会计对象所进行的基本分类。企业会计要素分为资产、负债、所有者权益、收入、费用及利润六类。其中，资产、负债和所有者权益是反映财务状况的会计要素，收入、费用和利润是反映经营成果的会计要素。

（1）资产。资产是指过去的交易和事项形成的、由企业拥有或控制、预期会给企业带来经济利益的资源。资产按其流动性质可以分为流动资产和非流动资产两大类。

第一，流动资产，指可以在一年内或超过一年的一个营业周期内变现或耗用的资产，包括库存现金及各种存款、应收及预付款项、存货（材料、产品）等。

第二，非流动资产，凡是不符合流动资产条件的资产均为非流动资产，包括长期投资、固定资产、无形资产和其他资产。

（2）负债。负债是指过去的交易和事项形成的、预期会导致经济利益流出企业的现时义务。负债按其流动性质可以分为流动负债和非流动负债两大类。

第一，流动负债，指可以在一年内或超过一年的一个营业周期内偿还的债务，包括短期借款、应付账款、应付职工薪酬、应交税费等。

第二，非流动负债，指偿还期在一年或超过一年的一个营业周期的债务，包括长期借款、应付债券、长期应付款等。

（3）所有者权益。所有者权益是指企业的资产扣除负债后由所有者享有的剩余权益。公司的所有者权益又称股东权益。所有者权益通常分为以下四个项目：

第一，实收资本，指投资者投入企业且构成注册资本的那部分资金。

第二，资本公积金，包括资本（或股本）溢价、外币资本折算差额等。

第三，盈余公积金，指按照国家有关规定从利润中提取的公积金。

第四，未分配利润，是企业留于以后年度分配的利润或待分配利润。

（4）收入。收入是指企业在日常活动中形成的、会导致所有者权益增加的、与所有者投入资本无关的经济利益的总流入。按照日常活动在企业所处的地位，收入可分为以下两种：

第一，主营业务收入，指企业为完成其经营目标而从日常活动中取得的主要收入，如建筑企业的合同收入、工商企业的销售商品收入等。

第二，其他业务收入，指从主营业务以外的其他日常活动中取得的主要收入，如施工企业提供的机械作业劳务收入、工商企业的销售材料收入等。

（5）费用。费用是指企业在日常活动中发生的、会导致所有者权益减少的、与向所有者分配利润无关的经济利益的总流出。按照费用与收入之间的关系，费用可以分为以下两类：

第一，营业成本，指所销售商品或提供劳务的成本。营业成本按其在企业日常活动中所处的地位可以分为主营业务成本和其他业务成本。

第二，期间费用，指费用发生时直接计入当期损益的费用。期间费用包括管理费用、销售费用和财务费用。

（6）利润。利润是企业在一定期间的经营成果。利润等于收入减去费用后的净额，直接计入当期利润的利得和损失。利润按其构成通常分为营业利润、利润总额和净利润。

3.会计等式

会计等式是指反映会计要素数量关系的等式。会计等式可采用下列表示方式：

（1）资产＝负债＋所有者权益。这是会计基本等式。企业的资产源于所有者的投入资本和债权人的借入资金及其在生产经营中所产生的效益，分别归属于所有者和债权人。归属于所有者的部分形成所有者权益，归属于债权人的部分形成债权人权益（企业的负债）。资产源于权益（包括所有者权益和债权人权益），资产与权益必然相等。

资产与权益的恒等关系是设置账户、试算平衡、复式记账的理论基础，也是企业编制资产负债表的依据。

（2）收入－费用＝利润。该等式反映了收入、费用和利润三者之间的关系，是企业编制利润表的基础。在实际工作中，收入减去费用，还要再进行调整，才等于利润。

（3）资产＝负债＋所有者权益＋收入－费用。这是会计综合等式。它表明了会计主体的财务状况与经营成果之间的联系。企业的经营成果最终会影响企业的财务状况。企业发生的经济业务，会引起会计等式中各个会计要素的增减变动，但不会破坏会计基本等式的平衡。

4. 会计核算方法

会计核算的基本方法是对会计对象进行完整、连续、系统的确认、计量、记录、整理、计算所应用的方法，主要包括以下七种：

（1）设置会计科目。设置会计科目是对会计对象的具体内容进行归类、反映和监督的一种方法。因会计对象十分复杂，为了系统、连续地进行反映和监督，企业除了设置会计科目对会计对象进行详细分类之外，还必须根据规定的会计科目名称开设账户，分别登记各项经济业务，以便取得各种核算指标，并随时加以分析、检查和监督。

（2）复式记账。复式记账是记录经济业务的一种方法。它要求对每一笔交易或事项都必须用相等的金额在两个或两个以上的有关账户中同时登记，使每项经济业务所涉及的两个或两个以上的账户发生对应关系。通过账户之间的对应关系及金额相等的平衡关系，可了解每项经济业务的来龙去脉，可检查有关经济业务的记录是否正确。

（3）填制和审核凭证。会计凭证是记录经济业务、明确经济责任、作为记账依据的书面证明。对于已经发生或已经完成的经济业务，都需要由有关单位或经办人员填制凭证，并签名盖章，所有凭证都要经过审核并确认无误，才能够作为记账的依据。通过凭证的填制和审核，可以提供真实可靠、合理合法的入账依据，它是保证会计核算质量的必要手段，也是实行会计监督的重要方法。

（4）登记账簿。账簿是用来全面、系统、连续地记录各项经济业务的簿籍。在账簿中要按规定和需要开设账户，用以分类记录经济业务。登记账簿就是以会计凭证作为依据，运用复式记账法将各项经济业务分类登记到有关账户中去，形成账簿记录，并定期进行结账和对账。账簿记录又是编制会计报表的主要依据。

（5）成本计算。成本计算是对生产经营过程中所发生的各种费用，按照一定的对象和标准进行归集和分配，以计算确定各对象的总成本和单位成本的一种专门方法。

（6）财产清查。财产清查是对各项财产物资进行实物盘点、账面核对以及对各项往来款项进行查询、核对，以确保账账相符、账实相符的一种专门方法。通过定期与不定期的财产清查，可以查明财产物资的保管和使用是否合理，物资储备是否能确保生产需要，有无积压、呆滞情况，债权债务结算是否及时，有无拖欠不清的情况等。在清查中如发现财产物资和资金的实有数与账面结存数不一致，应及时查明原因，明确责任，并调整账簿记录，使账实相符。

（7）编制财务会计报告。财务会计报告是总括反映企业、单位在一定期间的财务状况、经营成果和现金流量情况的书面报告。编制财务会计报告就是定期对日常分散的会计账簿资料进行加工整理和综合汇总，以表格的形式提供系统化的会计信息，为会计报告的使用者服务。编制财务会计报告对于保证国家宏观经济管理的需要，满足社会各方了解企业、单位的财务状况和经营成果的需要，满足企业、单位加强内部管理的需要有着重要的作用。

以上七种会计核算方法相互联系、密切配合，构成一个完整严密的会计核算方法体系。

（三）公路工程成本核算

1. 成本核算的基本原则

为确保成本核算的正确性、提高成本信息的质量，应当遵循以下原则：

（1）实际成本（历史成本）原则。实际成本是资产计价的一条重要原则。在成本核算中遵循实际成本原则，是指生产过程中发生的各种劳动耗费，都应以其取得或发生时的实际成本计量。它包含三个方面的含义：①对经营活动中所耗用的原材料、燃料、动力和人工等费用，都要按实际成本计价；②对固定资产折旧必须按其原始成本和规定的使用年限计算；③对成本对象要按实际成本计价。

这样计算出的产品成本是实际的生产成本，可真实反映生产过程中的耗费水平。特别是材料成本，易受市场变动的影响，但在该原则下，市场变动的影响无须加以考虑。

遵循实际成本原则，企业不得以计划成本、估计成本、定额成本代替实际成本，但并不排除企业为了进行成本控制而建立各种标准成本、预算成本和定额成本等控制标准。这些标准只能是一种规划成本或目标成本，是企业成本管理努力的方向。在建立控制标准的前提下，再将生产过程中的实际生产耗费与之比较，还可以揭示成本差异，评价成本管理绩效。采用计划成本或定额成本核算的企业应当按照规定的成本计算期，及时调整为实际成本。

（2）权责发生制原则。权责发生制是收入、费用的确认原则。成本核算中大量地存在着确认费用支出的问题，这就要求遵循权责发生制原则。即一切生产费用都应当按照其受益的会计期间而非按其支付的会计期间加以确认。在企业中，生产费用的发生与支付可能同时，也可能不同时。如以银行存款支付办公费、差旅费就属于前种情况；而低值易耗品摊销及预提借款利息则属于后一种情况，即通常所说的待摊费用和预提费用。对待摊费用和预提费用等跨期摊配费用应确认计入哪一个会计期间是权责发生制下的核心问题。成本核算贯彻权责发生制原则，能够使成本信息较为准确地反映成本责任，从而为正确计算损益提供可靠的依据。

（3）配比原则。配比原则是收入与费用相比较，以确定损益的原则。配比原则有广义和狭义之分。广义的配比是指一定的费用支出必定带来相应的收入，两者具有经济上的因果关系，但在时间上不一定同步，即费用发生在先，收入实现在后。在生产过程中，各种生产耗费与其收入之间的关系，大多具有这种特征。另外，这些生产费用虽然已经发生，但不一定构成期间费用，而是先凝结为在产品成本，随着产品交付的实现，其耗费才能够从收入中得以补偿。狭义的配比仅指一定期间实际支付的费用或从资产价值中转化的费用与相应收入进行比较，它强调收入与费用必须计入同一会计期间，它们之间的配比关系会直接影响当期的损益。

（4）受益原则。受益原则是归集和分配生产费用的原则，即确定一项费用是否应计入某一期间、某一部门，应当看费用的发生是不是该期间、该部门受益。如果受益，应当承担该项费用；如果不受益，则不应承担该项费用。如辅助生产费用，就应当按照各种受益部门及其受益的劳务量的比例进行分配。受益原则的基本特点可以概括为：何者受益，何者负担费用；何时受益，何时负担费用；负担费用的多少应与受益量或受益程度的大小成正比。按受益原则归集和分配生产费用，是为了使收入与费用更好地加以配比。

（5）正确划分各种费用界限。为正确进行成本核算，正确计算产品、劳务成本和期间费用，必须正确划分以下费用界限：

第一，正确划分应计入成本费用和不应计入成本费用的支出界限。施工企业经营活动的多样性决定了费用支出的多样性。在企业诸多的费用支出中，有些与生产经营活动密切相关，有些却与生产经营活动无关。在成本核算中，一定要划清这两种费用的界限。与生产经营活动有关的成本费用，都可计入产品、劳务成本或期间费用，由生产经营活动收入予以补偿；与生产经营活动无直接关系的营业外支出，也可以直接计入当期损益。还有一些支出，不属于企业的生产经营活动，如购买或建造固定资产、取得无形资产和其他资产、对外投资等，其支出也就不能作为生产经营的成本费用。

另外，被没收的财物，支付的滞纳金和罚款、违约金、赔偿金，以及企业赞助、捐赠支出，国家法律法规规定以外的各种付费以及国家规定不得列入成本、费用的其他支出，均不得列入成本、费用。

第二，正确划分生产费用和期间费用的界限。企业日常生产经营所发生的各项耗费，其用途和计入损益的时间是有所不同的。用于产品生产和劳务的费用形成产品成本和劳务成本，并在产品销售和劳务提供后作为营业成本计入企业损益，而当期发生的营业费用、管理费用和财务费用则作为期间费用直接计入当期损益。因此，应正确划分生产费用和各项期间费用的界限，防止人为调节各月成本和各月损益的做法。

第三，正确划分各月份的费用界限。为了按月分析和考核成本计划的执行情况和结果，正确计算各月损益，还必须正确划分各月份的费用界限。本月产生的费用，都应在本月全部入账，不能将其一部分延至下月入账。更重要的是，应当贯彻权责发生制原则，正确地核算待摊费用和预提费用。本月份支付，但属于本月及以后各月受益的费用，应记作待摊费用，在各月间合理分摊计入成本（受益期限超过一年的费用，应记作长期待摊费用，在费用项目的受益期限内，分月摊入成本）。本月虽未支付，但本月已经受益，应由本月负担的费用，应记作预提费用，预提计入本月的成本。

为了简化核算工作，对于数额较小的应该跨期摊销和预提的费用，也可以将其全部计入支付月份的成本，而不作为待摊费用和预提费用处理。正确划分各月份的费用界限，是确保成本核算正确的重要环节。应当防止利用待摊和预提的办法人为地调节各月成本，人为地调节各月损益的错误做法。

第四，正确划分各种产品的费用界限。如果企业生产的产品不止一种，为了正确地计算各种产品的成本，正确地分析和考核各种产品成本计划或定额成本的执行情况，必须将应计入本月产品成本的生产费用在各种产品之间正确地进行划分。

凡属于某种产品单独发生，能够直接计入该种产品的费用，都应直接计入该种产品成本；凡属于几种产品共同发生，不能直接计入某种产品的费用，则应采用适当的分配方法，分配计入这几种产品的成本。应该防止在盈利产品与亏损产品之间、可比产品与不可比产品之间任意转移生产费用，借以掩盖成本超支或以盈补亏的错误做法。

第五，正确划分完工产品与在产品的费用界限。在月末计算产品成本时，若某种产品已全部完工，那么，这种产品的各项生产费用之和就是这种产品的完工产品成本；若某种产品均未完工，那么，这种产品的各项生产费用之和就是这种产品的月末产品成本；若某种产品既有完工产品，又有在产品，则应将这种产品的各项生产费用，采用适当的分配方法在完工产品与月末在产品之间进行分配，分别计算完工产品成本和月末在产品成本。应当防止任意提高或降低月末产品成本，人为地调节完工产品成本的错误做法。

上述五个方面费用界限的划分过程，也就是成本的计算和各项期间费用的归集过程。在这一过程中，应贯彻受益原则，即何者受益何者负担费用、何时受益何时负担费用，负担费用的多少应与受益程度的大小成正比。

2.财产物资计价与价值结转

施工企业的生产经营过程，同时也是各种劳动的耗费过程。在各种劳动耗费中，财产物资的耗费（生产资料价值的转移）占有相当的比重。这些财产物资计价和价值结转方法是否恰当，会对成本计算的正确性产生重要的影响。企业财产物资计价和价值结转主要包括以下方法：

（1）固定资产原值的计算方法、折旧方法、折旧率的种类和高低。

（2）固定资产与低值易耗品的划分标准。

（3）材料成本的组成内容、材料按实际成本进行核算时发出材料单位成本的计算方法、材料按计划成本进行核算时材料成本差异率的种类（个别差异率、分类差异率还是综合差异率，本月差异率还是上月差异率）、采用分类差异率时材料类距的大小等。

（4）低值易耗品和包装物价值的摊销方法、摊销率的高低及摊销期限的长短等。

为了正确地计算成本，对于各种财产物资的计价和价值的结转，均应采用既较为合理又较为简便的方法。国家有统一规定的，应采用国家统一规定的方法。各种方法一经确定，应保持相对稳定，不能随意改变，以保证成本信息的可比性。

3.成本对象与成本分配

（1）成本对象。成本对象是为了计算经营业务成本而确定的归集经营费用的各个对象，也是成本费用的承担者。成本对象可以是一种产品、一项服务、一张订单、一纸合同、一个作业或一个部门。近几年，作业开始成为重要的成本对象。作业是一个组织内部分工的基本单元。作业还可以定义为组织内行动的集合，它将有助于管理人员进行计划、控制和决策。在成本分配中，作业扮演着重要的角色，成为现代成本会计系统的必要组成部分。

第一，成本对象的特点。产品包括有形产品和无形产品两种。生产有形产品的企业称为生产性企业，提供无形产品（服务）的企业称为劳务性企业。有形产品指的是通过耗用人工以及工厂、土地和机器等资本投入将原材料加工而成的产品。建筑产品是有形产品之一。无形产品是指为顾客开展的各项服务或作业，或是顾客使用组织的产品或设施自行开展的作业，即为顾客提供服务。服务也需要耗用材料、人工和投入资本。

服务与有形产品相比，主要有四个方面的差别：无形性、瞬时性、不可分割性和多样性。无形性是指某项服务的购买者在购买之前无法直接感觉到该项服务的存在，因而服务是无形产品；瞬时性是指顾客只能即时享受服务，而不能储存到未来；不可分割性是指服务的提供者与购买者通常有直接的接触，以使交换得以发生；多样性是指服务的提供比产品的生产有着更大的差异性，提供服务的人员会受到所从事工作、工作伙伴、教育程度、工作经验、个人因素等的影响。

第二，成本对象的构成要素。成本对象的构成要素主要包括三个方面：①成本计算实体。成本计算实体是指承担费用的企业经营成果的实物形态。对于生产性企业而言，成本计算实体可以划分为某种产品、某批产品和某类产品的产成品或半成品；对于劳务性企业而言，往往不存在有形的成本计算实体，而只能确定劳务的性质。②成本计算期。成本计算期是指归集费用、计算企业成本所规定的起讫日期，也就是每次计算成本的期间。生产性企业按其生产特点，可分为产品的生产周期和日历月份；劳务性企业一般均以日历月份为成本计算期。③成本计算空间。成本计算空间是指费用发生并能组织企业成本计算的地点（部门、单位）。生产性企业的成本计算空间可分为全厂和各生产步骤，劳务性企业可划分为各部门和各单位。

（2）成本分配。成本分配包括成本追溯与成本分摊。成本追溯是把直接成本分配给相关的成本对象，成本分摊是把间接成本分配给相关的成本对象。成本分配主要有以下方法：

第一，直接追溯法。直接追溯法是根据成本的可追溯性分配成本的方法。可追溯性是指采用某一经济可行方法并遵循因果关系将成本分配至各成本对象的可能性。成本的可追溯性越强，成本分配的准确性就越高。因此，建立成本的可追溯性是提高成本分配准确性的关键一环。

第二，动因追溯法。通过因果分析确定成本耗费因素，称之为成本动因。这些动因是可观察的，且能够计量出成本对象的资源消耗情况。它是影响资源耗用、作业耗用、成本及收入等方面的变化因素。动因追溯是指使用动因将成本分配至各成本对象的过程。尽管它不如直接追溯法准确，但如果因果关系建立合理，成本归属仍有可能达到较高的准确性。

动因追溯法分为资源动因和作业动因两种动因类型来追溯成本。资源动因计量各作业对资源的需要，用以将资源分配到各个作业上；作业动因计量各成本对象对作业的需求，并被用来分配作业成本。

第三，分摊法。分摊法是分配间接成本的方法。将间接成本分配至各成本对象的过程，称为分摊。由于不存在直接的因果关系，分摊间接成本就建立在成本的发生与分配标准有密切联系的基础上。在将该种间接成本分配计入各成本计算对象时，所选择的分配标准应满足"受益"原则，并认为按此分配标准计入企业成本中的费用是真实的。

在一般情况下，分配间接成本的标准主要包括三类：①成果类，如分配对象的重量、体积、产量、产值等；②消耗类，如分配对象的生产工时、生产工资、机器工时，原材料消耗量或原材料费用等；③定额类，如分配对象的定额消耗量、定额费用等。

4.成本计算方法

产品成本是在生产过程中形成的，产品的生产工艺过程和生产组织不同，采用的产品成本计算方法也有所不同。计算产品成本是为了加强成本管理。企业只有按照产品生产特点和管理要求，选用适当的成本计算方法，才能正确、及时计算成本，为成本管理提供有用的成本信息。

在长期的成本计算实践中，人们总结出了多种不同的成本计算方法，以适应不同企业成本核算和管理的需要。这些成本计算方法大体可分为成本计算基本方法和成本计算辅助方法两类。

（1）成本计算的基本方法。成本计算基本方法是根据企业的不同生产类型及特点，按照成本对象的不同设计的成本计算方法，是设计其他成本计算方法的基础。成本计算的基本方法包括品种法、分批法和分步法三种。

第一，品种法。品种法是以产品品种为成本对象，并按产品品种归集和分配生产费用的一种产品成本计算方法。它适用于大量大批单步骤生产的企业。在这种类型的生产中，产品的生产工艺过程具有不可间断性，或是在管理上不要求划分步骤，或是在生产组织上是按流水线进行的，都可以采用品种法计算产品成本。品种法适用于集中的商品混凝土生产、金属结构加工等生产，以及提供汽车运输、机械使用等劳务作业和供水、供电、机修等辅助生产。

第二，分批法。分批法也称订单法，它是以产品的生产批次为成本计算对象，并按不同批次的产品归集和分配生产费用的一种成本计算方法。分批法的生产特点是：生产断断续续，不如分步法生产连续紧密；在生产中有许多不同的批号订货同时进行，每批订货所需要的材料、人工和制造方法各不相同，必须分批组织产品成本的计算，分批核算其生产成果。这种方法主要适用于小批量生产的企业，如建筑机械制造、修配、专项工程等。

第三，分步法。分步法是以产品的生产步骤为成本计算对象，并按产品的生产步骤归集和分配生产费用的产品成本计算方法。它比较广泛地适用于大批大量的连续式复杂生产，如建筑工业的木材加工、混凝土构件制作等。

由于成本管理对步骤成本结转的要求不同，又有两种不同的结转方法，即逐步结转法和平行结转法。逐步结转分步法是指按照产品连接加工的先后顺序，将上一生产步骤的半成品成本顺序结转为下一生产步骤相同产品的生产费用，逐步计算出各中间步骤的半成品成本和最后一个生产步骤的产成品成本的方法。平行结转分步法是以步骤产品成本及最终产品为成本计算对象的方法。所谓步骤产品成本，是指各步骤按其承担的责任核算该步骤应计入产品成本的份额，即为完工产品的步骤成本。成本的结转是以完成最终产品为依据的。

（2）成本核算的辅助方法。成本核算的辅助方法是根据企业生产的具体特点和管理要求，在成本计算的基本方法的基础上，进行调整、改造或简化而产生的成本计算方法，包括分类法、定额法、标准成本法和作业成本法等。

第一，分类法。分类法是将成本核算中的品种法的成本对象进行分类，以产品类别为成本对象归集和分配生产费用，计算产品成本的一种成本核算方法。一般来说，对于那些产品品种、规格繁多的企业，如果采用品种法计算产品成本，计算工作会比较繁杂，可以考虑采用分类法。这种方法可以减少会计人员成本计算的工作量，是一种简便有效的成本计算方法。

第二，定额法。定额法是以产品的生产定额为基准，通过计算实际成本脱离定额成本的差异来进行成本计算，配合企业进行成本定额管理的一种成本核算方法。对于实行定额管理且定额管理工作有一定基础的企业单位，为了配合定额管理工作，满足定额管理工作的要求并加强成本控制，通常采用定额法。该种方法要求按照符合定额的费用及脱离定额的差异分别进行核算并计算产品成本。

第三，标准成本法。标准成本法是以标准成本为基准，为进行成本控制和考核，通过计算各成本项目的实际成本和标准成本的差异来进行成本计算和差异分析的一种成本核算方法。标准成本法的核心是建立标准成本制度。通过建立标准成本制度，考察企业现实成本与标准成本之间的差异，并通过差异分析，查找造成成本差异的原因，以便于在生产过程中进行成本控制。

与传统的成本核算方法相比，标准成本制度更有利于企业在实际生产过程中进行成本控制。传统的成本核算主要"事后"核算，反映的是产品生产过程中所发生的实际消耗。但对管理而言，如果某些费用已经发生，人们也就无法对这些费用进行管理。标准成本制度在成本核算中，强调"事中"控制，特别注重产品生产过程中所发生的成本差异和差异分析，有利于管理部门根据企业成本变动情况及时采取有效措施，降低企业的成本水平。

第四，作业成本法。作业成本法是以"作业"为核心，通过对不同作业的成本动因分析进行成本归集和计算的一种成本计算方法。作业成本法中的"作业"是指企业为了提供一定数量的产品或劳务，所发生的各种人力、物力、技术等消耗。作业成本法通过把企业的生产经营活动划分为各项不同作业，扩大了成本核算的范围。对企业生产经营按作业进行分解和进行作业动因分析，有利于分析各项资源向成本对象的流动情况，便于按生产经营活动计算成本和经营业绩，促进企业优化各类资源的组合。

成本计算是成本管理的基础，为进行成本分析、成本预测、成本决策等管理活动提供资料来源。管理会计人员均要熟悉企业成本的计算程序和计算方法。

二、公路工程成本预算管理

在我国现阶段的公路工程建设工作中，为加强对工程施工企业预算成本的控制，当务之急是创建一个完整的预算管理体系，同时不断地完善与预算成本有关的制度。

（一）工程费用估算的形式

工程费用估算，即对工程项目各种费用的累计计算，也就是根据工程项目的设计图纸、说明书以及估算的其他条件等，得出该工程项目的工程数量，然后依据工程量中不同作业定额的类型算出所需的人工费、材料费、机械费、临时工程及其他各种管理费等，最后将这些费用汇总得出该工程项目所需要的资金总额。我国公路工程建设项目的估算一般包括工程项目的概算和预算两种形式。

1. 概算

概算是在工程项目计划开始的时候，根据国家及地方政府有关公路交通建设的文件和法定标准，进行工程项目费用的概略性估算。它是编制建设项目计划、签订建设项目总承包合同、实行建设项目包干、控制预算、考核设计经济合理性和建设成本的依据。编制概算或修正概算，应当全面了解工程所在地的建设条件，掌握各项基础资料，正确引用规定的定额、取费标准、工资单价和材料机械设备价格，使概算能完整准确地反映设计内容。

2. 预算

预算是根据工程项目设计图纸和说明书，按照工程项目的细目分别详尽地计算工程费。设计图纸经审定为施工图纸，而据此编制的预算又称为施工图预算。它是确定工程造价，签订工程合同，实行建设单位和施工单位投资承包和办理工程结算，实行经济核算和考核工程成本的依据。

由于概、预算涉及工程建设项目的计划投资和结算等重大问题，编制时必须严格执行国家的方针、政策和有关制度，符合公路设计、施工技术规范等专业技术标准的要求。概、预算文件一经批准就具有法定的约束力，具有十分重要的意义。

（二）概算编制的主要依据

为了与实际工程项目的情况相符，经济合理准确地编制概预算文件，我国交通运输部经过多年的调查研究，又根据社会经济发展需要和工程技术的进步，近年几次修订了概、预算定额和编制办法，逐渐完善了我国公路建设项目的基础资料。国家法定性规定对公路工程建设中人工、材料、机械及其他费用的取费标准都作了具体详细的规定。

除此之外，因公路工程施工建设的地域条件和环境差别，还有一些其他地方性法定文件规定，主要包括以下内容：

（1）各省、自治区、市交通部门关于编制概、预算文件的补充规定，其中包括人工、材料、机械、运输和征用土地等方面的地方性规定。

（2）工程设计图纸与设计文件。

（3）施工组织设计。从施工组织设计中，在确定的施工方案、方式和方法、施工进度及施工组织等方面，可得到编制概、预算的资料和依据。

（4）概、预算的调查资料。工程施工当地的自然条件、劳动力、材料、机具、动力分布和运输条件等方面的资料，可作为概、预算结合工程实际情况编制的依据。

（三）概、预算文件的构成

关于公路工程基本建设费用的概、预算细目，交通运输部统一制定了样式，已正式确定了工程项目造价成本计算的科目分类。因此，在编制时均应按照此标准来执行。概、预算文件由封面及目录，概、预算编制说明及全部概、预算计算表格组成。

第一，封面及目录。概、预算文件的封面和扉页应按规定制作。扉页的次页应有建设项目名称，编制单位，编制、复核人员姓名并加盖执业（从业）资格印章，编制日期及第几册共几册等内容。目录应按概、预算表的表号顺序编排。

第二，概、预算编制说明。概、预算编制完成后，应写出编制说明，文字力求简明扼要。应叙述的内容一般包括：①建设项目设计资料的依据及有关文号，如建设项目可行性研究报告批准文号、初步设计和概算批准文号（编修正概算及预算时），以及根据何时的测设资料及比选方案进行编制的等；②采用的定额、费用标准，人工、材料、机械台班单价的依据或来源，补充定额及编制依据的详细说明；③与概、预算有关的委托书、协议书、会议纪要的主要内容（或将抄件附后）；④总概、预算金额，人工、钢材、水泥、木料、沥青的总需要量情况，各设计方案的经济比较，以及编制中存在的问题；⑤其他与概、预算有关但不能在表格中反映的事项。

第三，概、预算计算表格。公路工程概、预算应按统一的概、预算表格计算，其中概、预算相同的表式，在印制表格时，应将概算表与预算表分别印制。

第四，概、预算文件。概、预算文件是设计文件的组成部分，按不同需要分为两组，甲组文件为各项费用计算表，乙组文件为建筑安装工程费各项基础数据计算表（只供审批使用）。甲、乙组文件应按《公路工程基本建设项目设计文件编制办法》关于设计文件报送份数的要求，随设计文件一并报送。报送乙组文件时，还应提供"建筑安装工程费各项基础数据计算表"的电子文档和编制补充定额的详细资料，并随同概、预算文件一并报送。

第三节　公路工程责任成本与质量成本管理

一、公路工程责任成本管理

（一）责任成本的基本内涵

责任成本是按照工程项目的经济责任制要求，在项目组织系统内部的各个责任层次，进行项目预算的分解，形成各责任层次的控制成本。因此，责任成本是以成本责任中心为主体所汇集的，隶属于该主体管理权限范围，并负有相应经济责任的可控制成本。公路工程项目一般规模和投资大、建设周期长、参与的各方人员多、不确定性因素多、风险大，采取一般的成本管理方式很难有效控制成本。责任成本管理可通过对单位内部各职能部门或个人的经济责任和工作成绩进行计量、检查和考评，实现对公路项目成本的有效控制。

（二）责任成本的管理程序

第一，划分责任成本中心。责任成本中心的划分与确定是进行责任成本核算与管理的前提。施工企业应根据生产组织结构特点，确定责任成本中心，并根据各责任成本中心的情况，划分不同的责任层次。

第二，确定各责任成本中心应负责任成本的内容（成本责任的范围）。合理确定责任成本范围是进行责任成本核算、控制和考评的依据。

第三，编制责任成本预算，分解责任成本。责任成本预算是责任成本控制的标准，施工企业应按各责任成本中心的责任成本内容、预算工作量、费用支出标准、内部结算价格等因素，编制责任成本预算，并进一步分解到各班组、工序等下一层次的责任单位，形成责任预算体系，以指导、约束各责任主体的成本行为。

第四，制定内部结算价格体系。各责任单位之间相互提供的产品和劳务应按规定的内部结算价格进行结算和责任转账，以便进行差异分析和责任控制。

第五，实施责任成本控制。在施工过程中对责任中心的责任成本采用一定的方法进行及时控制，对于降低工程成本有着重要作用。

第六，组织责任成本核算。责任成本核算是以责任成本中心为主体，汇集责任成本，落实成本责任的过程。责任成本核算体系的建立是责任成本管理基础，它对于划清各责任中心的成本责任，正确、合理地考评各责任单位责任履行情况，保证责任成本管理的有效运作有着重要作用。

第七，编制责任成本报告，反映各责任成本中心成本责任的履行情况。责任成本报告又称责任成本控制绩效报告，是各责任成本中心根据责任成本核算资料编制的、反映责任成本预算执行情况，以评价责任成本差异形成的原因和责任归属的内部报告。责任成本报告揭示了各责任成本中心的责任成本发生情况，有利于进一步明确方向，为改进成本管理、加强成本控制提供依据。

第八，责任成本考核与激励。这是责任成本管理的重要一环，直接关系责任成本管理的成败。

（三）责任成本的主要类型

根据工程项目的组织机构和责任中心，责任成本可划分为工程项目的责任成本、项目组织各职能部门的责任成本、施工队的责任成本、施工队班（组）的责任成本等。

1. 工程项目的责任成本

工程项目的责任成本就是项目的目标成本，也就是项目部对企业签订的经济承包合同规定的成本，再减去税金和项目的盈利指标。即：

$$目标成本 = 合同价 - 企业上交经济指标 - 税金 - 项目盈利指标$$

用目标成本作为责任成本对项目成本进行管理和控制，才能真正实现项目的盈利，才能体现成本管理的责任制。

2. 项目组织各职能部门的责任成本

各职能部门的责任成本主要表现为与职能相关的可控成本。具体如下：

（1）施工技术部门。制定的项目施工方案必须是在技术上先进、操作上切实可行，按其施工方案编制的预算不能大于项目的目标成本。

（2）材料部门。材料部门的责任成本即材料成本，应是在材料质量满足要求的条件下，材料的采购价格不超过项目的目标成本中的材料单价，材料的供应数量不超过目标成本所列数量。

（3）机械设备部门。机械设备部门的责任成本即机械使用成本，应是供应项目施工所用机械设备类型满足施工方案提出的机械组织施工，保证机械的完好率，并且做到充分发挥机械的效率，使机械使用费不超过目标成本的规定。

（4）质量安全部门。质量安全部门的责任成本是质量事故成本和安全事故成本，其责任是保证工程质量一次达到交工验收标准，没有返工现象，不出现列入成本的安全事故。

（5）财务部门。负责项目目标成本中可控的间接费成本，负责制定项目分年、季度间接费计划开支，不得超过规定标准。

3. 施工队的责任成本

施工队是责任成本管理的基本责任主体，承担责任中心管理范围内所承担的分项工程或分部工程以及单位工程成本中的可控成本，即可控直接材料成本和可控直接人工成本以及项目拨给施工队的间接成本。

4. 施工队班（组）的责任成本

施工队班（组）的责任成本是施工队责任成本中的一部分，即施工队责任中心范围内的分部分项工程或分项工程中的可控直接人工费和材料费，也就是班组的人工费及材料费。

（四）责任成本的计划

工程项目责任成本计划是进行成本控制的起点，也是项目管理的起点之一。有了责任成本，就有了评价和判断工作完成的效率和尺度，从而在项目施工的全过程中，对各项费用的发生加以监督、限制和引导，及时发现和纠正脱离责任成本的偏差，以保证工程项目成本目标的顺利实现。

1. 责任成本计划编制的主要依据

（1）项目经理与企业本部签订的内部承包合同及有关材料，包括企业下达给项目的降低成本指标、目标利润值等其他要求。

（2）与业主单位签订的工程承包合同。

（3）项目的实施性施工组织设计。如进度计划、施工方案、技术组织措施计划、施工机械的生产能力及利用情况等。

（4）项目所需材料的消耗及价格、机械台班价格及租赁价格等。

（5）项目的劳动效率情况，如各工种的技术等级、劳动条件等。

（6）历史上同类项目成本计划执行情况以及有关技术经济指标完成情况的分析资料等。

（7）企业编制的标后预算。

（8）其他有关的资料。

2. 责任成本计划编制的基本步骤

（1）确定工程项目目标成本（责任成本）。

（2）进行工程项目责任成本的分解。

（3）编制施工队责任成本计划。

（4）编制作业班（组）责任成本计划。

3. 工程项目目标成本的编制

工程项目目标成本是在对有关资料进行分析、预测，以及对工程项目使用资源进行优化，在企业编制的标后预算基础上，考虑工程项目的成本降低额后编制的项目总成本，它是经过努力可以实现的成本，也是工程项目成本管理工作的目标。

（1）确定目标成本及目标成本降低率。具体步骤如下。

第一，依据项目的合同、施工组织设计、标后预算，以及企业对项目的要求、成本预测结果等，初步估算出项目降低成本的目标。

第二，将项目的标后预算减去税金、目标利润和降低成本的目标值，即可得出项目的总目标成本。

第三，计算项目的目标成本降低率。

（2）试算平衡。为了使初步制定的目标成本和目标成本降低率能落到实处，必须进行反复的试算平衡。试算的目的是根据已掌握的资料和有关的技术组织措施计划，测算它们的经济效果，看其能否达到目标成本的要求。

（3）编制项目成本计划表。项目成本计划表是项目成本计划的最终表现形式。项目成本计划通常包括责任成本计划表、降低成本技术组织措施计划表和降低成本计划表。根据责任成本的管理需要，还应编制成本计划分解表，以落实项目内部各单位的经济责任。

第一，责任成本计划表。责任成本计划表综合反映整个工程项目在计划期内施工工程的预算成本、计划成本、计划成本降低额和计划成本降低率。

第二，降低成本技术组织措施计划表。降低成本技术组织措施计划表是预测项目在计划期内成本各直接工程费计划降低额的依据。该表的编制以技术部门为主，由其会同有关单位（与技术组织措施内容相关的）共同研究后确定，主要包括三部分内容：计划期拟采取技术组织措施的种类和内容，以及该项措施涉及的对象；经济效益的计算；各项直接工程费用的降低。

4. 施工队责任成本计划的编制

施工队责任成本计划包括承包的任务量、质量和安全。根据承包任务量及项目部对工期的要求编制分年度的责任成本计划，根据年度计划再分解为季度责任成本计划，之后进一步分解为月度的责任成本计划。

在年度责任成本计划中因完成任务项目较多，要求按成本费用分类编制。季度责任成本计划根据年度责任成本计划和项目部下达的季度施工计划安排、要求完成的工作量及施工进度要求和形象进度、设计图纸及要求，编制季度责任成本计划。季度责任成本计划不计算间接费。施工队月责任成本计划只编制直接工程费，不考虑其他工程费。施工队月责任成本计划要求工程划分要细，一般细到分部工程或分部分项工程。月责任成本计划根据月施工计划安排的施工项目及项目进度进行编制。

5.作业班（组）责任成本计划的编制

项目责任成本管理最基层的责任中心就是施工队的作业班（组）。作业班（组）是项目施工生产第一线的生产组织，作业班（组）施工成本的有效控制是责任成本管理的关键之一。作业班（组）的责任成本构成主要是成本中的直接工程费，责任成本计划编制是根据作业班（组）承担的工程任务量、施工难度、工期、质量与安全的要求进行的。作业班（组）责任成本计划编制一般可以采用以下两种方法：

（1）按工、料、机消耗量编制责任成本计划。按工、料、机消耗量编制责任成本计划是指以班（组）承担的任务量和标后预算中规定使用的工、料，机械台班定额为标准，计算出应该消耗的数量承包给作业班（组）。这种责任成本计划的优点是简单明白、便于操作。因为作业班（组）按照规定的消耗标准完成施工任务，说明施工生产第一线的施工直接成本没有超过项目部、施工队的施工直接成本，项目部一般不会出现大的亏损。成本管理的关键是控制施工生产第一线工、料、机的消耗量。

（2）按发生的施工费用编制作业班（组）责任成本计划。依据工、料、机消耗量责任成本计划与责任预算和对责任成本计划的责任单价标准编制作业班（组）的施工费用责任成本计划。

作业班（组）的责任成本计划编制一定要细，能让作业班（组）每个成员一目了然，而且便于操作，这样才有利于计划的执行。

（五）责任成本的控制

责任成本的控制是在责任成本计划执行过程中，责任成本中心在满足合同条款要求的前提下，对项目施工过程中所发生的各项费用支出，采取一系列措施进行严格的监督和控制，及时纠正发生的偏差，以保证项目成本目标的实现。

1.责任成本控制的对象

（1）项目成本形成过程。对工程项目成本的形成进行全过程、全面的控制，包括：工程投标阶段的工程成本预测控制；施工准备阶段，结合图纸的自审、会审和其他资料，编制实施性施工组织设计，通过多方案的技术经济比较，从中选择经济合理、先进可行的施工方案，编制成本计划，进行成本目标风险分析，对成本进行事前控制；在施工阶段，以施工预算、施工定额和费用标准对实际产生的费用进行控制；在竣工移交及保修期阶段，对验收过程产生的费用及保修费支出进行控制。

（2）项目的职能部门、工程队和班组。成本控制的具体内容是日常发生的各种费用和损失。它们都发生在项目的各个部门、工程队和班组。因此，成本控制也应以部门、工程队和班组作为成本控制对象，将项目总的成本责任进行分解，形成项目的成本责任系统，明确项目中每个成本中心所承担的责任，并据此进行控制和考核。

（3）分部分项工程。为了把成本控制工作做得扎实、细致，落在实处，还应以分部分项工程作为成本控制对象，编制施工预算，分解成本计划，按分部分项工程分别计算工、料、机的数量及单价，以此作为成本控制标准，对分部分项工程进行成本控制。

2.责任成本控制的方法

工程项目的各责任中心从施工成本的形成看，包括直接成本和间接成本，从施工全过程产生的费用看，包括直接费用、间接费用和期间费用，即人工费、材料费、机械费、其他工程费以及管理费用和财务费用。不论是从成本构成的角度还是从成本费用构成的角度出发，对责任成本进行日常控制必须由项目全员参加，根据各自的分工不同采取相应的控制措施。

（1）施工技术和计划经营部门或职能人员。

第一，根据实施性施工组织设计的进度安排及业主或发包单位的要求合理安排施工计划，合理地、科学地组织与动态地管理施工。及时组织项目、验收计价、收回工程价款，保证施工所用资金的周转，避免建设单位在不拨款的条件下要求加快施工进度，占用资金。

第二，根据业主或发包单位工程价款到位情况组织施工，避免垫付资金施工情况。

（2）材料、设备部门或职能人员。

第一，严格控制材料、配件的储备量，处理超储积压的材料、配件。可盘活储备资金，加速流动资金的周转。

第二，控制材料、配件的采购成本。尽量就地取材；选择最经济的运输方式；选择最低费用的包装费；尽量做到采购的材料、配件直接进入施工现场，减少中间环节，减少业务提成。

第三，控制采购材料、配件的质量。坚持做到"三证"不全不入施工现场和仓库，确保材料、配件的质量，同时也减少不合格次品导致的损失。

第四，坚持限额领发料、退料制度，达到控制材料超消耗的目的。

（3）财务部门或职能人员。

第一，控制间接费用按照制定间接费使用计划执行。特别是财务费用及责任中心不可控的成本费用，如上交管理费、固定资产折旧费、税金、提取的工会会费、劳动保险费、待业保险费、固定资产大修理费、养路牌照费、机械退场费等。财务费用主要是控制资金的筹集和使用，调剂资金的余缺，减少利息的支出，增加利息收入。

第二，严格控制其他应收预付款的支付手续。例如，购买材料、配件、分包工程等预付款，应手续完善，有支付依据，有预付款对方开户银行出具的资信证明，并经项目部领导集体研究确定。

第三，其他费用控制按照规定的标准、定额执行。

第四，对分包商，施工队支付工程价款时，应手续齐全。必须有技术部门及计划验工计价单，项目部领导签字方可拨款。

（4）其他职能部门或职能人员。其他职能部门或职能人员根据分工不同，严格控制施工成本。例如，安全质量管理部门必须做到质量、安全不出大事故，劳资部门对临时工应严格管理控制发生的工费等。

（5）施工队（含机械队）班（组）或职工。施工队（含机械队）的班组（含机组）主要是控制人工、材料和机械使用费。要求做到严格控制限额发料和退料手续，加强管理，避免窝工、返工，从而提高劳动效率。机组主要是控制燃料、动力费和经常修理费，坚持机械的维修保养制度，保持设备的完好率、利用率和出勤率，达到提高设备的效率的目的。

（6）施工队（含机械队）。施工队（含机械队）主要控制人工费、材料费、机械使用费、可控的间接费。

3. 责任成本控制的应用

（1）准备阶段

第一，进行成本预测，确定成本目标。

第二，优化施工方案，对施工方法、施工顺序、机械设备的选择，作业组织形式的确定、技术组织措施等方面进行认真研究分析，运用价值工程思想，制定出科学先进、经济合理的施工方案。

第三，编制成本计划并进行分解。

第四，在保证施工生产能顺利进行的条件下，尽量减少库存，合理组织物资供应。

第五，对施工队伍、机械的调迁、临时设施建设等其他间接费用的支出，作出预算，进行控制。

第六，划分成本中心，落实成本责任，制定成本控制工作制度。

（2）施工阶段

第一，进行标准成本的分解、落实。

第二，及时准确地记录、整理、核算实际产生的费用，计算实际成本。

第三，经常进行成本差异分析，采取有效的纠偏措施，在充分注意不利差异的基础上，认真分析有利差异产生的原因，以防对后续作业成本产生不利影响或因质量低劣而造成返工的现象。

第四，注意质量成本。

第五，注意工程变更、项目设计及不可预计的外部条件（如交通突然中断）对成本控制的影响。

第六，经常检查各成本中心的成本控制情况，检查成本控制责、权、利的落实情况，分析成本目标。

（3）验收移交阶段

第一，工程移交后，要及时结算工程款，进行成本分析，总结经验，并将此反馈给在建工程的成本控制工作者。

第二，控制保修期的保修费用支出，并将此问题反馈至有关责任者。

第三，进行成本控制考评，落实奖惩制度。

4. 责任成本控制的编制

（1）责任成本控制目标。责任成本控制的目标，就是各责任成本中心根据其权责范围内预定成本目标，对成本目标的一切生产耗费进行指导、限制和监督，发现偏差，及时纠正，保证实现或超过预定的成本降低目标。责任成本控制目标的确定和实施按责任层次进行。

（2）内部结算和转账。实行责任成本，企业的全部成本都有一定的责任归属，但由于部门之间相互提供产品和劳务等交叉服务，必须严格划分责任归属，做好内部相互提供产品和劳务费用的转账。

（3）责任层次控制报告。责任成本报告应由各成本中心自下而上逐级编报和汇编上报直至最高管理层次。每一级的责任成本计划和责任成本报告，除最基层的一级只有本身的可控成本外，都应包括下属单位转来的责任成本和本身的可控成本。同时，也可列出不可控成本，使成本中心的负责人能够了解同本责任中心有关的成本全貌。

（六）责任成本的核算

工程责任成本核算的内容主要包括项目施工过程中的消耗、资金占用、成本和利润等，它通过一个完整的指标体系来衡量。在具体开展核算工作时，又分别是通过会计核算、统计核算和业务核算来进行的，从而形成了完整的核算体系。通过经济核算体系评价各责任中心业绩，并作为各责任中心兑现奖罚的依据。

1. 会计核算

尽管责任成本与工程成本在核算对象、核算原则和核算目的等方面存在不同，但它们都属于成本范畴，核算数据都来自企业生产经营过程，具有一定的共享性，它们在核算形式、内容、方法等方面也有着密切的关系，其差异可以通过一定的方法进行调整。因此，可以将责任成本核算和工程成本核算结合起来，通过一套程序和方法，同时提供两方面成本信息的核算，使不同成本核算对象在同一核算程序和方法下相互衔接，以达到成本管理的目的。工程项目责任成本核算可以采用两种不同形式：以责任成本核算为基础调整计算工程成本和以工程成本核算为基础调整计算责任成本。

（1）在以责任成本核算为基础调整计算工程成本形式下，施工现场既要设置责任成本账户，也要按成本计算对象设置生产成本账户，并通过一套账务处理程序在两者之间进行结转和调整核算。施工现场发生的各项要素费用根据原始凭证或原始凭证汇总表划分为可控成本和不可控成本，分别记录在相关的责任成本账户，项目经理部责任成本账户归集发生于本项目的所有可控成本，包括确认为本项目责任而被追溯的成本，发生于本项目的不可控成本则结转至相关责任成本账户。期末将归集于本项目责任成本账户的费用按"权责发生制原则"调整跨期摊配费用，调减被追溯的责任成本，调增发生于项目经理部的不可控成本，再按"受益原则"编制"生产费用分配表"，将本期生产费用发生额按成本项目分配计入各工程成本计算对象，采用与项目特点相适应的成本计算方法，计算各工程成本。

（2）在以工程成本核算为基础调整计算责任成本形式下，工程成本仍按原有的方法核算，各项材料、自制半成品和劳务等耗费均按内部结算价格计价，这些成本差异由有关责任中心直接结转给企业财会部门，由财会部门将成本差异在各分项工程之间进行分配。施工现场发生的各项生产费用按可控性分别记录在生产成本的可控与不可控成本明细账户内，以便统一调整核算各责任中心的责任成本。

2. 统计核算

统计核算是利用业务核算资料、会计核算资料，把施工企业生产经营活动客观现状的大量数据表现，按统计方法加以系统整理，表明其经营管理效果。工程项目责任成本统计核算指标可以从责任成本中心和责任费用中心两个方面进行。

（1）责任成本中心。责任成本中心主要统计项目施工活动的消耗，包括劳动消耗、材料消耗和机械设备利用三个方面。

第一，劳动消耗。劳动消耗反映项目劳动消耗方面的指标主要有出勤率、工日利用率、劳动生产率等。这些指标分别表示活劳动的消耗以及与生产成果的比例关系，以反映项目管理的水平。

第二，材料消耗。在项目成本中，材料成本占有很大的比重，为60%～70%。因此降低材料消耗对于降低成本、提高经济效益有着重大影响。项目材料消耗指标可分为两大类：单位建筑产品的材料消耗量和材料利用率。对重点物资（如钢材、木材和水泥）还要计算总消耗量和节约指标。

单位建筑产品材料消耗量，是反映项目施工材料消耗水平的基本指标。它可以按价值量和实物工程量分别计算。材料利用率指标以产品的净重与所耗材料数量之比，表示材料的利用程度。

第三，机械设备利用。机械设备的使用水平对劳动生产率的提高影响重大。在项目的经济核算中，应当核算机械设备的完好与利用情况，以反映施工组织与管理水平的高低。机械设备完好利用方面的指标，主要有机械设备完好率和机械设备利用率。

（2）责任费用中心。责任费用中心统计指标可以按照不同的职能部门设立指标并进行统计。比如，对企业经营部门的责任指标有承揽任务中标率、承揽任务成本率、费用索赔率，对安全质量部门的责任指标有工程质量优良率、事故损失率、人员重伤率、人员死亡率，对工程管理部门的责任指标有产值完成额、资金利用率、利润完成额、回款率、资产质量状况等。

3. 业务核算

业务核算是各业务部门以业务工作的需要而建立的核算制度。它包括原始记录和计算登记表，如单位工程及分部分项工程进度登记、质量登记、工效、定额计算登记、物资消耗定额记录、测试记录等。业务核算的范围比会计核算、统计核算还要广，因为前两种一般是对已经发生的经济活动根据原始记录进行核算，而业务核算不但可以对已经发生的经济活动进行核算，而且可以对尚未发生或正在发生的经济活动进行核算，看看是否可行、是否有经济效果。它的特点是对个别的经济业务进行单项核算，只是记载单一的事项，最多是略有整理或稍加归类，不求提供综合性、总括性指标。

其核算范围不太固定，方法也很灵活，不像会计核算和统计核算那样有一套特定的、系统的方法、如各种技术措施、新工艺、新技术等项目，可以核算已经完成的项目是否达到预定的目的，取得预期的效果，也可以对准备采取措施的项目进行核算、分析预测下一期效果，从而确定是否值得采纳。业务核算的优点在于根据即时信息，迅速预测预期效果，及时采取纠正措施，调整方案，避免错误，减少损失和浪费。

通过会计核算、统计核算和业务核算三种方法，及时对工程项目的各项经济活动进行核算、对比、分析，使项目的各项经济活动处于有效的监控之中，及时对偏差采取纠正措施，降低各种资源消耗，降低成本，提高效益。

（七）责任成本的分析

工程项目责任成本分析的主要任务，就是检查项目成本计划的执行情况，查明成本节约和超支的原因，寻求进一步降低成本的途径。

1. 直接成本分析

（1）人工费的分析。人工费是指建筑安装工人的基本工资、奖金、工资性补贴等。影响人工费的主要包括以下因素：①实际耗用工日数与预算定额工日数之间的差异；②实际日平均工资与预算定额的日平均工资之间的差异。在实际分析时，可以结合上述因素，对人工费的节超做进一步的分析，查明根本原因所在。

（2）材料费的分析。在建筑产品中，材料费一般占工程成本的 60%~70%。因此，材料费的节超对成本计划的实现具有重要影响，材料费分析是成本分析的重要内容，影响材料费高低的因素通常有：①量差，即材料实际耗用量与预算定额用量（包括按材料质次而增加的用量部分）；②价差，即材料实际单价与预算单价的差异。

（3）机械使用费的分析。机械使用费是指在项目施工过程中，使用自有施工机械所发生的机械使用费，以及使用外单位施工机械发生的租赁费及按照规定支付的进出场费等。影响机械使用费的因素可以归结为两方面：一方面是台班数的增减，另一方面是台班成本的高低。而这两个方面又受许多因素影响，如施工方案制定中对机械的选择、机械化程度的变化、机械利用情况的变化等。

（4）其他工程费的分析。其他工程费的分析主要是通过预算数与实际数的比较来进行的。

除此之外，还应分析有关技术经济指标变动对成本的影响，如产量变动对成本的影响、工程量变动对成本的影响、材料消耗变动对成本的影响等。

2.成本综合分析

项目成本综合分析，就是对项目全部工程成本进行总体的分析和评价。分析时，一般采取计划成本与实际成本比较、责任成本与实际成本比较、所属工程队之间的成本比较、与上年同期比较等方法。

（1）计划成本与实际成本比较。该项分析是利用上述有关资料编制成本分析表来进行的。通过分析表可以看出各项成本费用的节超情况，在此基础上，再进一步进行调查研究和分析，以达到分析的目的。

（2）责任成本与实际成本比较。责任成本与实际成本比较分析的目的是检查成本计划的完成情况。但是，实际成本和责任成本不能够直接进行比较，这是因为责任成本是依据计划工程量计算的，而实际成本则是依据实际工程量来计算的，两个工程数量之间的差距有时还很大。因此，在比较时要做一点技术处理。具体的处理方法有两个：①进行责任成本降低额和降低率与实际成本降低额和降低率的比较；②以责任单价（或预算单价）乘实际工程量所得出的成本与实际成本进行比较。

（3）所属工程队之间的成本比较。目前推行的项目管理，多是在企业的原建制范围内组织劳动力。

二、公路工程质量成本管理

（一）质量成本预测

项目质量成本的预测，是在对已有质量成本源进行归集分析的基础上，对未来质量成本的预先测算，包括质量成本总额、质量成本的构成、影响质量成本变化的主要因素、与一定质量水平相联系的质量成本目标、与一定质量水平相联系的质量收益等。

1.质量成本预测的基本过程

质量成本预测的过程具体如下。

（1）收集信息和数据资料。

第一，招标资料，收集业主以往招标中关于质量要求和缺陷责任的要求。

第二，竞争对手资料，包括产品质量、质量成本（此类资料很难获得）、业主对竞争对手产品质量评价等。

第三，企业资料，主要包括本企业关于质量成本的历史资料，如质量成本结构、质量成本水平等。

第四，技术性资料，即企业所使用的检测设备、检测标准、检测方法以及企业所使用的原材料、外购件对产品质量及质量成本的影响资料，还有企业关于新产品开发、新技术新工艺使用的情况。

第五，宏观政策，即国家或地方关于工程质量的要求及政策等。

（2）对收集的信息资料和数据进行整理、分析。

（3）建立预测模型，预测质量成本。

2.质量成本预测的主要方法

（1）经验判断法。当影响因素比较多时，或者影响的规律比较复杂时，可以组织经验丰富的质量管理人员、有关的财务人员和技术人员，根据已掌握的资料，凭借团体的经验作预测。

（2）数学模型法。当对以往数据作统计处理后，有关因素之间呈现出较强的规律性，则可以通过数学分析，找到反映内在规律的数学模型或表达式，用于对项目质量成本作出预测。

除上述方法之外，还可以用比例测算等方法对项目质量成本作出预测。

（二）质量成本计划

1.质量成本计划的基本内涵

项目质量成本的计划是建立在对质量成本进行预测基础上的，它是对未来一定时期质量成本的总体安排和实施方案，其中包括预期的质量成本目标和具体的指标、为完成质量成本目标所采取的措施和方法、计划实施的重点事项和安排等。质量成本计划是用货币形式来确定达到项目质量要求所需要的费用计划。项目的质量成本计划通常应按项目合同规定的进度进行安排，由财务部门进行编制。一旦确定，就成为质量成本目标值，为进行质量成本管理提供检查、分析、控制和考核的依据。编制质量成本计划的目的是要力求使质量成本控制在适宜区间内。

2.质量成本计划的主要内容

质量成本计划的主要内容包括以下几点：

（1）项目质量成本总额和质量成本构成费用的计划控制目标，它们是项目在计划期内要努力达到的目标。

（2）项目质量成本结构比例计划控制目标。

（3）项目涉及的主要产品的质量成本计划控制目标。

（4）项目中各职能小组的质量成本计划控制目标。

（5）项目质量改进措施计划，这是实现质量成本计划的保证。

（三）质量成本控制

质量成本控制就是依据质量成本目标和计划，对质量成本形成过程中的一切耗费进行严格的计算与审核，找出偏差，及时纠正，实现预期的质量目标，并采取措施，不断降低质量成本。质量成本控制是保证各项质量成本管理活动达到计划效果的重要手段，是质量成本管理中的重要环节之一。

1. 质量成本控制的主要内容

施工过程中的质量成本与施工质量有着密切的联系，施工过程中的质量成本控制应从质量控制入手。

（1）审核有关技术文件。对技术文件、报告、报表的审核是项目经理对工程质量进行全面控制的主要手段。其具体内容如下：

第一，审核有关技术资质证明文件。

第二，审核有关材料、半成品的质量检验报告。

第三，审核施工方案、施工组织设计和技术措施。

第四，审核反映工序质量动态的统计资料或控制图表。

第五，审核设计变更、修改图纸和技术核定书。

第六，审核有关质量问题的调查报告。

第七，审核有关应用新工艺、新技术、新材料、新结构的技术鉴定书。

第八，审核有关工序交接检查分部分项工程质量检查报告。

第九，审核并签署现场有关技术签证、文件等。

（2）进行现场质量检查。

第一，开工前检查。在开工前，检查开工条件，其目的是检查开工后能否连续正常施工，是否能够保证工程质量。

第二，工序交接检查。对重要的或对质量有重大影响的工序实行交接检查。

第三，隐蔽工程检查。凡隐蔽工程均应检查认证后方可掩盖。

第四，停工后复工前的检查。

第五，分部分项检查。工程完工后的检查验收，验收签证后方可进行下一项工程项目施工。

第六，成品保护检查。检查有无保护措施，措施是否可靠。

（3）设置质量控制点。质量控制点是施工过程中必须重点控制的质量特性和环节，是质量成本的重要发生点，也是质量成本管理的切入点。一个分项工程，究竟应当设置多少个质量控制点，在何处设置质量控制点，应当根据质量特性的重要程度对工程使用的影响、工序的复杂程度、质量要求和施工单位的管理水平决定。

在通常情况下，施工工艺复杂多设，不复杂少设；施工难度大多设，难度不大少设；建设标准高多设，标准不高少设；施工单位信誉高少设，信誉不高多设。具体设置原则包括以下方面：

第一，对工程的适用性（性能、寿命、可靠性、安全性）有严重影响的关键环节或重要影响因素。

第二，对施工中的薄弱环节，质量不稳定的工序或部位。

第三，在工艺上有特殊要求，对下道工序的工作有严重影响的关键质量特性和部位。

第四，隐蔽工程。

第五，采用新工艺、新材料、新技术的部位或环节。

第六，施工单位无足够把握的工序或环节。

质量控制点通常可分为长期型和短期型。对于设计、工艺方面要求的关键、重要的项目，必须长期重点控制，而对工序质量不稳定、不合格品多或材料供应、生产安排等在某一时期内有特殊需要的，则要设置短期质量控制点。

2. 质量成本控制的基本方法

因为质量成本涉及面广，必须建立质量成本控制系统，以确保质量成本控制工作的顺利进行。

施工企业应当按工程项目质量形成过程、责任部门作为质量成本控制对象，并做到日常控制和定期检查相结合，通常和重点控制相结合，专业与群众控制相结合，单项与综合控制相结合，使质量成本控制经常化、系统化、制度化。对于影响质量成本较大的关键因素，要采取有效措施，进行质量成本控制。

（1）为降低返工、停工损失，将其控制在占预算成本的1%以内，必须对每道工序事先进行技术质量交底；加强班（组）技术培训；设置班（组）质量干事，把好第一道关；设置施工队技监点，负责对每道工序进行质量复检和验收；建立严格的质量奖罚制度，调动班组积极性。

（2）为减少质量过剩支出，施工员要严格掌握定额标准，力求在保证质量的前提下，使人工和材料消耗不超过定额水平。施工员和材料员要根据设计要求和质量标准，合理使用人工和材料。

（3）为控制劣质材料额外损失，必须健全材料验收制度，材料员在对现场材料和构配件进行验收时，发现劣质材料要拒收、退货，并向供应单位索赔。要根据材料质量的不同，合理加以利用以减少损失。

（4）增加预防费用，强化质量意识。要建立从班（组）到施工队的质量QC攻关小组；定期进行质量培训；合理地增加质量奖励，调动员工积极性。

项目质量成本管理是从与工程质量有关的成本方面对工程质量管理活动进行监督和评价。进行工程质量成本的数据统计、核算和分析，可及时掌握工程质量情况、质量改进情况和工作人员的工作质量，及其对经济效益的影响。同时，可以分清质量体系内部各单位应承担的质量责任和经济责任等。通过项目质量成本的核算与控制，可使工程质量成本处于适宜区域及优化状态，达到提高企业经济效益的目的。

（四）质量成本核算

1.质量成本核算的具体任务

质量成本核算是质量成本管理的基础，也是质量成本管理的一个重要环节。质量成本核算由财务部门负总责，项目的其他小组协助完成，最终完成成本核算。其任务如下：

（1）以货币形式反映项目质量管理活动的结果。

（2）为项目质量管理提供准确、完整的经济数据。

（3）正确归集和分配质量成本，为开展分析和揭示质量问题以及质量改进提供数据支持。

2.质量成本核算的基本原则

质量成本核算不同于单纯的质量技术性分析，也不同于单纯的项目成本核算。质量成本核算需要项目组织的质量部门和财务部门的密切合作，共同开展质量成本的核算工作。不同的项目，质量成本核算的方法不尽相同。但为了确保质量成本的一致性、真实性和完整性，与项目成本核算一样，质量成本核算应遵循一定的原则，而这一原则是由质量成本核算的任务、质量成本的属性、项目质量管理的需要以及有关法规等因素所决定的。

因此，制定项目质量成本核算总的原则是，综合考虑相关因素的影响。一般原则主要包括以下内容：

（1）采用统一的核算度量值。

（2）尽可能与现行的经济核算体制相一致。

（3）确定统一的核算价格。

（4）根据工程项目规模、责任部门、工艺过程质量管理和质量保证的需要确定核算对象。

（5）遵守质量成本开支范围规定，正确划分质量费用。

（6）尽可能采用以会计核算为主的核算方法，尽量实行权、责统一。

3.质量成本核算体制的类别

要使质量成本核算工作顺利进行，就要建立有效的质量成本核算体制，以确保质量成本核算工作的正常开展。质量成本的核算体制分为统计核算体制和会计核算体制。

（1）质量成本的统计核算体制。在未建立质量成本的会计核算体制前，一般都是实施质量成本的统计核算体制。通常包含以下工作：

第一，按质量成本核算的要求，结合施工项目的具体特点，建立质量成本的统计核算点。统计核算点的建立，应由质量管理部门会同财务部门共同确定，要充分考虑施工项目规模的大小和管理现状，要保证数据资料的真实性、及时性和全面性。

第二，按设置的质量成本科目，建立适用的质量成本统计表。

第三，按工作程序，由各质量成本统计核算点填写质量成本调查表，按时上报项目质量管理部门审核，经质量管理部门审核后，按质量成本科目进行统计汇总。

（2）质量成本的会计核算体制。建立质量成本的会计核算体制，将有助于质量成本核算工作的规范化和系统化，促进质量管理工作的有效开展。必须注意的是，质量成本的会计核算体制属于管理会计体制范畴，不能纳入一般的财务会计核算体制。

质量成本的会计核算体制包括以下工作：

第一，设置一个质量成本的一级科目，一级科目下分设预防费用、检验费用、内部损失费用和外部损失费用4个二级科目。此外，也可以再设置一个"质量成本调整"二级科目，来结算质量成本中的隐含成本。再在每个二级科目下增设三级科目。

第二，设置对应的总分类台账和明细分类账，根据会计原则，利用这些账户来归集和核算质量成本。

第三，在会计核算期末对质量成本进行分配、还原，转入有关费用项目。

4. 质量成本核算体制的应用

（1）根据施工企业质量成本三级科目设置表及施工企业质量成本核算总分类账与明细分类账，建立质量成本核算账簿。

（2）根据施工企业财务会计明细科目调整表，调整企业财务会计明细科目。

（3）财务会计核算期间，利用原始凭证返修单、返工单、停工单、材料降级处理报告单，统计核算内部返修损失、外部返修损失、内部返工损失、内部停工损失、外部返工损失、外部停工损失、材料降级损失等质量成本三级科目，并记录于质量成本核算账簿相关账户。

（4）财务会计核算期末，根据施工企业财务会计明细科目调整表，利用相关财务会计明细分类账记录，启用质量成本会计核算账簿，建立相关质量成本明细分类账记录。

（5）进行最终汇总。

第四章　公路工程路基的施工技术与管理

路基作为道路的基础，在公路工程中起着重要作用。路基质量的好坏，直接影响路面状况和车辆行驶舒适度，必须保证其强度和稳定性。基于此，本章主要探讨公路工程土质路基的施工技术、公路工程石质路基的施工技术、公路工程路基施工的质量管理。

第一节　公路工程土质路基的施工技术

对于公路工程来说，正常运营必须以保证工程质量为前提，而路基是其中的重要内容。在公路土质路基施工中必须采取相应的施工技术，做好施工质量控制工作。理想的设计要通过施工来实践，对于公路工程来说，路基施工往往是施工组织管理的关键。[①] 公路土质路基施工中，落实施工技术具有重要意义。

一、土质路基施工的填料选择与基底处理

（一）土质路基施工的填料选择

填筑路堤时，为确保路堤的强度和稳定性，通常会取用当地强度较高、稳定性较好、透水性好的土石作为填料，常见的有碎石、砾石、卵石和粗砂等。之所以会优先选用这些石材，主要有以下三方面原因：

第一，强度较高且不易变形，水稳性好。

第二，在填筑过程中不需要考虑含水量影响。

第三，分层压实后容易达到规定的施工质量。

高速公路和一级公路路堤填料应到实地采取土样并进行土工试验，二级及二级以下公路路堤填料也应按规定选用。

---

① 魏海，胡宁. 土质路基施工技术 [J]. 科技视界，2012（27）：443.

（二）土质路基施工的基底处理

所谓路堤基底，就是指被清理后的路堤所在的原地面，它属于自然地面的一部分。在对路基进行处理时，应充分考虑基底的土质、水文、坡度、植被及路基高度等因素，以确保路基的整体强度和稳定性。在处理路基时，以下三个方面需要特别注意：

第一，务必将原地面的临时排水工作做好。对于易积水的地方，用土填平后还应按规定压实。排出的雨水不能冲刷到路基，也不得流入农田和耕地，更不能引起淤塞。

第二，如果路堤基底的原状土已经无法满足强度要求，应立刻进行换填处理，所挖深度应大于30cm，并分层找平压实。

第三，在填筑矮路堤时，填筑高度应与路基工作区接近或者相等。为了进一步提高路基的强度和稳定性，应对矮路堤进行挖除种植土、换土、挖松压密加铺砂砾石垫层等处理。

二、土质路基施工的填筑方式及机械配置

（一）水平填筑方式

在填筑土质路堤时，一般会将路堤划分成若干水平层次，之后再依次向上填筑，这种填筑方式即为水平填筑。在填筑时，应从底层开始填筑，每填筑完一层都要进行压实处理，指导压实度达到要求之后再进行下一层填筑。如果需要用不同土质来进行填筑，则必须严格遵守填筑工艺要求。水平填筑主要包括以下五个方面要求：

第一，如果用透水性不是很好的土来填筑路堤底层，则应在表面做成4%的双向横坡。

第二，为了使路堤内部的水分得到充分蒸发，在填筑路堤时，应在中上层使用透水性较好的砂砾类材料。

第三，透水性不同的土不能混在一起进行填筑。

第四，对不同土质的层位进行合理安排，比较优良的土应填筑在路堤上层，强度较低的土填在下层。

第五，当用不同土质填筑公路纵向的路堤时，必须在不同土质的交接处做成斜面，以免发生不均匀变形。除此以外，一些透水性比较差的土应填筑在斜面下方。

（二）竖向填筑方式

竖向填筑指的是在施工时将填料沿路线纵向在坡度较大的原地面上倾填，形成倾斜的土层，碾压密实之后，再逐层向前推进。

当出现以下情况时，可以考虑采用竖向填筑：

第一，原地面纵向坡度大于12%。

第二，路线所经过的地段跨越深谷或者局部地面有比较陡的横坡。

第三，地面高度差比较大。

（三）混合式填筑方式

混合式填筑路堤主要是指下层用竖向填筑、上层用水平填筑的一种填筑方式。这种填筑方式可以确保上部填土的密实度，其作业方式主要是根据填料运距、填筑高度、工程量等因素来确定。

第一，对于取土填土高度小于 3m 的路堤，可用推土机推填、平地机整平，达到最佳含水率之后，再用压路机压实。

第二，如果所填筑路堤的填方量比较集中，当填料运距大于 1km 时，可用松土机翻松，用挖土机或装载机配合自卸汽车运输，料运到作业面后用平地机整平，配合洒水车和压路机压实；当填料运距在 1km 范围内时，可用铲运机运土，辅以推土机开道、翻松硬土、平整取土段清除障碍及推土。

三、土质路基施工中的路堑开挖技术

（一）横挖法

对于一些短而浅的路堑，需要采用横挖法，即从路堑的一端或两端，在横断面范围内向前开挖。当路堑比较浅时，一次挖到设计标高的开挖方式称为单层横挖法。若路堑较深，为增加作业面，以便容纳较多的施工机械形成多向出土以加快工程进度，而在不同高度上分成几个台阶同时开挖的方式称为多层横挖法，各施工层面具有独立的出土通道和临时排水设施。

采用人工的方式开挖路堑时，施工台阶高度应为 1.5～2.0m。采用机械开挖路堑时，台阶高度一般为 3～4m。如果运距比较近，可用推土机开挖；如果运距比较远，可用挖掘机与自卸汽车相互配合进行开挖，也可以用推土机堆土后，再安排自卸汽车运土。需要注意的是，在开挖时，还同时需要配备人工或者平地机来进行分层修刮和边坡整平。

（二）纵挖法

所谓纵挖法，指的就是开挖时沿路堑纵向将开挖深度内的土体分成厚度不大的土层依次开挖。

1. 分层纵挖法

分层纵挖法适宜于路堑宽度和深度均不大的情况，在路堑纵断面全宽范围内纵向分层挖掘。

宜采用推土机作业的情况主要包括：①开挖地段的横坡较陡；②开挖长度小于100m；③开挖深度小于 3m。

如果开挖路堑的长度大于 1000m，则需要用铲运机或者同时配合使用推土机来进行作业。

2. 通道纵挖法

通道纵挖法适宜于路堑较长、较宽、较深而两端地面坡度较小的情况。开挖时先沿纵向分层，每层先挖出一条通道，然后开挖通道两旁，通道作为机械运行和出土的线路。

如果开挖的路堑很长，可在一侧适当位置将路堑横向挖穿，把路堑分为几段，各段再采用纵向开挖的方式作业，这种挖掘路堑的方法称为分段挖掘法。这种挖掘方式可增加施工作业面，减少作业面之间的干扰并增加出料口，从而大大提高工效，适用于傍山的深长路堑的开挖。

用推土机开挖路堑时，每一铲挖地段的长度应以满足一次铲切达到的满载为佳，一般为 5~10m。铲挖时宜下坡进行，对于普通土，下坡坡度不宜小于 10%，但不得大于 15%；傍山卸土时应设向内稍低的横坡，但同时应留有向外排水的通道。当采用铲运机开挖路堑时，铲运机在路基上的作业长度不宜小于 100m，宽度应能使铲斗易于达到满载。当采用铲斗容量为 4~8m³ 的拖式铲运机或铲运推土机时，运距一般为 100~400m；当铲斗容量为 9~12m³ 时，运距宜为 100~700m。

（三）混合式开挖法

混合式开挖法是将横挖法与纵挖法混合使用。首先会采用纵挖法沿路堑开挖通道，之后采用横挖法，从通道开始沿着横向坡面挖掘。这样做的目的就是增加开挖坡面，从而可以使每个坡面都能够容纳一个施工作业组和一台施工机械。

路堑开挖应严格按照自上而下的方式进行，不得超挖、滥挖。在对边坡稳定性不产生不良影响的前提下，为了进一步提高开挖效率，也可采用小型爆破的方式。

在开挖的过程中，一旦发现土质变化，应立刻修改施工方案和边坡坡度。路堑路床的表层土若为有机土、难以晾干或其他不宜作路床的土时，应用符合要求的土置换，然后按路堤填筑要求进行压实。

四、土质路基施工中的路基压实技术

（一）路基压实的质量要求

路基压实的压实质量一般是通过土的密实度来衡量的，用压实度来表示路基的压实标准。合理确定压实度，对保证路基的强度和稳定性、技术的可行性、工程经济性都有非常重大的意义。但在实际施工中，压实度几乎无法达到百分之百。

在达到最佳含水量的情况下才能进行路基压实，并且不同土质的各种指标值也要在施工前半个月进行测定，选取有代表性的土样进行试验，并且每种土都至少要取一组土样。如果在施工过程中土质发生了变化，应立刻取土样补做试验。

路基不同层位的压实度要求也有所不同，相比于下部，上部的压实度要求会更高。一些等级较高的路面，压实度要求也会更高。

（二）土质路堤的碾压技术

在选择碾压机械时，应对各方面因素进行综合考虑，主要包括工程规模、场地大小、填料类别、压实度要求、气候条件、工期要求及土质等。

如果填料为细粒土、砂类土或砾石土，施工时应通过摊开晾晒或适当洒水等方式使土的实际含水量达到最佳含水量的 ±（1%～2%）之后再进行碾压。

如果需要人工洒水，则应对洒水量进行估算。洒水工作完成后，须等到水分完全渗入土中之后再进行碾压。

此外，应根据土的种类、实际含水量、压实度要求等来确定压实遍数。对于高速公路和一级公路，在进行碾压时宜使用振动压路机或者 35～50 吨的轮胎压路机。

五、土质路基施工的整修、检查验收与维修

（一）土质路基的整修

第一，土质路基的整修。在整修土质路基表面时，切土、补土工作一般是在人工和机械相互配合的情况下完成的，同时也需要用压路机碾压。对于加深的路堑边坡，切记不可在边坡上贴补，应自上而下进行削坡整修。超出设计标高的填土应用平地机刮平，陆地两侧超出涉及高度的部分也要切除。

第二，边坡加固与整修。应在边坡加固地段预留加固位置和厚度，如果边坡被冲刷成沟槽，则应从下往上分层挖台阶进行填筑和夯实。如果在非加固边坡地段，可用种植土进行填补并种植花草。如果出现冲沟和坍塌缺口，应从下往上进行加宽填补、压实，并按设计坡面修坡。

（二）检查验收及质量要求

1. 中间检查

中间检查应按照设计文件和施工规范来进行，每完成一个分部分项工程都需要进行中间检查。比如在处理完路基原地面之后，要对基底的处理情况进行检查等。需要注意的是，以下工序完成后必须进行中间检查验收，合格之后才能开始下一工序的施工：

（1）路基渗沟回填土前。

（2）路基换土工作完成后。

（3）各类防护加固工程基坑开挖后。

2. 竣工验收

对路基进行竣工验收时，应对以下项目进行检查、验收：

（1）路基的平面位置、路基宽度、标高横坡和平整度。

（2）边坡坡度及加固设施。

（3）边沟等排水设施的尺寸及沟底纵坡。

（4）防护工程的修建位置和各部尺寸。

（5）填土压实度及表面弯沉。

（6）取土坑、弃土堆、截水沟、渗水井等的位置和形式。

（7）隐蔽工程施工记录等。

3. 质量要求

（1）土方路基。土方路基施工应符合下列质量要求：

第一，路基必须分层填筑压实。

第二，表面平整坚实。

第三，无软弹和翻浆现象，路拱合适。

第四，排水良好。

第五，土的压实度、强度和路床的整体强度符合设计要求。

（2）路肩。在进行路肩施工时，应做到以下三点：

第一，表面平整、密实、无积水。

第二，边缘顺直。

第三，曲线圆滑。

（3）地表排水设施。边沟、截水沟或排水沟应线条顺直曲线圆滑，沟底平整，排水畅通。浆砌片石加固体，砂浆应密实饱满，配合比符合设计要求。边沟勾缝平顺，缝宽均匀，无脱落现象。沟渠断面应均匀平整无凹凸不平现象，沟底无积水。

（三）土质路基的维修

路基是路面的基础，必须稳定坚实。[①] 路基施工完成以后，在路面施工前或公路工程初验后至竣工验收终验前，如果路基发生损坏，施工单位应该负责维修。

施工单位还应确保路基排水设施完好，如果排水设施中出现淤积物和杂草，应及时清理。对于已经停工很长时间，或者暂时不打算做路面的路基，应保持排水通畅，复工前还应整修路基的各分项工程。要确定路基表面光滑、保持规定的路拱，才能开始路面施工。如果路堤遭到雨水冲刷，要及时进行修补和加固；如果发生沉降，应查明原因，采取恰当的处理措施，并进行记录。

此外，还应及时清理路堑边坡塌方。未经加固的高路堤和路堑边坡及潮湿地区的土质路基边坡上的积雪应及时清除，以免危害路基。路基构造物应时刻保持稳定，一旦出现变形，要及时修复。如果在路基完工后遇到持续大雨、暴雨天气，或者正处于积雪融化期，应禁止施工机械和车辆在土质路基上行驶。在不得不通行的情况下，则应及时排干积水，并进行整平、压实。

[①]　安清，陈磊. 浅述土质路基填挖方案 [J]. 科技信息，2008（24）：116，52.

第二节 公路工程石质路基的施工技术

一、公路工程填石路堤的施工技术

（一）填石路堤施工的主要方法

第一，填石路堤的基底处理同填土路堤。

第二，高速公路、一级公路和铺设高级路面的其他等级公路的填石路堤均应分层填筑、分层压实。二级及二级以下且铺设低级路面的公路在陡峻山坡段施工特别困难或需大量爆破以挖做填时，可采用倾填方式将石料填筑于路堤下部，但倾填路堤在路床底面下不小于1.0m 范围内仍应分层填筑压实。

第三，填石路堤的压实度检验包括分层填筑岩块及倾填爆破石块填筑的路堤，在规定深度范围内，以 12 吨以上振动压路机进行压实试验，当压实层顶面稳定，不再下沉（无轮迹）时，可判为密实状态。

（二）填石路堤施工的要求分析

1. 填料的选择

填石路堤是指用粒径大于 40mm、含量超过 70% 的石料填筑的路堤。

膨胀性岩石、易溶性岩石、崩解性岩石和盐化岩石等均不应用于路堤填筑。用强风化石料软质岩石填筑路堤时，应按土质路堤施工规定先检验其 CBR 值是否符合要求，CBR值不符合要求时不得使用，符合使用要求时应按土质筑堤的技术要求施工。

填石路堤的石料强度不应小于 15MPa（用于护坡的不应小于 20MPa）。填石路堤石料最大粒径不宜超过层厚的 2/3。

2. 施工中应将石块逐层水平填筑

分层松铺厚度：高速公路及一级公路不宜大于 0.5m，其他公路不宜大于 1.0m。大面向下摆放平稳，紧密靠拢，所有缝隙填以小石块或石屑。高速公路及一级公路填石路堤路床顶面以下 50cm 范围内应填筑符合路床要求的土并分层压实，填料最大粒径不得大于10cm。其他公路填石路堤路床顶面以下 30cm 范围内宜填筑符合路床要求的土并压实，填料最大粒径不应大于 15cm。超粒径石料应进行破碎，使填料颗粒符合要求。

3. 填石路堤压实

填石路堤应使用重型振动压路机分层洒水压实，压实时继续用小石块或石屑填缝，直到压实层顶面稳定、不再下沉且无轮迹、石块紧密、表面平整。

4. 路堤边坡坡脚码砌

填石路基倾填前，路堤边坡坡脚应用粒径大于 30cm 的硬质石料码砌。

当无设计规定时，填石路堤高度小于或等于 6m 时，其码砌厚度不应小于 1m；大于

6m 时，不应小于 2m。

二、公路工程石质路堑的施工技术

石质路堑开挖最有效的方法是爆破。爆破可以大大提高施工效率、缩短工期、节约劳力、提高公路的使用质量。

（一）爆破开挖技术的应用条件

1. 炸药性能和药包量

（1）炸药性能。一般在坚石中，宜采用粉碎力大的炸药，如 TNT、胶质炸药等；在次坚石、软石、裂缝大而多的岩石中，以及在松动爆破中，宜采用爆炸力较大而粉碎力较小的炸药；开采料石时，宜采用爆炸力和粉碎力都较小的炸药，如黑火药。

（2）药包量。药包量的多少，须根据具体条件和爆破目的来决定。

2. 地形条件

地形不同，其爆破的特征及效果也不同。地形越陡，炸药用量越省。地形倾斜时，爆破土方的岩石因振动而松裂，在自重的作用下脱离岩体而坍塌，从而扩大爆破漏斗的范围，增加爆破方量。此外，炮位的临空面的数目对爆破效果的影响也很大，临空面越多，爆破效果就越好。

3. 地质条件

当岩石的密度大、强度高、整体性好时，单位耗药量较高，对爆破后的边坡稳定有利，适宜采用大爆破；反之，密度小、力学强度低，节理、层理发达，则较易破碎，单位用药量低，不宜采用大爆破。

（二）石质路堑的爆破开挖技术

1. 石质路堑爆破开挖的方法

石质路堑的开挖通常采用爆破法，有条件时宜采用松土法，局部情况可采用破碎法开挖。

施工时，采用的爆破方法要根据石方的集中程度、地质、地形条件及路基断面形状等具体条件而定。主要方法有以下六种：

（1）综合爆破。综合爆破是根据石方的集中程度，地质、地形条件，公路路基断面的形状，综合配套使用的一种比较先进的爆破方法。

一般包括小炮和洞室炮两大类：小炮主要包括钢钎炮、深孔爆破等钻孔爆破；洞室炮主要包括药壶炮和猫洞炮，洞室炮则随药包性质、断面形状和地形的变化而不同。用药量1 吨以上为大炮，用药量 1 吨以下为中小炮。

第一，裸露药包法。裸露药包法是指将药包置于被炸物体表面或经清理的岩缝中，药包表面用草皮或稀泥覆盖，然后进行的爆破。

第二，钢钎炮（炮眼法）。在路基工程中，钢钎炮（炮眼法）是指炮眼直径小于70mm和深度小于5m的爆破方法。一般情况下，单独使用钢钎炮爆破石方是不经济的，原因有两点：①炮眼直径小，炮眼浅，用药少，一般最多装药为眼深的 1/3~1/2，每次爆破的石方量不大（通常不超过 10m³），并全靠人工清除，所以工效较低；②不利于爆破能量的利用，但比较灵活，因而它又是一种不可缺少的炮型，在综合爆破中是一种改造地形，为其他炮型服务的铺炮型。

第三，药壶炮（葫芦炮）。药壶法是指在深 2.5~3.0m 的炮眼底部用少量炸药经一次或多次烘膛，使底成葫芦形，将炸药集中装入药壶中进行爆破。葫芦炮炮眼较深，适用于均匀致密黏土（硬土）、次坚石、坚石。对于炮眼深度小于2.5m、节理发育的软石，地下水较多或雨季施工时，不宜采用。

第四，猫洞炮。猫洞炮是炮洞直径为 0.2~0.5m，洞穴成水平或略有倾斜（台眼），深度小于5m，将药集中于炮洞中进行爆破的一种方法。它适用于硬土、胶结良好的石古河床、冰渍层，软石和节理发育的次坚石，坚石可用其间的裂隙修成导洞或药室，这种炮型对大孤石、独岩包等爆破效果更佳。

第五，爆破（洞室）施工方法。大爆破是采用导洞和药室装药，用药量在 1000kg 以上的爆破方法。

（2）光面爆破。光面爆破是在开挖限界的周边，适当排列一定间隔的炮孔，在有侧向临空面的情况下，用控制抵抗线和药量的方法进行爆破，使之形成一个光滑平整的边坡。

（3）抛坍爆破。抛坍爆破运用于自然地面坡度大于 30°，地形地质条件复杂的半填半挖路堑。

（4）预裂爆破。预裂爆破是在开挖限界处按适当间隔排列炮孔，在没有侧向临空面和最小抵抗线的情况下，用控制药量的方法，预先炸出一条裂缝，使拟爆体与山体分开，作为隔振减振带，消除或减弱开挖限界以外山体或建筑物的地震破坏作用。

（5）定向爆破。在公路工程中用于以借为填或以挖做填地段，特别是在深挖高填相间、工程量大的鸡爪形地区，宜采用定向爆破。

（6）微差爆破。相邻两药包或前后排药包以毫秒的时间间隔（一般为 15~75ms）依次起爆，称为微差爆破，亦称毫秒爆破。多发一次爆破最好采用毫秒雷管。多排孔微差爆破是浅孔深孔爆破发展的方向。

2.爆破开挖路堑的施工技术

（1）恢复路基中线，放出边线，钉牢边桩。

（2）根据地形、地质及挖深选择适宜的开挖爆破方法，制定爆破方案，作出爆破施工组织设计，报有关部门审批。

（3）用推土机整修施工便道，清理表层覆盖土及危石。

（4）在地面上准确放出炮眼（井）位置，竖立标牌，标明孔（井）号、深度、装药量。

（5）用推土机配合爆破，创造临空面，使最小抵抗线方向面向回填方向。

（6）炮眼在布置整体爆破时采用"梅花"形或"方格"形，预裂爆破时采用"一"字形，洞室爆破根据设计确定药包的位置和药量。

（7）在居民区及地质不良可能引起坍塌后遗症的路段，原则上不采用大中型洞室爆破。在石方集中的深挖路堑采用洞室爆破时，应认真设计分集药包位置和装药量，精确测算爆破漏斗，防止超爆、少爆或振松边坡，留下后患。

（8）爆破施工要严格控制飞石距离，采取切实可行的措施，确保人员和建筑物的安全，如采用毫秒微差爆破技术。

（9）控制爆破也可以采用分段毫秒爆破方法。

（10）为确保边坡爆破质量，可采用预裂爆破技术、光面爆破技术和排眼毫秒爆破技术，同时配合选择合理的爆破参数，减少冲击波影响，降低石料大块率，以减少二次破碎，利于装运和填方。

（11）药前要布好警戒，选择好通行道路，认真检查炮孔、洞室，吹净残渣，排除积水，做好爆破器材的防水保护工作，雨季或有地下水时，可考虑采用乳化防水炸药。

（12）装药分单层、分层装药，预裂装药及洞室内集中装药。光眼装药后用木杆捣实，填塞黏土；洞室装药时，将预先加好的起爆体放在药包中心位置，周围填以硝酸安全炸药，用砂黏土填塞，填塞时要注意保护起爆线路。

（13）认真设计，严密布设起爆网络，防止发生短路及二响重叠现象。

（14）顺利起爆，并清除边坡危石后，用推土机清出道路，用推土机、铲运机纵向出土填方，运距较远时，用挖掘机械装土，自卸汽车运输。

（15）随时注意控制开挖断面，切勿超爆，适时清理整修边坡和暴露的孤石。

（三）石质路基施工的质量控制

1.一般规定

（1）土方路基和石方路基的实测项目技术指标的规定值或允许偏差按高速公路、一级公路和其他公路（指二级及二级以下公路）两档设定，其中土方路基压实度按高速公路和一级公路、二级公路、三四级公路四档设定。

（2）实测项目的检查频率，如果检查路段以延米计时，则为双车道公路每一检查段内的最低检查频率（多车道公路必须按车道数与双车道之比，相应增加检查数量）。

（3）路基压实度须分层检测，并符合规范。路基其他检查项目均在路基顶面进行检查测定。

（4）路肩工程可作为路面工程的一个分项工程进行检查评定。

（5）服务区停车场、收费广场的土方工程压实标准可按土方路基要求进行监控。

2. 基本要求

（1）石质路堑的开挖宜采用光面爆破法。爆破后应及时清理险石、松石，确保边坡安全、稳定。

（2）修筑填石路堤时应进行地表清理，逐层水平填筑石块，摆放平稳，码砌边部。填筑层厚度及石块尺寸应符合设计和施工规范的规定，填石空隙用石碴、石屑嵌压稳定。上、下路床填料和石料最大尺寸应符合规范。采用振动压路机分层碾压，压至填筑层顶面石块稳定，18 吨以上压路机振压两遍无明显标高差异。

（3）路基表面应整修平整。

（4）外观鉴定。

第一，上边坡不得有松石。不符合要求时，每处减 1~2 分。

第二，路基边线直顺，曲线圆滑。不符合要求时，单向累计长度每 50m 减重 1~2 分。

第三节　公路工程路基施工的质量控制

路基是公路工程中重要的组成部分，是按照路线位置和一定技术要求，在原地面上通过挖、填、压实、砌筑而修成的支承路面的带状构造物。路基在使用过程中，要承受由路面传递而来的行车荷载作用，并抵御各种环境因素的影响，是路面的基础。路基质量的好坏，直接影响路面的使用性能。路面的损坏往往与路基排水不畅、压实质量不够、整体强度偏低等有直接关系，且路基破坏后，修复难度大、工程费用高。因此，要求路基必须具有足够的强度、良好的水稳定性和较好的耐久性等。

所谓路基施工，就是以批准的设计文件和施工技术规范、标准为依据，以确保工程质量为中心，有组织、有计划地将设计图纸转化为工程实体的建筑活动。在公路工程建设中，路基工程不仅工程量巨大，而且投资较多，路基施工质量的好坏直接影响路面的使用年限和效果。因此，保证路基工程的施工质量，是公路工程施工的关键。对于公路的路基工程应严格按照现行的有关施工技术规范和技术标准进行精心施工，严格监控把关，以保证路基工程具有足够的强度、稳定性、耐久性及经济合理性。

一、公路路基工程的施工特点

公路工程建设的基本特点是线长面广、工程量大、投资较多、影响因素复杂、技术要求较高。随着公路等级、几何线形、工程质量要求的标准提高，使得公路工程建设的整体难度加大，在公路工程的建设中，诸多不利因素的影响都必须加以克服，才能保证公路工程质量。

路基工程的施工质量会受到多种不利因素的影响。虽然路基施工主要是开挖、运输、填筑和压实等比较简单的工序,但由于路基施工存在条件变化大、工程数量大、施工难度大、施工方法多样等特点,对于保证路基工程的施工质量有很大难度。特别是地质不良的特殊路段及隐蔽工程较多的路基,在施工时常常会遇到复杂的技术问题和各种突发性事故需要进行处理。可以说,路基工程施工技术是简单中蕴含着复杂。

(一)路基工程的设计与施工特点

相对于一般公路来说,高等级公路在路基设计和施工方面与一般公路的不同之处,就在于它的高标准、高质量和严要求。归纳起来,高等级公路的路基工程的设计和施工具有以下特点。

(1)高填与深挖的路基增多。为了减少横向交通的干扰,必须在高等级公路上设置供横穿公路的行人和车辆通行的设施。对于山丘地区,可以利用地形布置天桥式横穿道;对于平原地区,只能以提高路基填土高度来满足设置下穿式通道的要求。因此,在平原地区修筑高等级公路,其路基填土高度一般应在 4~5m。填土高度的增加,既增加了填土路堤的工程量,又要求填土材料具有良好的均匀性,施工时含水量和压实度也应尽量均匀一致,以免引起路基发生过大或不均匀的沉降变形。

由于高等级公路线形要求纵坡平缓,曲线的半径较大,当路线通过山区或丘陵区时,则会出现较多的深挖或高填的问题。对于深挖路堑,有可能因地质、土质和水文情况的变化,使路堑的路床出现软弱土层及受地下水的侵袭,而使得路基强度降低。对于高填方路堤,应特别注重填筑质量。无论是深挖路堑还是高填路堤,均有高边坡的稳定问题,需要在设计和施工中考虑好支护、护坡及施工工艺的合理性。

(2)特殊地质条件的路基增多。由于高等级线形的重要性,路线通过不良地质地段的机会较多。尤其在丘陵地区,往往由于深挖和高填,使路基在软土或强风化岩层上的机会比较多。在冲积平原和三角洲地区修筑高等级公路,通常会遇到大面积的和深层的软土地基。以上各种情况,对于路基工程而言,需要考虑换土或改良和加固路基的问题,这就要求采取特殊的施工工艺。

(3)路基中的桥涵和通道增多。高等级公路一般采取全封闭或半封闭的方式,以保证车辆的快速通行和安全行驶。由于公路还要通过广大的农村地区,为方便农村人口的生产与生活,需要增设较多的小桥和过水的涵洞、灌溉虹吸管和人行或农用机械通道。对于这些情况,要求路基施工时对桥涵和通道的台背填土要碾压密实。由于台背填土压实施工比较麻烦,施工时常被放松和疏忽,在使用时则发生显著的下沉,致使路基路面与桥涵、通道衔接不平顺,影响车辆的高速运行和行驶安全。

(4)取土和弃土的矛盾增大。当公路的线路通过山区和丘陵区时,由于线形标准的提高,在路基设计时很难考虑土方的填挖平衡,有可能增大借土的数量和带来公路用地范围的扩大。这些问题在设计中应当充分考虑到。当路线通过平原地区时,由于路基两侧大多数为良田，征地的费用必然很高，且我国目前的人均耕地极少，为了减少取土占地的矛盾，有时不得不将路基设计成高架桥的形式，这样又会增加施工的难度。

（二）填方路堤与挖方路基的特点

1. 填方路堤的特点

（1）由于填方路堤存在沉降和稳定问题，特别是高路堤更可能发生稳定性问题，要求路堤的施工质量要高，对基底处理、填料选择、排水措施、压实质量控制等方面均要求比较高，从而才能保证路基的稳定性和耐久性。

（2）高等级公路的路基一般都比较高，所需的土方量很大。为确保施工质量和工程进度，必须采取机械化作业，从基础的处理到填料的开挖、运送、摊铺、压实，均应采用一系列的机械进行施工。

（3）为适应高等级公路车辆高速行驶的要求，路面必须具有很高的平整度，验收时采用连续式平整度仪测量平整度，其最大标准差值不大于 1.2mm。要保证路面达到这么高标准的平整度，必须从路基填土抓起，尤其是路床填土更应当严格要求，使每层填土都大致平整，没有大的起伏和凹凸，并基本符合路基顶面高程的要求，其允许偏差不超过 10mm，否则是无法满足路面各结构层厚度和整个路面平整度要求的。

（4）填方路堤高速公路一般采用封闭形式，这样桥涵、通道必然也就多，结构增多势必带来结构物两端路堤的填筑与压实困难问题。必须采用各种技术措施保证结构物两端路堤的填筑与压实质量，减少和避免桥头跳车现象。

（5）填方路堤的沉降是施工中应引起特别注意的问题。为了尽量减少路堤的沉降，提高路堤的稳定性，在设计和施工中必须广泛采用新材料、新设备和新检测手段。

（6）高等级公路一旦开通运行后，交通量会迅速增长，在较长的一段时间内，很难再中断车辆的行驶，路基和路面的维修十分困难。

（7）在高等级公路施工中必须做好环境保护和绿化工作，而这方面在填方路堤施工中是相当重要的。施工中存在的水土、植被、地貌等，不应因填方施工而遭到破坏，填料中不能含有害物质，防止造成环境污染。

（8）高等级公路不仅对所在地区的经济建设具有很重要的意义，而且技术标准高、工程造价大。如果通车后不久即出现病害，就不得不中断交通返工重修，这不仅造成重大的经济损失，而且在社会上也将造成不良影响。

2. 挖方路基的特点

高等级公路交通量很大，行车速度也很快，要求运行质量比较高，建成后如果发生病害，将危及行车安全，影响高等级公路运营，养护维修也非常困难。高等级公路挖方路基与一般公路路基的不同之处，主要表现在以下方面。

（1）高等级公路挖方路基应保证边坡具有长期稳定性。对于边坡的变形应以预防为主，边坡稳定应结合边坡防护处理、边坡排水设施及施工方法等进行综合考虑。进行挖方边坡设计时，还应预测高等级公路运营期间的边坡应力与变形的变化情况，对边坡稳定设计方案进行可靠性分析或敏感性分析。

（2）强调挖方边坡设计与施工方案的有机结合。根据分析预测各施工过程中边坡的应力和应变情况，做好挖方路基施工工艺、施工方法和施工程序的组织设计。

（3）重视行车安全性。选择挖方路基的断面形式不仅要考虑边坡的稳定性，还要考虑其对行车安全的影响。对于深路堑，应与修建隧道的方案进行技术经济比较论证。

（4）重视挖方路基的美化和环境保护。挖方路基应与周围自然景观相协调，力求避免深挖高填，破坏生态平衡。在保证边坡稳定的同时，应注重边坡的美化，满足行车安全、视觉舒畅、景观优美的要求，并做好挖方路段的废方处理，防止水土流失和生态环境的恶化。

二、公路路基工程的施工要求

路基工程是组成道路的基本结构物，它一方面要保证车辆行驶的通畅与安全，另一方面要支持路面承受行车荷载的要求。具体来说应满足以下要求。

（一）抗压强度

路基是道路路面下的建筑，除与路面共同承受交通荷载外，同时也是路面结构物的基础。道路上的交通荷载，通过路面传递给路基，并对其产生一定的压力，路基路面的自重又给地基一定的压力。因此，要求路基具有足够的抗压强度，路基的强度直接影响路面的强度。

（二）水稳定性

路基暴露于大气之中，受到水文、气候条件的影响。我国南方非冰冻地区，路基主要受大气降水、地表水和地下水的作用，影响路基的强度并会引发季节性变化，使路基强度降低，产生过量的变形。特别是高填方的路堤，受水侵蚀后，路基的抗剪强度显著降低，在交通荷载及路基路面自重的综合作用下，路基易产生失稳，容易在路基体内产生滑动破裂面和过大的位移，从而引起路面的变形与损坏。因此，要求路基应具有足够的水稳定性。

（三）冰冻稳定性

我国北方地区季节性冰冻地区的路基，受到季节性的冰冻作用，使路基出现周期性的冻融状态，并同时引出冻胀病害的发生。路面不均匀冻胀会破坏路面平整度，使路面产生裂缝及春融时路基强度急剧降低。因此，对季节性冰冻地区的路基，除了具有足够的强度外，还要求具有足够的冰冻稳定性。

（四）整体稳定性和耐久性

虽然填方路基的施工工艺比较简单，但其工程数量相当庞大，施工费工费时，在公路工程的总造价占有很大比重。加之这类路基长期暴露在自然环境中，受气候条件的影响很大，提高路基抵御各种自然条件侵蚀的能力，即路基的整体稳定性和耐久性，是一个非常重要的方面。

随着公路技术等级的不断提高，路基质量问题显得越来越突出。因此，不论是设计还是施工，都应当十分重视路基的整体稳定性和耐久性问题。特别是高速公路，更应特别注意。在路基工程施工中，压实是形成路基整体稳定性和耐久性的有效技术措施，压实可以充分发挥路基土的强度，减少路基、路面在行车荷载下的变形，可以满足路基整体稳定性和耐久性要求。

三、公路路基工程的质量控制

（一）施工质量的控制体系

在道路施工过程中，路基是重要的组成部分，也是道路结构的主体，是道路建设的基础，所以路基质量的好坏直接影响了路面的施工质量，没有稳定的路基将影响整个道路工程的施工质量，也给通车后的行车安全带来隐患。[①] 要建立施工质量的控制体系，应采取系统严密的质量管理方法。在每个施工段配备一名质检试验员负责把关，实验室人员应针对不同的土质提供相应的最大干容重、土的颗粒分析及液塑限试验数据。每填筑 1 层后恢复 1 次中线，避免中线偏位和控制路基各部位的要求标高。

为了有条不紊地实现优质高产，可建立实行合格通知单制度。通知单由工地质检试验员签发，当工段长接到合格通知单后才准许安排下道工序的施工。下层施工先进行包边，包边土碾压后，内缘浮土清理干净再进行正常填筑（碾压后的厚度不大于 23cm）。没有培槽的路段不允许进行填筑。

（二）施工现场的监督管理

1. 路基施工工艺控制

工程质量不是检验出来的，路基施工完毕后，它的质量即客观地存在，质量到底如何，一方面可以通过试验检验，另一方面可以通过使用来检验。控制路基的施工质量，首先应从控制路基的施工工艺着手，严格控制施工工艺是生产高质量路基的关键。

2. 填筑前的质量控制

路基填筑之前的质量控制包括两个方面：一方面，对原地面的质量检验，如检查是否已经清淤、清场，清淤是否彻底，有无软土地基，是否已排水干燥，是否已经碾压，压实质量是否合格、是否平整等；另一方面，对下层路基的质量检查，如下层路基是否已经验收合格。

3. 碾压质量控制

碾压质量控制包括选取合适的压路机吨位、型号、压实遍数、压实方法及压实的均匀

---

① 李进成.土质路基施工质量控制 [J].中小企业管理与科技，2012（31）：130.

性等。高速公路采用重型击实标准和要求较高的压实度，这就要求大吨位的压路机与之相配套。不同种类的压路机对不同土质的压实效果不同，振动碾压砂砾土能得到良好的压实效果，而振动碾压黏性土能得到最佳压实效果，同一种型号的压路机对不同土质的压实效果也不一样。这就需要对不同土质、同一压路机碾压采用不同的压实遍数。压实方法对压实效果也有影响，压实均匀性要求控制被碾压路段的压实度一致，不至于出现一部分超密，而另一部分欠密的不均匀现象。填土表面平整性也是影响压实均匀性的因素之一，常出现凸部超密而凹部欠密的不均匀现象。因此，严格控制路基碾压前的填土表面平整性也是很有必要的。

4. 路基排水控制

路基排水包括两个方面：一方面，路基与周围排水系统的相关联系，不能因汛期的到来而使路基长时间受水侵蚀，应形成排水流畅的完整的排水系统，且与周围水系相协调；另一方面，公路本身的排水体系，如边沟、截水、急流槽、分散排水、集中排水、纵坡、横坡、中央分隔带纵向及横向排水管等较为完善，能使公路本身的雨水得到及时排出，保持路基干燥。

路基施工时，应特别注意临时排水设施的设置，也应注意每层填筑时路拱的形成，以便雨水能及时排出，避免施工路基长时间地浸泡，也能有利于加快路基施工的进度。

5. 构造物衔接处回填土施工控制

构造物衔接处的回填土压实称为特殊夯实区，它包括桥台台背、通道墙身两侧、拱涵或圆涵两边及挡土墙壁背面的填土或填砂，这些区域若不采取特殊措施使其密实，常无法达到规定的压实度，工程竣工后就造成桥头跳车的通病，这一通病的产生主要是由桥头填土差异沉降造成的。治理这一通病的关键在于配备好压实机具、选择合适的填筑材料及填筑时的施工质量控制。

6. 路基施工的测量放样工作

路基施工测量放样是个很重要的工作，有时被施工单位忽视，在路基质量检查中，往往发生路基的中线偏位、路基宽度不足、填挖方边坡与设计不符等现象，这些都会形成路基的施工质量通病。国外公路工程非常注意路基施工过程的测量放样，每层填土都要恢复边桩，监理工程师在任何时候抽查，都要检查桩位。其实，施工单位做到这点并不难，可在放样准确的基础上做好护桩的工作，这样就可以随时恢复中桩和边桩了，这是一项保证路基施工质量必不可少的工作。

第五章　公路工程路面的施工技术与管理

随着国家经济的快速发展、社会发展水平的不断提高、人民生活质量的不断提升，促进我国的道路建设事业进一步发展，其中重点是公路建设工程的发展与延伸。公路的建设是我们国家在实体经济发展中的关键基础，公路路面路基的施工质量往往影响着公路最后的使用质量，路面路基工程的有效实施能够增强公路的坚固性及实用性。基于此，本章主要内容包括公路工程沥青路面的施工技术、公路工程水泥混凝土路面的施工技术、公路工程路面施工的质量管理。

第一节　公路工程沥青路面的施工技术

沥青混凝土以其自身使用的强大优势，在增强整个公路工程效益质量和确保车辆安全通行等方面起到了十分重要的作用。从沥青混凝土路面施工发展实际情况来看，沥青路面施工有效性和施工工艺与路面施工质量存在密切关联，为确保路面质量，应加强沥青路面施工的技术及质量控制。

一、公路工程沥青表面处置层的施工技术

沥青表面处置是用沥青和集料按拌和法或层铺法施工的一种厚度不大于 3cm 的薄层沥青面层。由于处置层很薄，一般不起强度作用，其主要作用是抵抗行车的磨耗、增强防水性能、提高平整度、改善路面的行车条件。

（一）沥青表面处置层的适用场合

沥青表面处置大多用于下列场合。

第一，用作碎石路面或基层的磨耗层或面层，以改善行车条件并提高路面等级。

第二，改善或恢复原有面层的使用品质。对磨损、老化严重的或过于光滑的路面通过表面处置，使其平整度、泌水性、抗滑能力等均得以恢复、改善或提高。

第三，用作封层，即作为空隙较多的沥青面层的防水层。位于沥青面层之上即为上封层，位于沥青类基层之上即为下封层。

（二）沥青表面处置层的材料规格及用量

1. 沥青

沥青表面处置可采用道路石油沥青、煤沥青或乳化沥青。沥青表面处置对沥青材料的要求包括渗透性好、凝结时间短、黏结力大、不易老化、便于浇洒、耐久性好。

2. 矿料

沥青表面处置的设计原则是要确保道路所选择的石屑粒径，应根据预测交通量估计石屑埋入现有磨耗层的情况而定。确定集料的粒径时，应考虑道路的硬度、交通量、轴重和设计行车速度。集料纹理和磨光性能对道路的抗滑能力有很大的影响，具体可根据当地特点选用碎石、轧制碎石或筛选砾石。其质量及规格应符合以下要求。

（1）粗集料应干燥、无风化、清洁、无杂质，具有足够的强度和耐磨性能，应尽量选择质地坚硬、软弱及扁平颗粒含量少的碎石或砾石。

（2）粗集料应具有良好的颗粒形状，通常以接近立方体且多棱角为佳。筛选砾石，因其嵌挤锁结能力差，仅在轻交通的沥青表面处置中使用。用于道路沥青面层的碎石不宜采用颚式破碎机加工。

（3）用于轧制的砾石必须采用粒径大于 50mm 的颗粒，破碎砾石中 4.75mm 及以上颗粒的破碎面积应不小于规范规定值。

（4）与沥青材料有良好的黏结力，经检验属于酸性岩石的石料，用于高速公路、一级公路时，宜使用针入度较小的沥青，并采用抗剥离措施。

此外，沥青表面处置还应当严格掌握沥青与矿料用量的适当比例（油石比）。沥青的用量是保证沥青表面处置路面质量的最重要的因素，若沥青用量过多，易造成泛油、拥包等病害；若沥青用量偏少，又易造成路面松散。因此，为确保沥青路面的施工质量，施工时，应根据相关规定，在一定范围内慎重选用。

（三）沥青表面处置的层铺法施工技术

施工方法分为层铺法与拌和法，通常采用层铺法，而层铺法施工又分为先油后料法和先料后油法。

1. 施工机械

（1）沥青洒布车。沥青表面处置施工采用沥青洒布车。洒布时车速和喷洒保持稳定，沥青洒布车在整个宽度内喷洒应均匀。洒布机的喷嘴类型不同，洒布的效果也不同，缝隙式的洒布效果能够做到类似涡旋式喷嘴所洒布的横向分布水准，且可以减少黏结料中的稀释剂用量，节省成本，并降低施工温度。

小规模沥青表面处置的施工，可采用机动或手摇的手工沥青洒布车洒布沥青，乳化沥青也可用由轮泵气压式洒布机洒布。如采用手工喷洒，喷洒工人应拥有熟练的技术。

（2）集料撒布机。采用集料撒布机不仅使工作进展快，而且能把集料撒布得更平整，撒布量也更精确。集料撒布机还有一个优点是使撒布的集料更紧贴道路表面，从而减少了集料跳离路面露出黏结料或跳到表面处置以外部位，防止黏结料滞留在表面的情况发生。人工撒布也是我国日常小型养护常用的方法，由于表面处置厚度较薄，该法最大的缺点是不易控制集料的撒布量，并且手工撒布具有效率低和工期长的缺点。对于较大的工程项目和等级较高的路面表面加铺和表面处置的施工均应使用集料撒布机。

（3）压路机。沥青表面处置的施工采用 6～8 吨或 8～10 吨的压路机，轮胎式压路机可以使石屑与黏结料薄膜有较好的初始黏结，而不致把选定的集料压碎或因不适当的尺寸导致路面在使用期间出现泛油。

2. 施工准备

（1）检查油泵系统、输油管道、油量表、保温设备等。可将一定数量的沥青装入油罐后，先试洒，确定喷洒速度及喷洒量。每次喷洒前喷油嘴应保持干净，管道应畅通，喷油嘴的角度应一致，并与洒油管成 15°～20°，使同一地点接受 2 个或 3 个喷油嘴喷洒的沥青，并不得出现花白条。在有风的天气下不宜使用三重喷洒。

（2）集料洒布机准备。检查其传动和液压调整系统，并进行试洒，确定撒布各种规格集料时应控制下料间隙及行驶速度。当为半幅施工并采用人工撒布集料时，应按等距离划分成小段，并应按规定用量备足集料，以后每层亦按同样办法备料。

（3）沥青的准备。应按规定的频率抽取试样进行试验，不符合要求的材料不得使用。沥青中若含有水分时，应在使用前进行脱水。

3. 施工程序

三层式沥青表处的施工工序（先油后料法）：施工前的准备工作—安装路缘石—浇洒透层沥青—浇洒第一层沥青—撒铺第一层集料—碾压—浇洒第二层沥青—撒铺第二层集料—碾压—浇洒第三层沥青—撒铺第三层集料—碾压—控制交通—初期养护。

三层式的厚度为 2.5～3.0cm。两层式（厚度为 1.5～2.5cm）和单层式（厚度为 1～1.5cm）的施工程序与三层式的方法相似。

4. 施工要点

（1）下承层准备。在表面处置层施工前，应将路面基层清扫干净，使基层的矿料大部分外露，并保持干燥。对有坑槽、不平整的路段应先修补和平整，若基层整体强度不足，则应先补强。

（2）浇洒沥青。在浇洒透层沥青或做封层的基础表面清扫后，应按要求的数量浇洒第一层主层沥青。洒布沥青应符合下列要求。

第一，沥青的浇洒温度应根据施工气温及沥青标号来选择，石油沥青的洒布温度宜为130~170℃，煤沥青的洒布温度宜为80~120℃。乳化沥青可在常温下洒布；当气温偏低，破乳及成型过慢时，可将乳液加热后洒布，但不应超过60℃。

第二，沥青应浇洒均匀，不得有空白、缺边、积聚等现象，否则应立即用人工补洒或刮除，以免日后产生松散、拥包和堆挤等病害。

第三，浇洒的长度应与集料撒铺机的能力相适应，避免沥青浇洒后等待较长时间才撒布集料。

第四，前后两车喷洒的接茬应搭接良好，在相邻两段的接茬处，可用铁板横铺在下段起洒点前及上段终洒点后，接茬长度一般为1~1.5m。当需分幅浇洒时，纵向搭接宽度宜为10~15cm。浇洒第二、第三层沥青的搭接缝应错开。

第五，不得在潮湿的集料或基层上浇洒沥青。浇洒主层沥青后，应立即用集料撒铺机撒铺第一层集料。

（3）撒铺集料。第一层集料在浇洒主层沥青后应立即进行撒布，按规定用量一次撒足，撒布集料应符合下列要求。

第一，施工时若使用乳化沥青，其撒铺集料须在乳液破乳前完成。

第二，撒铺集料后应及时扫匀，应覆盖路面，厚度应一致，集料不应重叠，也不应露出沥青。当局部缺料时，应采用人工方法适当补找。若局部积料过多时，应将多余集料扫出。

第三，前幅路面浇洒沥青后，应在两幅搭接处暂留10~15cm宽度不撒石料，待后幅浇洒沥青后一起撒布集料。

（4）碾压。撒布一段集料后，应立即用6~8吨钢筒双轮压路机或轮胎式压路机由路边至中心碾压，每次碾压轮迹应重叠30cm，碾压3~4遍。碾压速度开始不超过2km/h，以后可适当增加。第二层、第三层的施工方法和要求应与第一层相同，但可采用8~10吨压路机。

（5）控制交通与初期养护。除乳化沥青表面处置破乳后水分蒸发并基本成型后方可通车外，沥青表面处置在碾压结束后即可开放交通。在通车初期应设专人指挥交通或设置障碍物控制行车，并使路面全部宽度均匀压实，并限制车速不超过20km/h。

当发现有泛油时，应在泛油处补撒嵌缝料，嵌缝料应与最后一层石料规格相同，并应扫匀。当有过多浮动集料时，应扫出路面，并不得扰动已经黏着在位的集料。若有其他破坏现象，应及时修补。

二、公路工程热拌沥青混合料面层的施工技术

沥青混合料是用适量的沥青材料与一定级配的矿质集料经过充分拌和而形成的混合物。将这种混合物加以摊铺、碾压成型，即成为各种类型的沥青路面。

热拌沥青混合料包括热拌沥青碎石、沥青混凝土、抗滑表层等多种类型。热拌沥青混

凝土路面是由几种大小不同的矿料，用沥青作结合料，按一定比例配合，在严格的配合比及温度条件下拌和，经压实形成的路面面层。其特点是矿料、沥青及混合料从拌和到铺筑成型均须在较高的温度范围内完成。

（一）沥青混合料的选择

沥青混合料是用适量的沥青材料与一定级配的矿质集料经过充分拌和而形成的混合物。各组成材料的技术要求分述如下。

1. 沥青

拌制沥青混合料用沥青材料的技术性质，随气候条件、交通性质、沥青混合料的类型和施工条件等因素而异。通常在较热的气候区或较繁重的交通下，细粒式或砂粒式的混合料则应采用稠度较高的沥青；反之，则采用稠度较低的沥青。

在其他配料条件相同的情况下，较黏的沥青配制的混合料具有较高的力学强度和稳定性，但如稠度过高，则沥青混合料的低温变形能力较差，沥青路面容易产生裂缝；反之，在其他配料条件相同的条件下，采用稠度较低的沥青虽然配制的混合料在低温时具有较好的变形能力，但在夏季高温时，往往因稳定性不足而使路面产生推挤现象。

沥青路面面层用的沥青标号，宜根据气候条件、施工季节、路面类型、施工方法和矿料类型等选用。其他各层的沥青可采用相同的标号，也可采用不同的标号。通常是面层的上层宜用较稠的沥青，下层或连接层宜用较稀的沥青。对于渠化交通的道路宜采用较稠的沥青，当沥青标号不符合使用要求时，可采用不同标号的沥青掺配，但掺配后的技术指标应符合要求。

对高速公路、一级公路、城市快速路、主干路用沥青混合料的沥青，应采用符合《重交通道路用石油沥青技术要求》规定的沥青；对于其他道路用沥青混合料的沥青，应采用符合《中、轻交通道路用石油沥青技术要求》规定的沥青。煤沥青不得用于面层热拌沥青混合料。

（1）道路石油沥青。沥青路面采用的沥青标号，宜按照公路等级、气候条件、交通条件、路面类型及在结构层中的层位及受力特点、施工方法等，结合当地的使用经验，经技术论证后确定。

对高速公路、一级公路，夏季温度高、高温持续时间长、重载交通、山区及丘陵区上坡路段、服务区、停车场等行车速度慢的路段，尤其是汽车荷载剪应力大的层次，宜采用稠度和60℃黏度大的沥青，也可提高高温气候分区的温度水平选用沥青等级；对冬季寒冷的地区或交通量小的公路、旅游公路宜选用稠度小、低温延度大的沥青；对温度日温差、年温差大的地区宜注意选用针入度指数大的沥青。当高温要求与低温要求发生矛盾时，应优先考虑满足高温性能的要求。

沥青必须按品种、标号分开存放。除长期不使用的沥青可放在自然温度下存储外，沥青在储罐中的储存温度宜在 130～170℃。桶装沥青应直立堆放，加盖苦布。

道路石油沥青在储运、使用及存放过程中应有良好的防水措施，避免雨水或加热管道蒸汽进入沥青中。

（2）乳化沥青。乳化沥青是石油沥青或煤沥青在乳化剂、稳定剂的作用下经乳化加工制得的均匀的沥青产品，也称沥青乳液。按乳化沥青的使用方法，分为喷洒型（用 P 表示）及拌和型（用 B 表示）乳化沥青两大类。其主要优点为：冷态施工，节约能源；利便施工，节约沥青；乳化沥青施工不需加热，故不污染环境；避免了劳动操作人员受沥青挥发物的毒害。

乳化沥青适用于沥青表面处置路面、沥青贯入式路面、常温沥青混合料路面，以及透层、黏层与封层。乳化沥青的类型应根据使用目的、矿料种类、气候条件选用。对酸性石料，以及当石料处于潮湿或在低温状态下施工时，宜采用阳离子乳化沥青；对碱性石料，且石料处于干燥状态或与水泥、石灰、粉煤灰共同使用时，宜采用阳离子乳化沥青。

石料在高温条件下宜采用黏度较大的乳化沥青，寒冷条件下宜使用黏度较小的乳化沥青。

（3）煤沥青。煤沥青是由煤焦油再经蒸馏加工制成的沥青。煤沥青与石油沥青相比，在技术性质上的差异有温度稳定性较低、与矿质集料的黏附性较好、气候稳定性较差，以及含对人体有害成分较多、臭味较重。

煤沥青防腐性能好，可以用于木材防腐及地下防水、防腐工程。道路用煤沥青适用于透层、黏层，也可用于三级及三级以下的公路和次干路以下的城市道路铺筑沥青面层，但热拌沥青混合料路面的表面层不宜采用煤沥青。作其他用途时的储存温度宜为 70～90℃，且不得长时间储存。煤沥青可与道路石油沥青、乳化沥青混合使用，以改善渗透性。

2. 粗集料

沥青混合料用粗集料，可以采用碎石、破碎砾石、筛选砾石、矿渣等。

沥青混合料用粗集料，应该洁净、干燥、无风化、不含杂质。在力学性质方面，压碎值和洛杉矶磨耗率应符合相应道路等级的要求。

粗集料应具有良好的颗粒形状，用于道路沥青面层的碎石不宜采用颚式破碎机加工。

筛选砾石仅适用于三级及三级以下公路和次干路以下的城市道路的沥青表面处置路面与拌和法施工的沥青面层的下面层，不得用于贯入式路面及拌和法施工的沥青面层的中、上面层。

对用于抗滑表层沥青混合料中的粗集料，应该选用坚硬、耐磨、韧性好的碎石或碎砾石，矿渣及软质集料不得用于防滑表层。用于高速公路、一级公路、城市快速道路、主干路沥青路面表面层及各类道路抗滑用的粗集料，应符合相应磨耗值和冲击值的要求。在坚硬石料来源缺乏的情况下，允许掺加一定比例普通集料作为中等或小颗粒的粗集料，但掺加比例不应超过粗集料总质量的 40%。

破碎砾石的技术要求与碎石相同，但破碎砾石用于高速公路、一级公路、城市快速路、主干路沥青混合料时，5mm 以上的颗粒中有一个以上的破碎面的含量不得少于 50%。

钢渣作为粗集料时，仅限于一般道路，并应经过试验论证取得许可后使用。钢渣应有 6 个月以上的存放期，质量应符合相应的要求。

沥青组分中含有表面活性较强的地沥青酸和地沥青酸酐，这些酸和酸酐使碱性石料与沥青的黏附性比酸性石料与沥青的黏附性好。SiO_2 含量高于 65% 的集料属于酸性集料，如石英岩、花岗岩等；SiO_2 含量少于 52% 的集料属于碱性集料，如石灰岩，某些玄武岩也属于碱性集料；SiO_2 含量为 52%~65% 的为中性集料，如鞍山岩。属于酸性岩石的石料用于高速公路、一级公路、城市快速路、主干路时，宜使用针入度较小的沥青，并采用下列抗剥离措施，使其对沥青黏附性符合要求。

（1）用干燥的生石灰或消石灰粉、水泥作为填料的一部分，其用量宜为矿料总量的 1%~2%。

（2）在沥青中掺加剥离剂。

（3）将粗集料用石灰浆处理后使用。

粗集料的粒径规格应符合规范要求。如粗集料不符合规范要求，但确认与其他矿料配合后的级配符合各类沥青混合料矿料级配要求时，可以使用。

3. 细集料

用于拌制沥青混合料的细集料，可以采用天然砂、人工砂或石屑。

细集料应洁净、干燥、无风化、不含杂质，并有适当的级配范围。细集料的洁净程度，天然砂以小于 0.075mm 含量的百分数表示，石屑和机制砂以砂当量（适用于 0~4.75mm）或亚甲蓝值（适用于 0~2.36mm 或 0~0.15mm）表示。

热拌沥青混合料的细集料宜采用优质的天然砂或人工砂，在缺砂地区，也可以使用石屑，但用于高速公路、一级公路、城市快速路、主干路沥青混凝土面层及抗滑表层的石屑用量不超过天然砂及机制砂。

细集料应与沥青有良好的黏结能力，与沥青黏结性能很差的天然砂、花岗岩、石英岩等酸性石料破碎的机制砂或石屑不宜用于高速公路、一级公路、城市快速路和主干路沥青面层。当需要使用时，应采取下列符合规定的抗剥离措施。

（1）用干燥的磨细消石灰或生石灰粉、水泥作为填料的一部分，其用量宜为矿料总量的 1%~2%。

（2）在沥青中掺加抗剥离剂。

（3）将粗集料用石灰浆处理后使用。

细集料的级配在沥青混合料中的适用性，应以其与粗集料和填料配制成砂制混合料后，判定其是否符合矿质混合料的级配要求来决定。当一种细集料不能满足级配要求时，可采用两种或两种以上的细集料掺和使用。

4. 填料

沥青混合料的填料宜采用石灰岩或岩浆中的强基性岩石（憎水性石料）经磨细得到的矿粉。原石料中泥土含量应小于3%，并不得有其他杂质。矿粉要求干燥、洁净。当采用水泥、石灰、粉煤灰作填料时，其用量不宜超过矿料总量的2%。

粉煤灰作为填料使用时，烧失量应小于12%，塑性指数应小于4%，其余质量要求与矿粉相同。粉煤灰的用量不宜超过调料总量的50%。同时，应经试验确认与沥青有良好的黏附性，沥青混合料的水稳定性能满足要求。

拌和机采用干法除尘，石粉尘可作为矿粉的一部分回收使用。湿法除尘、石粉尘回收使用时应经干燥粉尘处理，且不得含有杂质。回收粉尘的用量不得超过填料总量的50%，掺有粉尘填料的塑性指数不得大于4%，其余质量要求与矿粉相同。

（二）沥青混合料的拌和设备

沥青混凝土搅拌设备按工艺流程分为间歇强制式拌和设备和连续强制式拌和设备。

1. 间歇强制式拌和设备

间歇强制式拌和设备的特点为冷矿料的烘干、加热以及与热沥青的拌和，是先后在不同的设备中进行的，其中集料的烘干与加热是连续进行的，混合料的拌制则是间歇地由搅拌器强制拌和，其工作过程如下。

（1）不同规格的冷砂石料分别装入不同料斗—各料斗定量给料装置按配合比粗配—粗配后的冷骨料由皮带运输机运输—干燥滚筒内的火焰逆流将冷骨料烘干并加热到足够温度—除尘装置将粉尘分离—热骨料被提升机传输—热骨料由筛分机筛分后存入4~5个储料仓储存（以上过程为连续进行）—热骨料计量装置精确计量—搅拌器搅拌。

（2）矿粉—矿粉储仓—矿粉定量给料装置搅拌器搅拌。

（3）沥青—沥青保温罐—沥青定量装置—搅拌器搅拌。

由上（1）可知矿料经过二次筛分和施工配合比进入搅拌器并与矿粉和沥青一起拌制成沥青混合料。原材料颗粒组成的变化对沥青混合料的矿料组成不会有太大的影响，矿料与沥青的比例也能达到相当精确的程度（油石比误差 ≤ ±0.3%）。

由于间歇强制式拌和设备历史悠久，技术已趋完善，并且采用相对较简单的计量技术，即可获得各种沥青混合料较精确的配合比，因此，间歇强制式拌和设备得到了广泛的应用，目前国内大多数拌和设备均属于此类。

2. 连续强制式拌和设备

在连续强制式拌和机中集料的烘干、加热及混合料的拌制均为连续进行，由搅拌器强制拌和。其工作过程如下。

（1）不同规格的冷砂石料分别装入不同料斗—各料斗定量给料装置按配合比送料—冷

骨料级配后由变速皮带机传输（以实现油石比控制）—干燥搅拌筒前半段烘干并加热到足够温度—干燥滚筒后半段进行搅拌。

（2）矿粉—矿粉储仓—皮带电子秤连续计量—冷骨料皮带输送机（或干燥搅拌筒）。

（3）沥青—沥青供给系统—沥青输送系统—计量后的沥青进入干燥搅拌筒—由沥青喷管将沥青喷入干燥搅拌筒后段—与加热后的骨料一起搅拌。

在上述工艺流程中，冷骨料输送机的转速、沥青的流量可通过控制系统自动调节，以使油石比精确。沥青混凝土混合料的制备在干燥搅拌筒内进行，其优点是工艺简单、投资少；缺点是骨料的加热采用热气顺着料流的方向进行，故利用率低，拌制好的混合料含水量较大，且温度也较低（110~140℃）。高等级公路一般不采用连续强制式。

（三）沥青混合料的拌制与试铺

1. 沥青混合料的拌制

（1）原材料的准备。热拌沥青混合料拌和前，均应检查每批到场的沥青其生产厂家所附的试验报告、数量、生产日期及试验结果等。对每批沥青进行抽检，若抽检中发现有不符合要求的，应加倍检验；若仍有不符合要求的，应退货。

对进场的碎石、砂、石屑、矿粉等材料都要严格检查，不合格材料严禁入场。经选择确定的材料在施工过程中应保持稳定，不得随意变更。

堆料场储存的集料应为平均日用量的5倍，集料应加遮盖，以防雨水。集料的含水量过大则意味着加热时间长，生产能力降低。集料要干净，无垃圾、尘土等杂物，堆放要有序，严格防止不同料径的料混杂。

生产热拌沥青混合料，通常采用4~5种不同粗细规格的集料，每种集料置于相应的冷料仓中。各个冷料仓的集料通过仓口下的小皮带（或履带）输送到通往拌和机的大输送带上，仓口开启的大小和皮带运行的速度均直接影响各冷料仓供料的多少。因此，可通过调整冷料仓出料口的开启大小和皮带运行的速度来控制各冷料仓的供料数量（在实际生产中，一般均固定出料口的开启度，通过改变皮带运行的速度调整供料的数量），使混合料的颗粒组成符合目标配合比。

矿粉和沥青量应为平均日用量的2倍，储存的矿粉必须遮盖，不得浸水，否则将影响矿料配合比精度及拌和机生产效率。

（2）试拌。在拌和厂拌制一种新配合比的混合料之前，或中断了一段时间后重新启用后，均应根据生产配合比进行试拌。通过试拌及抽样试验确定施工时的质量控制指标。

第一，对间歇式拌和设备，应根据生产配合比的要求确定拌制每盘混合料时各冷料仓和热料仓的出料数量。对连续式拌和设备，应确定各种矿料送料口的大小及沥青、矿料的进料速度。

第二，沥青混合料应按生产配合比确定的沥青用量进行试拌，试拌后取样进行马歇尔试验和抽提试验，并将其试验值与生产配合比试验结果进行比较，验证沥青用量的合理性，必要时作适当调整。

第三，确定适宜的拌和时间。间歇式拌和设备每盘拌和时间宜为 30~60s，其中干拌时间不小于 5s，最佳拌和时间是使拌出的混合料色泽均匀一致，每个集料颗粒都被沥青膜均匀裹覆，大小颗粒分布均匀所需的最短时间。连续式拌和机的拌和时间由上料速度及拌和温度调节。

第四，确定适宜的拌和及出厂温度。应根据不同的沥青品种和不同的沥青混合料确定拌和时间及出厂温度，可在拌和机的出料口接料检测温度，该温度如在规范规定的出厂温度范围内，且混合料色泽均一，流而不散则认为该温度合适。如温度超出规定范围或目测不合格，则须适当调整原材料的加热温度，直至满足要求。此时的集料及沥青的加热温度，即可定为正式生产时的加热温度。

拌制根据配料单进料，严格控制各种材料用量及其加热温度。拌和后的沥青混合料应均匀一致，无花白、离析和结团成块现象。每班抽样做沥青料性能、矿料组成和沥青用量检验。每班拌和结束时，清洁拌和设备与防空管道中的沥青。做好各项检查记录，不符合技术要求的沥青混合料禁止出厂。

2. 沥青混合料的试铺

高等级公路在施工前应铺筑试验段。铺筑试验段是不可缺少的步骤，应该成为一种制度。

其他等级公路在缺乏施工经验或初次使用重大设备时，也应铺筑试验段。试验段的长度应根据试验目的确定，宜为 100~200m，太短了不便施工，得不出稳定的数据。试验段宜在直线段上铺筑。如在其他道路上铺筑时，路面结构等条件应相同。路面各层的试验可安排在不同的试验段进行。

热拌热铺沥青混合料路面试验段铺筑分试拌及试铺两个阶段，应包括下列试验内容。

（1）根据沥青路面各种施工机械相匹配的原则，确定合理的施工机械、机械数量及组合方式。

（2）通过试拌，确定拌和机的上料速度、拌和数量与时间、拌和温度等操作工艺。

（3）通过试铺确定以下各项。

第一，透层沥青的标号与用量、喷洒方式、喷洒温度。

第二，摊铺机的摊铺温度、摊铺速度、摊铺宽度、自动找平方式等操作工艺。

第三，压路机的压实顺序、碾压温度、碾压速度及碾压遍数等压实工艺。

第四，确定松铺系数、接缝施工方法等。

（4）验证沥青混合料配合比设计结果，提出生产用的矿料配比和沥青用量。

（5）建立用钻孔法及核子密度仪法测定密实度的对比关系。确定粗粒式沥青混凝土或沥青碎石面层的压实标准密度。

（6）确定施工产量及作业段的长度，制定施工进度计划。

（7）全面检查材料及施工质量。

（8）确定施工组织、管理体系、人员、通信联络及指挥方式。

在试验段的铺筑过程中，施工单位应认真做好分析记录，监理工程师或工程质量监督部门应监督、检查试验段的施工质量，及时与施工单位商定有关结果。铺筑结束后，施工单位应就各项试验内容提出试验总结报告，并取得主管部门的批复，作为施工依据。

（四）沥青混合料的现场施工

1. 施工放样

（1）基准形式的选择。基准形式是指摊铺机通过基准线（梁）和行走基准两种方式控制摊铺高程，基准线一般用钢丝绳。通常在摊铺下面层和中面层时，由于下面层的平整度较低，需布设基准线。摊铺机的传感装置通过感应基准线的高程来控制摊铺高程。摊铺表面层时，中面层已具有较高的平整度，其基准形式一般是摊铺机通过滑橇感应中面层的高程来控制摊铺高程。

（2）基准线的布设。基准线是控制铺筑层标高和平整度的关键，可分以下四步进行布设。

第一，布设钢桩。一般布设在路肩的边缘，距摊铺边缘 30～50cm。桩距直线段宜为 10m，弯道部分酌情适当缩短，以保证路面边缘摊铺圆顺，桩位最好选用设计图表上的桩号，以便利用其设计高程作为基准线标高的依据，桩的打入深度以桩稳固为度，分别测定下承层上打桩点的高程。

第二，在桩上套上带托架的套管，使托架垂直于路中线。将实测高程与设计高程作比较，如果两者高程差值在厚度允许误差范围内时，移动套管使套管顶部高程等于实测高程，并固定套管。如果某些测点高程高于设计高程时，应按本层设计厚度放样，移动套管使套管顶部高程等于实测高程与本层设计厚度之和，并固定套管，同时对纵坡进行调整，调坡坡度以千分之一为宜，切忌频繁调坡，以免影响行车的舒适性。

第三，将钢丝绳的一端固定在支撑桩上，然后将钢丝绳放在各桩的托架上，用紧线器拉紧，最后固定在另一端的支撑桩上。此钢丝绳即为控制摊铺高程的基准线。

第四，量测基准线与下承层顶面的高度，并与设计厚度进行比较，对不满足的点再作调整。

基准线必须充分拉紧，下垂度不得超过路面平整度的允许偏差值。摊铺过程中，施工人员和机具不得碰撞基准桩、线，防止基准线发生偏差影响摊铺效果。

2. 热拌沥青混合料的运输

热拌沥青混合料应采用较大吨位的自卸汽车运输以减少摊铺机前经常短时换车卸料的

情况，用于运输的数量应能与摊铺机的摊铺速度相协调，保证不至于使摊铺机停工待料。施工过程中，摊铺机前一般应保证有不少于 5 辆料车在等候卸料。

车厢应具有紧密、清洁、光滑的金属底板并应打扫干净。为防止沥青混合料与车厢板黏结，在车厢侧板和底部涂刷柴油与水以 1∶3 比例混合的混合液。但要严格控制涂液用量，以均匀涂遍但不积油水为宜。不允许用石油衍生剂来作运料车底板的涂料。

在往运料车上装载沥青混合料时，为减少混合料颗粒离析，应尽量缩短出料口与车厢的下料距离，且自卸车不应停在一个位置上受料，每往车厢内装一斗料，车就移动一次位置。为使装料均匀，分次装料一般以奇数次为宜，一车料最少应分 3 次装载，先将料放于车厢的前部，然后移动运料车，将料放于车厢的后部，最后再移动运料车，使余下的料在车厢的中部均匀分装。

运输车应用篷布覆盖，用以保温、防雨、防污染，卸料时为防止粗、细集料产生离析，可用沥青混合料转运车来消除离析，即先将混合料卸在转运车内，转运车通过二次拌和后再将混合料卸到摊铺车料斗内，沥青混合料运输至摊铺地点后应检查其拌和质量、混合料温度，已结块或遭雨淋以及不符合温度要求的混合料不能铺筑在道路上。

连续摊铺过程中，运料车或转运车应在摊铺机前 10~30cm 处停住，不得撞击摊铺机；卸料过程中，运料车或转运车要挂空挡，靠摊铺机推动前进。车厢慢慢升起，将混合料缓缓卸入摊铺机料斗中，要相互配合确保不溜车。

3. 热拌沥青混合料的摊铺

（1）摊铺机的工作原理。混合料运输车将混合料卸入摊铺机接料斗后，由其底部的纵向输送带经流量控制装置将混合料送入螺旋布料器，再由其向两侧输送到预定的摊铺地点。随着摊铺机向前行驶，螺旋布料器输送的混合料就到了熨平装置的夯击锤或振动梁的前缘。先由击实锤或振动梁的夯击或振动，同时将多余的混合料挤走，最后用熨平板熨平。

（2）摊铺宽度的确定。全路幅一次摊铺时，能够节约人工和机械，而且铺筑成型的路面表面均匀一致、平整度好、无纵向施工缝；缺点是易造成离析和压实度不足。分路幅多次摊铺则纵向接缝施工困难大，接缝两侧大料较多，密实度差，而且平整度也难掌握。当采用分路幅多次摊铺时，尽量采用多台摊铺机梯队作业的方式，两台摊铺机的距离以前面摊铺的混合料尚未冷却为度，一般为 5~10m。相邻两幅的摊铺应有 5~10cm 宽度的摊铺重叠。

（3）摊铺机运行应注意的事项。

第一，摊铺机驾驶员应严格按操作规程的要求进行操作，起步应缓慢、平衡，使摊铺工作有一个良好的开端。

第二，利用导向装置沿着指定线位行驶，使外侧边缘与设计的路面边缘吻合，内侧边缘应顺直以利纵向接缝。弯道部分摊铺时应平缓地转向，保证摊铺带边缘圆顺。

第三，摊铺作业应连续、匀速进行，不间断地进行摊铺，摊铺速度在拌和及时的情况下，可适当放慢。摊铺过程中，摊铺机螺旋送料器要不停顿地运转，两侧量（铺筑宽度、厚度等）计算确定，起步控制在 1~2m/min，正常摊铺速度为 3~4m/min，供料要保持有不少于送料器高度2/3的混合料，保证在摊铺机全宽度断面上不发生离析。摊铺中出现拥包，须立即停机，并倒回重新摊铺。与路缘石结合的地方用人工配合平整。

第四，沥青混合料宜在干燥、暖和的天气铺筑；当气温低于10℃时不宜施工，下雨时也应停止摊铺。混合料遇水后，一定不能使用，必须报废，所以雨季施工时要注意千万不能淋雨。底面层摊铺要在左右侧各设一条基准线，控制高程，基准线设置一定要满足精度要求，支座要牢固，测量要准确（应两台水准仪同时观测）。中面层、表面层采用浮动基准梁摊铺（不具备该条件的不准摊铺）。

第五，在摊铺过程中应随时检查摊铺层厚度和路拱横坡，不符合要求时应及时进行调整。

第六，摊铺机摊铺不到的死角，应采用人工摊铺整形。

4.热拌沥青混合料的压实

热拌沥青混合料的压实应按初压、复压、终压（包括成型）三个阶段进行。沥青混合料压实宜采用钢筒压路机与轮胎压路机或振动压路机组合的方式，压路驱动轮机应以慢而均匀的速度碾压。

（1）初压。沥青混合料经摊铺整形后应立即组织碾压。碾压路线应从两侧向中央进行，相邻碾压带应重叠轮宽的 1/3~1/2，最后碾压中心部分，在压完全幅为一遍，当边缘有挡块、路缘石、路肩等支挡时，应紧靠支挡碾压；初压用10~12吨的双轮钢筒压路机以1.5~2.0km/h 的速度碾压两遍。碾压时应将驱动轮面向摊铺机，以防产生推移现象；碾压路线及方向不应突然改变，压路机起动、停止时须慢速进行；为防止压路机碾压过程有沥青混合料粘轮现象发生，压路机均安装自动喷水装置，喷洒少量的洗衣粉溶液。初压阶段应及时检查并消除不平、蜂窝、裂纹和拥包等常见的缺陷。

（2）复压。初压形成工作面后，复压即可开始。现场质量人员以插旗的方式划分路面不同的温度段。由于轮胎压路机能调整轮胎的内压，可以得到所需的接触地面压力，使骨料相互咬合，易于获得均一的密实度，而且密实度可以提高 2%~3%，所以复压阶段最好用总重量不小于15吨的轮胎压路机碾压，碾压速度宜控制在5km/h左右，碾压时相邻碾压带应重叠 1/3~1/2 的碾压轮宽度。若采用振动压路机时，倒车时应先停止振动，前进时再开始振动，以免形成鼓包。

复压是碾压过程中最重要的阶段，混合料能否达到规定的密实度，关键全在于这阶段的碾压。复压应碾压至稳定无显著轮迹，一般不少于 6 遍。

（3）终压。终压紧接在复压后进行，终压应采用双轮钢筒式压路机或关闭振动的振动压路机碾压，目的是消除复压留下的轮迹及其他表面缺陷（终了温度＞80℃），一般需

2~4遍。

压路机不得停留在温度高于80℃的已经压过的混合料上，同时，应采取有效措施，防止油料、润滑脂、汽油或其他有机杂质在压路机操作或停放期间洒落在路面上。

摊铺和碾压过程中，要组织专人进行质量检测控制和缺陷修复。压实度检查要及时进行，发现不够时在规定的温度内及时补压，在压路机压不到的其他地方，应采用手夯或机夯把混合料充分压实。

5. 接缝处理

沥青混凝土路面的各种施工缝（包括纵缝及横缝）都必须密实、平顺，接缝前其边缘应扫净、刨齐，刨齐后的边缘应保持垂直。

（1）纵缝施工。

热接缝：摊铺时采用梯队作业的纵缝应采用热接缝。即将已铺筑的沥青混合料留下10~20cm不碾压，作为后摊铺的基准面，后摊铺面应与先摊铺面重叠5cm左右（在碾压前进行平整）。最后跨缝碾压。

冷接缝：半幅施工不能采用热接缝时，宜加设挡板或采用切刀切齐。铺另半幅前必须将缝边缘清扫干净，并涂洒少量黏层沥青。摊铺时应重叠在已铺层上5~10cm，摊铺后用人工将摊铺在前半幅上的混合料铲走。

碾压时，应先在已压实的路面上行走，碾压新铺层10~15cm，然后逐次向新铺部分移动10~15cm，直至最终完全在新铺路面上碾压，充分将接缝碾压密实。上下层的纵缝应错开15cm以上，表层的纵缝应顺直。

（2）横缝施工。由于工作中断，摊铺材料的末端已经冷却，或者在第二天恢复工作时，就应做成一道横缝。横缝应与铺筑方向大致成直角，严禁使用斜接缝。横缝在相邻的层次和相邻的行程间均应至少错开1m。横缝应有一条垂直经碾压成良好的边缘。在下次行程摊铺前，应在上次行程的末端涂刷适量黏层沥青，并注意设置整平板的高度，为碾压留出适当预留量。

横缝的碾压是工作中重要的一环。碾压带的外侧应放置供压路机行驶的垫木，碾压时压路机应位于已压实的混合料层上，伸入新铺层的宽度为15cm。然后每压一遍向新铺混合料移动15~20cm，直至全部在新铺层上，再改为纵向碾压。

当相邻摊铺层已经成型，同时又有纵缝时，可先用钢筒式压路机沿纵缝碾压一遍，其碾压宽度为15~20cm，然后沿横缝作横向碾压，最后进行正常的纵向碾压。

6. 开放交通

热拌沥青混合料路面应待摊铺层完全自然冷却，混合料表面温度低于50℃（石油沥青）或45℃（煤沥青）后开放交通。

三、公路工程沥青路面的施工养护技术

（一）罩面维修技术

沥青路面罩面按其使用功能划分为普通型罩面（简称罩面）、防水型罩面（简称封层）和抗滑层罩面（简称抗滑层）三种。

1.适用范围

（1）罩面主要适用于消除破损、完全或部分恢复原有路面平整度、改善路面性能的修复工作。

（2）封层主要适用于提高原有路面的防水性能、平整度和抗滑性能的修复工作。

（3）抗滑层主要适用于提高路面抗滑能力的修复工作。

2.材料要求

（1）罩面

第一，罩面的结合料宜使用性能较好的黏稠型道路石油沥青、乳化石油沥青、改性乳化沥青、改性沥青。

第二，矿料的选择宜采用耐磨、强度高的石料。

第三，高速公路、一级公路宜采用中粒式、细粒式密级配沥青混凝土或沥青玛蹄脂结构。二级或二级以下公路可采用热拌沥青碎石混合料结构。三级或三级以下公路可采用沥青表面处治层结构。

第四，所采用的结合料、矿料、沥青混合料的规格和各项技术指标要求应符合有关规定。

（2）封层

第一，封层的结合料宜采用乳化石油沥青、改性乳化石油沥青。

第二，矿料宜选用耐磨、强度高的石料。

第三，各种结合料、矿料、填料及乳化沥青混合料的各项技术指标要求应符合有关规定。

第四，高速公路、一级公路可采用沥青稀浆封层养护，但宜使用粗粒式改性乳化沥青混合料。其他等级公路可采用乳化沥青混合料。

（3）抗滑层

第一，抗滑层应选用适合铺筑抗滑表层的材料和沥青混合料。

第二，高速公路、一级公路宜选用重交通道路石油沥青、改性石油沥青、改性乳化石油沥青作为结合料。

第三，应选用抗滑、耐磨的石料，磨光值应大于42。

第四，所用的各种材料和沥青混合料的技术指标要求应依据有关对抗滑表层方面的要求执行。

3. 厚度要求

（1）罩面

罩面厚度应根据所在路段的交通量、公路等级、路面状况、使用功能等综合考虑确定。

第一，当路面状况指数、行驶质量指数在中、良等级，路面仅有轻度网裂时，可采用较薄的罩面层厚（1.0~3.0cm）。

第二，当路面破损、平整度、抗滑三项指标都在中等以下，又要求恢复到优、良等级时，应采用较厚的罩面层厚（3.0~5.0cm）。

第三，高速公路、一级公路罩面宜采用4.0~5.0cm的厚度，其他公路可采用较薄的罩面层厚度（1.0~4.0cm）。

第四，各级公路的罩面层厚度不得小于最小施工层厚度。

（2）封层

第一，交通量较大、重型车较多的路段宜采用厚约1.0cm封层。

第二，中等交通量路段宜采用厚约0.7cm封层。

第三，交通量小、重型车少的路段宜采用厚约0.3cm封层。

（3）抗滑层

第一，用于高速公路、一级公路时宜采用不小于4.0cm的厚度。

第二，用于二级公路宜用中粒、细粒式沥青混凝土结构，也可采用热拌沥青碎石或沥青表面处治结构，厚度不得小于最小施工层厚度。

第三，用于三、四级公路时，可采用乳化沥青封层结构，厚度可为0.5~1.0cm。

4. 施工要求

沥青路面罩面的施工，除应按有关规定执行外，还应按下列要求进行。

（1）对确定罩面的路段，在罩面前必须完成翻浆、坑槽、严重裂缝、沉陷、拥包、松散、车辙等病害的修复工作，并清除路面上的泥土杂物。

（2）根据施工气温、旧沥青路面状况等因素采取相应施工工艺措施，罩面前必须喷洒黏层沥青，确保新老沥青层结合，沥青用量为 $0.3~0.5kg/m^2$，裂缝及老化严重时，沥青用量宜为 $0.5~0.7kg/m^2$。有条件时，喷洒黏层沥青前，最好用机械打毛处理。

（3）罩面不应铺在逐年加厚的软沥青层上，也不应铺在与原沥青路面结合不好、即将脱皮的沥青罩面薄层上，应将其铲除、整平后，再进行罩面。

（4）当气温低于10℃或路面潮湿时，不得浇洒黏层沥青，不得摊铺沥青罩面层。

（二）补强与加宽技术

1. 补强设计

（1）在现有的公路等级不变的情况下，沥青路面因损坏严重、强度系数（SSI）不符合要求时，应补强路面。同时，补强也适用于因公路等级提高而进行的改建工程。补强应符合下列一般要求。

第一，对原有沥青路面必须做全面的技术调查和方案比较。

第二，补强设计应综合考虑由补强厚度导致的纵坡与横坡的调整以及与路面结构物的连接等方面的相互协调，使纵坡线形符合相关要求。若线形不符合规定，应改建线形，再进行补强设计。

第三，补强设计应考虑补强结构层与原路面结构的连接问题。

（2）沥青路面补强层材料的类型及结构形式的选择。

第一，沥青路面补强层材料类型按相关规定进行选取。

第二，路面补强结构形式的选择规范包括：①对高速公路、一级公路和二级公路的补强，宜采用半刚性基层加沥青混合料面层的结构形式；②对三级公路的补强，在不提高公路等级的情况下可采用单层或多层补强结构，在提高公路等级的情况下宜采用半刚性基层加沥青混合料面层的补强结构形式；③对四级公路的补强，可采用单层或多层的补强形式。

（3）原有公路的技术调查。

第一，调查原有公路路况，如路面的破损及病害的情况和程度，路面排水（积水）状况、积雪（沙）等状况，路肩采取的加固措施等。

第二，调查原有路面设计、施工、养护的技术资料及从使用开始至改建的年限、使用效果等。

第三，调查年平均双向日交通量、交通组成和交通量增长率等。

第四，调查路基和路面的宽度、路线纵坡、路面横坡、平曲线半径等；每 500m 一断面，测定其原有路面结构层的厚度、各层材料的回弹模量及路基干湿类型，如路面宽度大于等于 7m，则每个断面选两个点，不足 7m 选一个点；对沥青面层、基层和底基层材料，应按层取样试验、判断其结构层或材料是否还可以利用。

（4）对原有公路的处理。

第一，原有公路路拱不符合规定时，应结合补强设计，对路拱进行调整，使其符合规定。

第二，对原路面的病害，应视其层位、严重程度和范围，按有关规定进行处理。若面层有病害，可直接处理后进行补强；若基层有病害，应先开挖面层，对基层进行处理后，再进行补强。

（5）与桥涵的衔接。路面补强路段内若有桥涵等构造物，在补强前应对其铺装层进行检查。若原有铺装层出现破损，应及时修复。若原有铺装层完好，可在桥涵构造物的承载能力范围内，适当加铺新的铺装层。

为保证路面与桥涵顶面的纵坡顺适，应综合考虑和重新设计路线纵坡。路面的补强可从桥涵两侧的搭板外开始设计和施工，衔接点即为搭板两侧的端点，以衔接点的标高作为控制标高。对无搭板的情况，衔接点设在桥涵台背两端外 10m 处。设计时要注意路面与桥涵构造物的衔接，应保证路线纵坡顺适。对衔接点处路面补强结构的施工，可视设计标高的情况向下开挖原有路面结构层，以重新铺筑补强结构层。

（6）补强设计中，补强层材料设计参数的选择按新建路面材料设计参数的选择方法进行，原有路面的整体强度以当量回弹模量表示。补强设计步骤、路面的分段和各路段的弯沉值的计算、原有路面当量回弹模量及补强厚度的计算应参照有关规定进行。

2. 补强施工

沥青路面补强应做好下列工作。

（1）原有路面技术状况不良时，应按下列要求处理。

第一，平整度或路面横坡不符合规定要求时，应加铺整平层，或在加铺补强层的同时找平或调整路面横坡。对三、四级公路，必要时可将原路面翻松 6～8cm，重新整形后调整。

第二，对原有路面出现的各种病害，应根据产生的原因采取有效的处理措施后，再铺筑路面基层。

第三，排水不良路段，应采取加深边沟、设置盲沟和渗井或设隔水层等措施进行处理。

（2）采取浇洒透层油或黏层油等措施使新旧结构层连接良好，并保证结构层满足最小厚度的要求。

（3）为使路面边缘坚实稳定，基层应比面层宽出 20～25cm 或埋设路缘石。路肩过窄路段，应先加宽路基至标准宽度，或采用护肩石的方法，再加宽基层。

（4）用砂石作为沥青路面的基层时，在干燥地带可适量掺入粗骨料（应按旧路面的细料含量而定）；在中湿、潮湿地带宜将基层翻松，再掺入适量的石灰碾压密实，并做好排水设施。

（5）挖除面层或基层时，应尽量做到再生利用，旧料应按再生利用的要求分类收集和存储。

3. 加宽设计

（1）沥青路面加宽的基本要求，具体如下。

第一，沥青路面加宽方案应根据原有公路等级、线形及交通量等确定。如原有公路线形不需改善，且路基较宽，加宽后路肩宽度符合相关标准时，可在原公路的基础上直接加宽；如原有公路因线形较差而需改善，设计时应尽可能利用原有的沥青路面，在原有基础上先加宽路基，再加宽路面。

第二，若路面的横断面为整体断面形式，加宽的沥青路面宜采用压实性、水稳性均较好的材料作为基层。结构宜与原有沥青路面相近，加宽部分的基层强度应不低于原有沥青路面的基层强度。若加宽部分的路面横断面形式为分离式，加宽部分所用的结构和材料可不同于原路面。对加宽部分按新建路面进行调查、设计，加宽部分的路基强度、稳定性及路面厚度应按规定计算确定。

第三，路面加宽前，应对原有路面做全面的调查。

第四，加宽时，必须处理好新路面与原路面的纵横向衔接。对软土地基高路堤加宽时，还应对新路基进行加固处理，待固结沉降稳定后方可进行加宽施工，避免加宽路面出现非均匀沉降。

第五，若路基加宽宽度小于 1m 时，加宽的路面或基层压实质量不好控制，则宜采用单侧加宽的方式；单侧加宽也包括因线形约束只能在一侧进行加宽的处理情况。单侧加宽时，必须调整原有路面的路拱横坡。

第六，加宽路面处于路线平曲线处，均应按规定根据需要设置相应的超高和加宽，如原来未设置的，也应结合加宽设计补设。

第七，加宽以后的路基应保证原有路面排水系统的完善，必要时还要对原有路面的排水系统进行重新设计和施工。

（2）沥青路面基层的加宽。基层加宽前应对原有路面进行详细调查和测定，调查和测定的方法可参照相关规定执行，设计时应注意以下方面。

第一，基层加宽部分的处理：加宽部分应按新路基设计，即将原路面分段实测后计算弯沉值 L_0，作为加宽部分的设计弯沉值；根据调查测验的土质和路基干湿类型确定土基的回弹模量 E_0；依据不同材料的模量按新建路面的设计方法设计加宽部分的基层厚度，使其强度不低于原有路面整体强度。

第二，计算路面基层厚度时，依据已定设计弯沉值进行计算。

第三，砂石路面作为路面基层时，如其强度和水稳性不足，应进行补强设计。中湿、潮湿路段，应铲除砂石磨耗层，对原有路面的病害或破损应采取措施进行处治。

（3）沥青路面双侧加宽。

第一，加宽前，原有路面的调查和测定要求按规定执行。

第二，如原有路面路基较宽，路面加宽后路肩宽度符合相关规定时，可直接加宽；如路基较窄、不具备加宽路面条件的路段，应先加宽路基。

第三，路面双侧加宽宜采用两侧相等的加宽方式。

（4）沥青路面单侧加宽。沥青路面单侧加宽前，原有路面的调查和测定要求按规定执行。受线形和地形条件限制必须采用单侧加宽时，可进行加宽设计，加宽一侧须设置调拱层。调拱层应使所用材料的要求满足一定的厚度规定，以免在加宽面层和旧面层之间形成薄夹层，同时要注意三角调拱层与上下路面结构层的连接。

（三）再生技术

沥青路面再生技术是将需要翻修或者废弃的旧沥青路面，经过翻挖回收、破碎、筛分、再和新集料、新沥青材料适当配合，重新拌和，形成具有一定路用性能的再生沥青混合料，用于铺筑路面中、下面层或路面基层的整套工艺技术。

再生沥青混合料的拌制一般分为热拌和冷拌两种：热拌再生沥青混合料是旧料、新矿料、再生剂与新沥青在热态下拌和而成；冷拌再生沥青混合料是旧料、新矿料、再生剂与乳化沥青在常温下拌和而成。热拌再生沥青混合料强度高、路用性能良好，冷拌再生沥青混合料成型期较长、强度相对较低。

1. 热拌再生沥青混合料

热拌再生沥青混合料一般适用于翻修养护工程，可用于一级、二级、三级公路的中、下面层，以及四级公路的面层。对热拌再生沥青混合料使用于一级、二级和三级公路的上面层及高速公路中、下面层，必须经试验、总结、评定合格后才能使用。热再生施工工艺具体如下。

（1）旧料是沥青路面翻修时所得的面层材料。翻挖路面时可采用机械、人工或两种方式联合进行作业，其质量应符合以下要求。

第一，旧料必须洁净，不得混入有机垃圾，混入无沥青黏结的砂石料的比例不得大于10%、含泥量不得大于1%。

第二，块状旧料可采用机械轧碎或人工敲碎。

第三，破碎后的旧料最大粒径按用途确定。用于粗粒式再生沥青混合料时，最大粒径为26.5mm或31.5mm（方孔筛）；用于中粒式再生沥青混合料时，最大粒径为16mm或19mm（方孔筛）；用于细粒式再生沥青混合料时，最大粒径为9.5mm或13.2mm（方孔筛）。

第四，破碎后的旧料应按质量分类堆放在平整、坚实和排水良好的场地。堆放高度以不结块为度，一般小于1.5m。

（2）根据地区使用条件和公路等级与旧沥青性能，可在旧料中掺入适用的再生剂。适用的再生剂有机油、润滑油、抽出油和玉米油。再生剂的性能和储放应符合下列要求。

第一，应具有较强的渗透和软化能力，以降低旧沥青枯度，达到要求的针入度。

第二，能与旧沥青互溶，使之和新沥青均匀地混合成一体。

第三，能调节旧沥青的成分，达到路用沥青的质量要求，有较好的抗老化性能。

第四，再生剂应储存在有盖的容器中，防止水和垃圾等杂质混入。储存和使用必须满足防火要求。

（3）用于再生沥青混合料的新沥青和乳化沥青的类型及标号可根据公路等级、用途和当地气候条件选定，其质量应符合规定。

（4）用于再生沥青混合料的粗、细集料应具有足够强度，且与沥青黏附性良好，并且无风化和杂质，颗粒形状接近立方体，其他质量要求应符合规定。

（5）热拌再生沥青混合料配合比应按下列步骤进行设计。

第一，旧料分析与新旧沥青掺配。主要包括：①将破碎后的旧料按规定的方法做抽提分析，计算旧沥青含量和旧矿料的颗粒组成；②对被抽提出来的旧沥青溶液按规定的方法回收旧沥青，测定旧沥青的针入度、延度和软化点；③当旧沥青老化严重、针入度较小时，需掺入再生剂，掺量以达到本地区要求的沥青稠度为准；④将含有再生剂的旧沥青掺入符合质量要求的新沥青，测定针入度、延度和软化点等质量指标；⑤按沥青材料质量的技术要求，确定新、旧沥青掺配比例。如经反复试验和调整后，新、旧沥青掺配比例仍达不到质量要求时，该旧沥青不能用于再生沥青。

第二，确定新、旧沥青掺配的比例，选定新矿料与旧料的配合比，并根据新矿料的颗粒组成，计算新矿料的用量。

第三，对破碎的旧料，要用先确定的再生剂用量进行喷洒拌和后确定的再生沥青混合料级配，并根据本地区经验初定混合料的沥青用量，扣除旧料的旧沥青含量后作为新沥青用量的中值，每次增减 0.5% 新沥青用量制备混合料试件并进行马歇尔试验，根据试验结果确定再生沥青混合料的最佳沥青用量。在路面铺筑过程中，如材料发生变化，抽检的马歇尔试验结果未达到技术标准时，应调整新、旧料比例或新沥青用量。

（6）热拌再生沥青碎石的沥青用量可根据本地区经验或通过试验确定，冷拌再生沥青混合料的级配和乳化沥青用量可按乳化沥青路面实践经验确定。

（7）热拌再生沥青混合料可采用间歇式拌和机或连续式拌和机拌制，应按下列工艺进行拌和。

第一，当旧沥青混合料需要掺入再生剂时，应先将破碎后的旧料按用量喷洒并拌和均匀，堆放时以再生剂充分渗透到旧沥青为度，堆放高度宜不超过 1.5m，避免结块。

第二，当采用间歇式拌和机拌制时，新集料加热温度应高于普通沥青混合料的集料加热温度，但不宜超过 230℃。旧料不得进入烘干筒，按配合比设计用量经计量后直接进入拌缸，与新集料相混合，通过热交换使旧集料升温、旧沥青热融。干拌 5s 左右后，加入新沥青再拌和 30～45s，拌和时间以新、旧料混合均匀及混合料颜色均匀、无花白为准。再生沥青混合料出厂温度为 140～160℃。

第三，当采用连续式拌和机拌和时，必须避免旧料被明火烧焦。宜在筒体中部进料口输入旧料，并设置挡板遮挡火焰；如旧料与新集料在筒体始端同一料口输入筒体时，可先对旧料喷洒适量水分，旧料总含水量宜不超过 3%。拌和后的再生沥青混合料色泽应均匀一致，出厂温度为 140～160℃。

2.冷拌再生沥青混合料

冷拌再生沥青混合料一般适用于翻修养护的四级公路路面。冷拌再生沥青混合料宜采用机械拌和；若受条件限制时，也可采用人工拌和。

再生沥青混合料的运输、施工和质量管理等技术要求应符合现行规定。

（四）微表处技术

微表处是功能最完善的道路养护方法之一，它是一种采用高分子聚合物使乳化沥青改性的铺筑技术，对出现在城市干道、高速公路和机场道路上的各种病害的修复最为有效。

1. 微表处技术的施工特点

（1）施工速度快。连续式稀浆封层机 1 天之内能摊铺 500 吨微表处混合料，折合为一条 10.6km 长的标准车道，摊铺宽度最小可达 9.5m，施工后 1 小时即可通车，适用于大交通量的高速公路及城市干道。

（2）微表处可提高路面的防滑能力，增加路面色彩对比度，改善路面性能，延长路面使用寿命。

（3）成型快、工期短、施工季节长，可以夜间作业，尤其适于交通繁忙的公路、街道和机场道路的铺设。

（4）常温条件下作业，可降低能耗，不释放有毒物质，符合环保要求。

（5）在面层不发生塑性变形的条件下，可修复深达 38mm 的车辙而无须碾压。

（6）因为微表处很薄，所以在城市主干道和立交桥上应用时不会影响排水，用于桥面也不会增加多少重量。

（7）在机场，密级配的微表处能作为防滑面而不会产生破坏飞机发动机的散石。

（8）由于它能填补厚达 38mm 的车辙，十分稳定且不产生塑性变形，所以它是解决车辙问题的独特方法。

微表处技术弥补了普通稀浆封层和热拌沥青混凝土摊铺各自存在的缺陷，确切地说，微表处是一种完善的道路养护方法。

2. 微表处技术的施工要求

（1）比较准确的计量仪器。由于微表处施工时对各种物料的配比要求较严，所以要有准确的计量。

（2）双轴强制式搅拌箱。要达到微表处施工，混合料搅拌时间不能过长，但又必须在短时间内搅拌均匀，因而传统的螺旋式搅拌箱就不能满足要求。

（3）特殊设计的填补车辙的摊铺箱。它能将粒料最大的部分送到车辙的深处，从而使稳定性最好，其边缘能自动变薄铺开。

（4）添加剂系统。这样就能方便地把缓凝剂或促凝剂加入混合料中。

（5）在施工之前，每台封层机都要进行标定。在标定已经完成并且合格后，封层机才能投入使用。

3. 微表处技术的施工要点

（1）施工前路面清扫。

第一，在进行微表处施工前，必须把路面上所遗留的材料、泥土、杂草和其他有害东西都清理干净。如果使用水冲洗路面，则要使所有的路面裂缝完全干燥后，才能进行微表处施工。

第二，一般不要求喷洒黏层油，对于路面光滑、松散及水泥路面，可以采用喷洒黏层油的方法。

（2）施工基本要点。

第一，使用搅拌箱前的喷水管预先湿润路面，喷水量可根据施工当天的气温、湿度、表面纹理和干燥情况进行调节。

第二，封层机启动前，摊铺箱中必须有一定量的混合料，而且稠度适当、分布均匀，封层机才能匀速前进。

第三，在已完成的微表处路面上，不得存在由超大集料所引起的拖痕，如出现拖痕，应立即采取措施处理。

第四，纵向或横向接缝上不允许出现接缝补平、局部漏铺或过厚的现象，纵向接缝尽可能设置在车道标线上，并尽可能减少纵向接缝。

第五，在拌和与摊铺过程中，混合料不得出现水分过多和离析现象，任何情况下都不能在摊铺过程中直接向摊铺箱内注水。

第六，在摊铺箱不能到达的地方，必须采用人工施工，通过人工用橡胶辊碾压封层达到均匀和平整的目的。

第七，固化成型前禁止一切车辆驶入，行人不得踏入，严格管制交通。

第二节　公路工程水泥混凝土路面的施工技术

一、水泥混凝土路面的人工小型机具施工技术

随着公路工程的迅速发展，其施工技术也得到了快速的发展，水泥混凝土路面施工作为公路工程施工的重要技术，只有提高其技术水平，才能提高公路工程的整体质量。[①] 小型机具施工法的施工程序为：安装模板—设置传力杆—混凝土的拌和与运送—混凝土的摊铺和振捣—接缝的设置—表面整修与防滑措施—混凝土的养护与填缝。

（一）安装模板

在摊铺混凝土前，应先安装两侧模板。如果采用手工摊铺混凝土，则边模的作用仅在于支撑混凝土，可采用厚 4~8cm 的木模板；在弯道和交叉口路缘处，应采用 1.5~3cm 厚的薄模板，以便弯成弧形。条件许可时宜用钢模，这样做不仅能够节约木材，而且能够保证工程质量。钢模可用厚 4~5mm 的钢板冲压制成，或用 3~4mm 厚钢板与边宽40~50mm 的角钢或槽钢组合构成。

---

① 袁磊. 公路工程水泥混凝土路面施工技术 [J]. 建筑·建材·装饰，2017（19）：48.

侧模按预先标定的位置安放在基层上，两侧用铁钎打入基层以固定位置。模板顶面用水准仪检查其标高，不符合时应予以调整。模板的平面位置和高程控制都很重要，稍有歪斜和不平，都会反映到面层，使其边线不齐、厚度不准和表面呈波浪形。因此，施工时必须经常校验，严格控制。模板内侧应涂刷肥皂液、废机油或其他润滑剂，以方便拆模。

（二）设置传力杆

当两侧模板安装好后，即在需要设置传力杆的胀缝或缩缝位置上设置传力杆。混凝土板连续浇筑时设置胀缝传力杆的做法，一般是在嵌缝板上预留圆孔以便传力杆穿过，嵌缝板上面设木制或铁制压缝板条，其旁再放一块胀缝模板，按传力杆位置和间距，在胀缝模板下部挖成倒"U"形槽，使传力杆由此通过。传力杆的两端固定在钢筋支架上，支架脚插入基层内。

对于不连续浇筑的混凝土板在施工结束时设置的胀缝，宜用顶头木模固定传力杆的安装方法。即在端模板外侧增设一块定位模板，板上同样按照传力杆间距及杆径钻成孔眼，将传力杆穿过端模板孔眼并直至外侧定位模板孔眼。两模板之间可用按传力杆一半长度的横木固定。继续浇筑邻板时，拆除挡板、横木及定位模板，设置胀缝板、木制压缝板条和传力杆套管。

（三）混凝土的拌和与运送

混合料的制备可采用两种方式：一是在工地由拌和机拌制；二是在中心工厂集中制备，而后用汽车运送到工地。

在工地制备混合料时，应在拌和场地上合理布置拌和机与砂石、水泥等材料的堆放地点，力求提高拌和机的生产率。拌制混凝土时，要准确掌握配合比，特别要严格控制用水量。每天开始拌和前，应根据天气变化情况，测定砂、石材料的含水量，以调整拌制时的实际用水量，每拌所用材料应过秤。量配的精确度对水泥为 $\pm 1.5\%$、砂为 $\pm 2\%$、碎石为 $\pm 3\%$、水为 $\pm 1\%$。每一工班应检查材料量配的精确度至少 2 次，每半天检查混合料的坍落度 2 次，拌和时间为 $1.5 \sim 2.0$min。

混合料用手推车、翻斗车、自卸汽车或搅拌运输车运送。合适的运距视车辆种类和混合料容许的运输时间而定。通常，夏季不宜超过 $30 \sim 40$min，冬季不宜超过 $60 \sim 90$min。高温天气运送混合料时应采取覆盖措施，以防混合料中水分蒸发。运送用的车厢必须在每天工作结束后，用水冲洗干净。

在中心拌和场地（厂拌）集中拌制时，可由搅拌运输车运送到施工现场进行摊铺。

（四）混凝土的摊铺和振捣

当运送混合料的车辆运达摊铺地点后，一般直接倒向安装好侧模的路槽内，并用人工找补均匀。要注意防止出现离析现象。摊铺时应考虑混凝土振捣后的沉降量，虚高可高出设计厚度约 10%，使振实后的面层标高同设计相符。

混凝土混合料的振捣器具，应由平板振捣器（2.2～2.8kW）、插入式振捣器和振动梁（各 1kW）配套作业。混凝土路面板厚在 0.22m 以内时，一般可一次摊铺，用平板振捣器振实，凡振捣不到之处，如面板的边角部、窨井、进水口附近，以及设置钢筋的部位，可用插入式振捣器进行振实；当混凝土板厚较大时，可先插入振捣，然后再用平板振捣，以免出现蜂窝现象。

平板振捣器在同一位置停留的时间一般为 10～15s，以达到表面振出浆水、混合料不再沉落为宜。平板振捣后，用带有振捣器的、底面符合路拱横坡的振捣梁，两端搁在侧模上，沿摊铺方向振捣拖平。拖振过程中，多余的混合料将随着振捣梁的拖移而刮去，低陷处则应随时补足。随后，再将直径为 75～100mm 的无缝钢管，两端放在侧模上，沿纵向滚压一遍。

必须注意，当摊铺或振捣混合料时，不要碰撞模板和传力杆，以避免其移动变位。

（五）混凝土的养护与填缝

1. 胀缝筑做

先浇筑胀缝一侧混凝土，取出胀缝模板后，再浇筑另一侧混凝土，钢筋支架浇在混凝土内。压缝板条使用前应涂废机油或其他润滑油，在混凝土振捣后，先抽动一下，而后最迟在终凝前将压缝板条抽出。抽出时为确保两侧混凝土不被扰动，可用木板条压住两侧混凝土，然后轻轻抽出压缝板条，再用铁抹板将两侧混凝土抹平整。缝隙上部浇灌填缝料，留在缝隙下部的嵌缝板由沥青浸制的软木板或油毛毡等材料制成。

2. 横向缩缝筑做

混凝土结硬后，应适时切缝。切缝时间应控制在混凝土获得足够的强度，而收缩应力并未超出其强度范围时，以防切缝不整齐或出现早期裂缝。一般切缝时间以施工温度与施工时间乘积为 200～300 个温度小时或混凝土的抗压强度为 0.8MPa 时比较合适。

切缝一般用下列两种方法筑做。

（1）切缝法。在混凝土捣实整平后，利用振捣梁将"T"形振动刀准确地按缩缝位置振出一条槽，随后将铁制压缝板放入，并用原浆修平槽边。当混凝土收浆抹面后，再轻轻取出压缝板，并立即用专用抹子修整缝缘。这种做法要求谨慎操作，以免混凝土结构受到扰动和接缝边缘出现不平整（错台）。

（2）锯缝法。在结硬的混凝土中用锯缝机（带有金刚石或金刚砂轮锯片）锯割出要求深度的槽口。这种方法可保证缝槽质量且不扰动混凝土结构。但要掌握好锯割时间，过迟会因混凝土过硬而使锯片磨损过大且费工，而且更主要的是可能在锯割前混凝土会出现收缩裂缝；过早混凝土因还未结硬，锯割时槽口边缘易产生剥落。合适的时间视气候条件而定，炎热而多风的天气，或者早晚气温有突变时，混凝土板会产生较大的湿度或温度坡差，使内应力过大而出现裂缝，锯缝应早在表面整修后 4 小时即可开始。如天气较冷，一天内气温变化不大时，锯割时间可推迟至 12 小时以上。

切缝以调深调速的切缝机锯切效果较好，为减少早期裂缝，切缝可采用"跳仓法"即每隔几块板切一缝，然后再逐块锯切。切缝深度为板厚的 1/4 ~ 1/3，切缝太浅会引起不规则断板。

（3）纵缝筑做。筑做企口式纵缝，模板内壁做成凸榫状。拆模后，混凝土板侧面即形成凹槽。需设置拉杆时，模板在相应位置处要钻成圆孔，以便拉杆穿入。浇筑另一侧混凝土前，应先在凹槽壁上涂抹沥青。

（六）表面整修与防滑措施

混凝土终凝前必须用人工或机械抹平其表面。当用人工抹平时，不仅劳动强度大、效率低，而且会把水分、水泥和细砂带至混凝土表面，致使它相比下部混凝土或砂浆有较高的干缩性和较低的强度；而采用机械抹面时可以克服以上缺点。目前，国产的小型电动抹面机有两种装置：装上圆盘即可进行粗光，装上细抹叶片即可进行精光。在一般情况下，面层表面仅需粗光。抹面结束后，有时再用拖光带横向轻轻拖拉几次。

为保证行车安全，混凝土表面应具有粗糙抗滑的表面。最普通的做法是用棕刷顺横向在抹平后的表面上轻轻刷毛，也可用金属丝梳子梳成深 1 ~ 2mm 的横槽。近年来，已采用一种更有效的方法，即在已硬结的路面上，用锯槽机将路面锯割成深 5 ~ 6mm、宽 2 ~ 3mm、间距 20mm 的小横槽。也可在未结硬的混凝土表面塑压成槽，或压入坚硬的石屑来防滑。

二、水泥混凝土路面的滑模摊铺机施工技术

水泥混凝土路面滑模施工在我国是一项新型技术，技术要求高、难度大，要求全方位地精心组织施工。

滑模式摊铺机的机架支承在四个液压缸上，可以通过控制机械上下移动，以调整摊铺机铺层厚度。这种摊铺机一次可完成摊铺、振捣、整平等多道工序。

滑模式摊铺机的摊铺过程：先由螺旋摊铺器把堆积在基层上的水泥混凝土向左右横向铺开，用刮平器进行初步刮平，然后用振捣器进行捣实、刮平器进行整平，形成密实而平整的表面，再利用搓动式振捣板对混凝土层进行振实和整平，然后用光面带光面。

（一）基准线设置

滑模摊铺水泥混凝土路的施工基准设置有基准线、滑靴、多轮移运支架和搬动方铝管等多种方式。根据我国当前的基层平整现状，滑模摊铺水泥混凝土路面的施工基准线设置宜采用基准线方式。

1. 基准线设置的形式

基准线设置形式视施工需要可采用单向坡双线式、单向坡单线式和双向坡双线式三种。单向坡双线式基准线的两根基准线间的横坡应与路面一致。单向坡双线式基准必须在另一

侧具备适宜的基准，路面横向连接摊铺的横坡应与已铺路面一致。双向坡双线式基准线的两根基准线直线段应平行且间距相等，并对应路面高程，使路拱靠滑模摊铺机调整自动铺成。滑模摊铺机应具备两侧4个水平传感器和一侧2个方向传感器，沿基准线滑行，摊铺出路面所要求的方向、平面、高程、横坡、板厚、弯道等。

2. 基准线设置的器具

（1）基准线材料：应使用3~5mm的钢绞线，总长度不少于3km。

（2）基准线桩具：基准线桩宜使用直径12mm的圆钢筋，总高度宜为120cm，一端打尖，每根桩应配备一个架臂扣和一个夹线臂。架臂扣在基准线桩上可上下移动并固定，使夹线臂可左右移动并固定。基准线桩具不少于300套。

（3）基准线安装器具：紧线器5个、固定扳手2把、大锤2把、水准仪或全站仪1台、水准尺2杆、钢卷尺2把。

3. 基准线设置的标准

（1）基准线横向支距：基准线桩固定位置到摊铺面板边缘的横向支距应根据滑模摊铺机侧模到传感器的位置而定，一般2~4履带跨中摊铺，两侧路面边缘宽度宜不小于1m，最小不得小于0.65m。基准线上的标高应为其所在位置的路面边缘高程计入支距横坡高度后，加上设定的架设高度。

（2）基准线横向间距：基准线的横向间距为摊铺宽度加一侧（单线）或两侧（双线）横向支距，双线式基准线的垂直横向线间距应相等，单线式基准线到摊角边缘间距应相等。

（3）基准线桩纵向间距：平面直线段应小于或等于10m，圆曲线段视弯道半径大小，一般可为5~7m。在小半径弯道或山区极小半径回头弯道上，内侧宜为2.5~5m，外侧宜为3.5~7m；平面缓和曲线段与纵断面竖曲线段宜为5~10m。实际设置基准线桩距离可小于上述值，但不得大于给定尺寸。

（4）基准线桩固定：基层顶面到夹线臂的高度宜为45~75cm，自基准线所在位置的路面边缘高程算起的基准线统一架设高度宜为25~50cm，基准线桩夹线臂夹口到桩的水平距离宜为30cm，夹线臂到桩顶垂直距离宜为15cm。基准线桩应牢固打入基层15~25cm；当打入困难时，应采用电钻钻孔后再钉牢固。

（5）基准线长度：一根基准线的最大长度不得大于450m。超过此长度并需要继续摊铺时，应续接基准线，续接方式应通过同一个过渡桩的夹线臂口平顺连接。

（6）基准线张紧：基准线两端应各设一个紧线器，并应偏置在基准线桩外侧30~50cm处。在第一根桩与紧线器之间，应设一根扯线桩，扯线桩的夹臂应低于基准线桩夹线臂，扯线桩应钉牢固，不因弯道水平拉力而倾斜。基准线必须张紧，每侧基准线应施加大于等于1kN的拉力。张紧后基准线上的垂度不应大于1.0mm，基准线应先张紧，再扣进夹线臂槽口。

（7）已铺路面上设置基准线：连接摊铺路面或悬臂式连接摊铺硬路肩路缘石时，在已铺路面上设置基准线，可采用 20cm×20cm 混凝土底座锚固基准线桩或使用角钢焊接基准线桩。设置时，每 5m 插入路面已切割的缩缝槽内，用木楔楔紧，在路面上基准线高度宜为 15～30cm。

（8）中央路拱：根据摊铺机的不同，有抛物线和折线路拱两种设置。

（9）最小弯道半径和最大纵坡：在山区公路上可施工带超高时，滑模摊铺机的最小弯道半径不应小于 50m；带加长侧模板的滑模摊铺机可施工的最小弯道半径不应小于 75m，否则应使用其他方式摊铺，摊铺机满负荷施工的最大纵坡上坡宜为 5%，下坡宜为 6%；施工山区路面的极限纵坡为 7%，如果大于 7%，应缩窄摊铺，基准线桩桩距应加密到 3.5～5m。

4. 基准线设置的精度

滑模摊铺水泥混凝土路面基准线设置精度应达到规定值，验收时应满足最大允许偏差值的规定。基准线宜在摊铺前一天完成设置。基准线设置好以后，应进行校核复测，并注意防止弯道和渐变段出现差错。

5. 基准线设置的施工要求

基准线设置好以后，禁止扰动。摊铺时，严禁碰撞和振动。一旦碰撞变位，应立即重新测量设定。基准线接头不得大于 1cm。每 100m 基准线不得多于 2 个接头。多风季节施工时，应缩小基准线间距。风力为 5～6 级时，应停止施工。

（二）混凝土搅拌

1. 配套容量

每台搅拌楼的配套设备应满足水电供应可靠、原材料充足，最少不得小于当天施工用量。

2. 配料精度

每台搅拌楼在投入生产前，必须通过法定计量部门标定，并试拌正常。在标定有效期满或搅拌楼搬迁安装完毕后，均应重新标定。搅拌楼配料计量误差不得超过相关规定。施工中应经常校验搅拌楼计量精度。滑模混凝土应配备和采用有计算机自动称料和砂含水量自动反馈控制系统的搅拌楼进行生产，不得使用手动配料，禁止使用体重法计量的简易自落滚筒式搅拌机拌和。在搅拌过程中还应打印出每盘或连续称料的配料数据和误差，按需要打印每天（周、旬、月）对应摊铺桩号混凝土配料的统计数据及误差。通过打印数据发现配料误差大于下表计量精确度要求时，应分析原因，排除故障，保证拌和计量精度。

3. 外加剂使用

外加剂应以溶液掺加。外加剂溶液浓度应根据配合比试验确定的外加剂掺量，在间歇搅拌楼上，按所配备的外加剂溶液筒的容量和每盘水泥用量计算得出。连续式搅拌应按流量比例控制加入外加剂。加入搅拌锅的外加剂应充分溶解，并防止不同的外加剂溶液因比重不同而分层富集。外加剂溶液应于施工前一天配制好，并在施工中连续不断地搅拌均匀。

4.拌和质量

（1）施工开始及搅拌过程中都应按规定的频率检验坍落度、坍落度损失、含气量、泌水量、混凝土凝结时间、砂石料含水量及混凝土容重等，并按标准方法预留规定数量的弯拉强度试件。在寒冷或炎热气候下施工，混凝土拌和机出料时的温度应分别控制在10～35℃，并应加测原材料温度、拌和物的温度、坍落度损失率和凝结时间等。

（2）混凝土拌和物应均匀一致，不得有未加水的干料、未拌匀的生料和离析等现象，湿料和生料禁止用于路面摊铺。一台搅拌楼每盘之间和其他搅拌楼之间，混凝土拌和物的坍落度允许误差为 ±1cm。试拌及滑模摊铺时的坍落度，应按最适宜滑模摊铺的坍落度值加上当时气温下运料所耗时间的坍落度损失值确定。在雨天或阵雨后，应按砂石料实际含水率及时微调加水量。

5.搅拌时间

根据拌和物的黏聚性（熟化度）、均质性及强度稳定性由试拌确定最短搅拌时间。在一般情况下，单立轴式搅拌机总拌和时间为 80～120s；双卧轴式搅拌机总时间为30～35s；连续式（双锅）搅拌楼的最短搅拌时间不得少于40s，最长搅拌时间不宜超过高限值 2 倍。在保证拌和物质量的前提下，应科学编制搅拌计算机程序，合理压缩搅拌时间，以增加滑模混凝土的产量。

（三）混凝土运输

混凝土运输要根据施工进度、运量、运距及路况，按照规定配备车型和车辆总数。总运力应比总拌和能力略有富余。

1.运输时间

运输到现场的混凝土拌和物的坍落度有所损失，必须适宜滑模摊铺。摊铺完毕允许最长时间，应根据气温及摊铺现场拌和物达到规定的工作性历时确定，并宜短于拌和物的初凝时间 1 小时。运输允许最长时间宜短于摊铺允许最长时间 0.5 小时。混凝土拌和物从搅拌机出料到运输、摊铺完毕的允许最长时间应符合相关规定。

2.技术要求

（1）运送混凝土的车辆，在装料时，应防止混凝土离析，每装一盘料应挪动一下车位，卸料落差高度不得大于2m。驾驶员必须了解拌和物的运输、摊铺完毕的允许最长时间，超过摊铺允许最长时间的混凝土不得用于路面摊铺。混凝土一旦在车内停留超过初凝时间，应采取紧急措施处理，防止混凝土硬化在车箱内或车罐内。

（2）混凝土运输过程中要防止漏浆、漏料和污染路面。烈日、大风、雨天和冬季施工时，应遮盖自卸车上的混凝土。运输车辆在每次装混凝土前，均应将车箱清洗干净并洒水湿润。

（3）使用翻斗车运输混凝土时，最大运输半径不宜超过 20km，超过时，宜采用搅拌罐车运输混凝土。

（四）钢筋安装和混凝土布料技术

1. 钢筋安装技术

滑模摊铺钢筋混凝土路面、桥面、双层钢筋网桥头搭板及连接胀缝支架，在布料时，钢筋网和支架刚度均必须焊接加强。

（1）单层钢筋混凝土路面的钢筋网应有 4～6 根 /m² 焊接支架钢筋。

（2）在铺装桥面钢筋网之前，应先焊接梁之间的横向连接钢筋，并不应小于 3 根 / 延米，后安装锚固钢筋，再将钢筋网与锚固钢筋焊接，数量应为 4～6 根 /m²。层间剪应力大处（如梁端）取大值，剪应力小处（如跨中）可取小值。

（3）桥头搭板或通道上部双层钢筋网，应焊接环形箍筋，数量不少于 4～6 根 /m²。

（4）搭板端部钢筋必须与胀缝钢筋支架相焊接，焊接点不应少于 4 个 /m。

（5）钢筋混凝土路面和桥面单层钢筋网、桥头搭板双层钢筋网及连接胀缝钢筋支架的两侧宽度应小于摊铺宽度 3cm，纵向工作缝与后铺的横向连接路面应采用侧向加密拉杆形式。桥面钢筋网横向钢筋应连续。双车道摊铺的桥面板或搭板中间均不插拉杆，不切纵缝，使钢筋网整体连续。桥面板宜在反弯矩部位切缝，并用接缝钢筋补强。斜交桥涵的变形板全部在钢筋混凝土搭板上调整，锐角加密焊接钢筋网补强。滑模施工的水泥混凝土路面均宜为矩形板，并取消边缘和角隅补强钢筋。

2. 混凝土布料技术

（1）滑模摊铺普通水泥混凝土路面，必须有专人指挥车辆均匀卸料。滑模摊铺时，机前的最高料位高度不得高于松方控制板上缘，料位的正常高度应在螺旋布料器叶片上缘以下，亦不得缺料。

（2）采用布料机施工，松铺系数应视坍落度大小由试铺确定。当坍落度在 1～5cm 时，松铺系数宜为 1.08～1.15；坍落度为 3cm 时，松铺系数宜控制在 1.1 左右。布料机与滑模摊铺机之间的施工距离应控制在 5～10cm。晴天，日照强，风大，取小值；阴天，湿度大，无风，可取大值。

（3）采用布料机以外的布料方式摊铺钢筋混凝土路面、桥面或搭板时，禁止任何机械直接开上钢筋网。宜在钢筋外侧使用挖掘机或吊斗均衡卸料布料，也可使用便桥板凳加吊车汽车直接卸料或用挖掘机布料，但均不得缺料。

（五）滑模摊铺水泥混凝土路面的施工流程

1. 滑模摊铺前的检查工作

滑模摊铺前，应对施工现场准备工作进行以下检查。

（1）检查板厚：每20m垂直于两侧基准线挂横线，用钢尺单车道测3点、双车道测5点垂直高度，减去基准线设定高度，即为单个板厚，3~5个值的平均值为该断面平均板厚。每200m 10个断面的均值为该路段平均板厚。路段平均板厚不应小于设计板厚，断面平均板厚不应比设计板厚薄5mm，单个板厚极小值不应比设计板厚薄10mm。不满足上述要求时，应采取有效措施保证板厚。

（2）检查辅助施工设备机具：拉毛养护机、布料机械、发电机等应全部到场并试运转正常。端模板、手持振捣棒、抄平梁、传力杆定位支架、拉杆、拉毛耙、工作凳、拖行工具、养护剂及其喷洒工具等所有施工器具和工具，应全部到位并状态良好。

（3）检查基层：基层局部破损应修补整平，基层上的裂缝应处理完毕，摊铺路面的基层及履带行走部位均应清扫干净并洒水湿润，积水应扫开。

（4）横向连接摊铺检查：前次摊铺路面纵缝的溜肩胀宽部位应切割顺直。前次摊铺安装的侧边位杆应校正扳直，缺少的拉杆应钻孔锚同植入。纵向施工缝的上半部缝壁应填充饱满的沥青。

2. 初设摊铺机的工作参数

对滑模摊铺机所有机构工作部件应进行正确施工位置的初步设定，并将这些正确施工参数通过试铺调整固定下来，正式摊铺时宜根据情况变化进行微调。

（1）振捣棒下缘位置应在挤压板最低点以上，横向间距不宜大于45cm处均匀排列；两侧最边缘振捣棒与摊铺边缘距离不宜大于25cm。

（2）挤压底板前倾角宜设置3°左右。提浆夯板位置宜在挤压底板前缘以下5~10mm。无须设前仰角的滑模摊铺机可将挤压底板前后调水平。

（3）设超铺角的滑模摊铺机两边缘超高程根据料的稠度应在3~8mm调整。带振动搓平梁的滑模摊铺机应将搓平梁前沿调整到与挤压板后沿高程相同，搓平梁的后沿比挤压底板后沿低1~2mm，并与路面高程相同。

3. 首次摊铺位置的校准

首次摊铺前，应在直线路段采用钉桩或基准线法校准滑模摊铺机挤压底板四角点高程和侧模前进方向。4个水平传感器控制挤压底板四角高程，两个方向传感器进行导向控制。按路面设计高程、横坡度或路拱测量设定2~3根基准线或4~6个桩，将6个传感器全挂上两侧基准线，并检查传感器的灵敏度和反应方向，开动滑模摊铺机进入设好的桩位或线位，调整水平传感器立柱高度，使滑模摊铺机挤压底板恰好落在精确测量设置好的木桩或基准线上，同时，调整好滑模摊铺机机架前后左右的水平度，令滑模摊铺机挂线自动行走，再返回校核1~2遍，正确无误后，方可开始摊铺。

4. 初始摊铺路面参数的校正

在开始摊铺的5m内，必须对所摊铺出的路面标高、边缘厚度、中线、横坡度等技术参数进行复核测量。机手应根据测量结果，在滑模摊铺机行进中及时缓慢地反向旋转滑模摊铺机上水平传感器立柱手柄，校准挤压底板摊铺路面的高程和横坡，误差应在规定值范围内。及时调整拉杆打入深度和压力与抹平板的压力及边缘位置。检查摊铺中线时，应在设方向传感器的一侧，通过钢尺测量基准线到滑模摊铺机侧模前后的横向距离，有误差时，缓慢微调前后两个方向传感器架立横梁伸出的水平距离，消除误差。

禁止停机剧烈调整高程、中线及横坡等，以免严重影响平整度等质量指标。滑模摊铺机从起步到调整直至正常摊铺，应在 10m 内完成，并应将滑模摊铺机工作参数设置固定保护起来，不允许非操作手更改或撞动。第二天的连接摊铺，应先检查滑模摊铺机挤压底板 4 个角点的位置，再将滑模摊铺机后退到前一天做了侧向收口工作缝的路面内，从挤压底板前缘对齐工作缝端部开始摊铺。

5. 滑模摊铺机的操作要领

（1）机手操作滑模摊铺机应缓慢、匀速，连续不间断地摊铺。滑模摊铺速度，根据拌和物稠度与设备性能可控制在 0.5~2.0m/min，一般宜为 1m/min。当料的稠度发生变化时，先调振捣频率，后改变摊铺速度，不得在料多时追赶，然后随意停机等待，间歇摊铺。

（2）摊铺中，机手应随时调整送放高度控制板进料位置，开始应设得略高些，以保证进料。正常状态下保持振捣仓内砂浆料位高于振捣棒 10cm 左右，料位高低上下波动宜控制在 ±4cm。

（3）滑模摊铺机以正常摊铺速度施工时，振捣频率可在 6000~11000r/min 调整，宜用 9000r/min。应防止混凝土过振、漏振、欠振。机手应随时根据混凝土的稠度大小，调整摊铺的速度和振捣频率。当混凝土显得偏稀时，应适当降低振捣频率，加快摊铺速度，但最快不得超过最小振捣频率，也不得小于 6000r/min；当新拌混凝土偏干时，应提高振捣频率，但不得大于 11000r/min，并减慢摊铺速度，最小摊铺速度宜控制在 0.5~1m/min。滑模摊铺机起步时，应先开启振捣棒振捣 2~3m/min，再推进，脱离混凝土后，应立即关闭振捣棒。

（4）滑模摊铺纵坡较大的路面，上坡时，挤压底板前仰角宜适当调小，同时适当调小抹平板压力；下坡时，前仰角宜适当调大，抹平板压力也宜调大。抹平板合适的压力宜为板底 3/4 长度接触路面抹面产生的压力。

（5）滑模摊铺弯道和渐变段路面时，单向横坡，使滑模摊铺机跟线摊铺，应随时观察并调整抹平板内外侧的抹面距离，防止压垮边缘。摊铺中央路拱时，计算机控制条件下，输入弯道和渐变段边缘及拱中几何参数，计算机自动控制生成路拱；手控条件下，机手应根据路拱消失和生成几何位置，在给定路段范围内分级逐渐消除或调成设计路拱。

（6）摊铺单车道路面，应视路面的设计要求配置一侧或双侧打纵缝拉杆的机械装置。侧向拉杆装置的正确插入位置应在挤压底板的中下或偏后部。拉杆打入分手推、液压、气压几种方式，压力应满足一次打（推）到位的要求，不允许多次打入。同时，摊铺两个以上车道时，除侧向打拉杆装置外，还应在假纵缝位置中间配置 1 个以上中间的拉杆自动插入装置，该装置有机前插和机后插两种。前插时，应保证拉杆的设置位置；后插时，要保证其插入部位混凝土的密实度。带振动搓平梁和振动修复的滑模摊铺机应选择机后插入式，其他滑模摊铺机可使用机前插入式。打入的拉杆必须处在路面板厚的中间位置。中间和侧向拉杆打入的高低误差不宜大于 ±3cm，倾斜及前后误差不宜大于 ±4cm。

（7）机手应随时密切观察所摊铺的路面效果，注意调整和控制摊铺速度，振捣频率，夯实杆、振动搓平梁和抹平板位置、速度和频率。软拉抗滑构造表面砂浆层厚度宜控制在 4mm 左右，硬刻槽路面的砂浆表层厚度宜控制在 2mm 左右。

（8）连接摊铺时，滑模摊铺机一侧履带上前次水泥混凝土路面的时间应控制在养护 7 天以后，最短不得少于 5 天。同时，钢履带底部应铺橡胶垫或使用有挂胶履带的滑模摊铺机。纵向连接摊铺路面时，应对连接纵缝部位人工进行修整，连接纵缝的横向平整度符合不同公路等级的要求，并用钢丝刷刷干净黏附在前幅路面上的砂浆，应刷出粗细抗滑构造。

6. 滑模摊铺中问题的解决

滑模摊铺的表面应平滑，几何形状规矩，不应出现麻面、拉裂、塌边、溜肩等病害现象，出现问题应立即查找原因，迅速采取措施。

（1）摊铺中应经常检查振捣棒的工作情况。发现在路面横断面某处多次出现麻面或拉裂现象，表示该处的振捣棒出了问题，必须停机检查或更换该处的振捣棒。摊铺后，发现路面上留有振捣棒拖出的发亮的砂浆条带，则表明振捣棒位置偏深，必须调整正确位置至振捣棒底缘在挤压底板的后缘高度以上。

（2）在摊铺宽度大于等于 8m 的双（多）车道路面时，若左右卸了两车稠度不一致的混凝土时，摊铺速度应按偏干一侧设置，并应将偏稀一侧的振捣棒频率迅速调小。

（3）滑模摊铺路面出现横向拉裂现象，应从这些方面进行检查：①拌和物局部或整体过干硬、离析，集料粒径过大时，不适宜滑模摊铺，或在该部位摊铺速度过快，否则会使振捣频率不够，导致混凝土因未振动液化而拉裂，应降低摊铺速度、提高振捣频率；②挤压底板的位置和前仰角设置是否变化，前倒角时必定拉裂，前仰角过大，亦可能拉裂，应在行进中调整前两个水平传感器，即改变挤压底板为适宜的前仰角，消除拉裂现象；③拌和物较干硬或等料停机时间较长，起步摊铺速度过快，也可能拉裂路面，等料停机时间较长时，应间隔 15min 开启振捣棒振动 2~3min，再缓慢推进。

（4）当混凝土供应不上，或搅拌楼出现机械故障等情况时，停机等待时间不得超过当时气温下混凝土初凝时间的 2/3，超过此时间，应将滑模摊铺机开出摊铺工作面，并做施工缝。当滑模摊铺机出现机械故障，应紧急通知后方搅拌楼停止生产，在故障停机时间内，滑模摊铺机内混凝土尚未初凝的情况下，如能够排除故障，则允许继续摊铺；否则，应尽快将滑模摊铺机开出摊铺工作面。待故障排除后，再重新起步摊铺。

7. 滑模摊铺结束后的工作

（1）将滑模摊铺机驶离工作面，先将所有传感器从基准线上脱开，并解除滑模摊铺机上基准线自动跟踪控制，再升起机架，用水冲洗掉黏附的混凝土，已硬结在滑模摊铺机上的混凝土，应轻敲打掉。清理干净后，应对与混凝土接触的机件喷涂废机油或吹（揩）干防锈。同时，对滑模摊铺机进行当日保养，加油加水，打润滑油等。

（2）设置横向施工缝。应先将从滑模摊铺机振动仓内脱出的厚砂浆铲除丢弃，然后设置施工缝端模和侧模，插入拉杆和传力杆，并用水准仪测量面板高程和横坡。为使下次摊铺能紧接施工缝开始，两侧模板应向内各收进 2 ~ 4cm，且宜小不宜大，长度与滑模摊铺机侧模板等长或略长。软做横向施工缝应符合本规程的技术要求。可采用第二天硬切齐施工缝端部做法，切缝部位应满足平整度、高程和横坡要求，可使用缩缝传力杆钢筋支架，上部锯开，下部凿除混凝土，也可锯开后在端部垂直面上钻眼，插入传力杆，再连接施工。连接接头施工，除应测量高程和横坡外，辅以人工振捣密实，应采用长度 3m 以上抄平器保证端头和结合部位的平整度。

（六）滑模摊铺水泥混凝土路面的接缝施工技术

1. 纵向接缝技术

混凝土板的纵缝必须与路中线平行。纵缝间距（板宽）应根据滑模摊铺机摊铺宽度、路面总宽、车道分隔线和硬路肩位置综合确定。钢筋混凝土路面、桥面、搭板纵缝由设计和滑模摊铺机摊铺宽度确定。

（1）纵向缩缝。当水泥混凝土路面使用滑模摊铺机一次摊铺两个车道宽度时，应设置纵向缩缝，其位置宜按车道宽度设置。拉杆靠滑模摊铺机配备的中间拉杆插入装置在滑模摊铺过程中自动控制间距压入，其构造采用假缝拉杆型。缩缝上部的槽口，应采用硬切缝法施工，切缝技术要求应符合本规程的规定。

（2）纵向施工缝。当滑模摊铺机一次摊铺宽度大于路面总宽度时，有纵向施工缝。其位置宜与车道线一致，构造采用平缝加拉杆型。纵向施工缝的拉杆，在前一次摊铺时，应采用滑模摊铺机的侧向拉杆装置插入。根据滑模摊铺机打拉杆装置的方式，插入时的拉杆或为直的或为"L"形的。"L"形拉杆长度较短，应按拉杆长度和间距进行等拔出强度换算。连续摊铺前，应将"L"形拉杆扳直，再摊铺连接部分路面。

2. 横向接缝技术

（1）横向施工缝。每天摊铺结束或摊铺中因故中断，且中断时间超过初凝时间的 2/3 时，应设置横向施工缝。横向施工缝应与路中心线垂直，位置宜与胀缝或缩缝相重合。横向施工缝应采用焊接牢固的钢制端头模板，构造采用平缝加传力杆型，且每 1.5m 不应少于 1 个钉钢钎的垂直固定孔。端模上插入传力杆的水平孔间距为 30cm，内径为 33mm，边侧传力杆到自由边距离不宜少于 15cm，每根传力杆必须在端模上离孔口外侧 10cm 处，通过横梁焊接内径 33mm、长度 5cm 的短钢管进行水平位置固定，其施工应符合规程技术要求。

（2）胀缝设置。胀缝间距：滑模摊铺水泥混凝土路面的胀缝设置间距视施工季节气温确定。热天施工，不宜设胀缝；春秋季节施工，两个构造物间距应大于或等于 500m；冬季低温施工，当两构造物间距大于等于 350m 时，宜在两个构造物之间的路面中间位置设一道胀缝。构造物、平纵曲线等处的胀缝按《公路水泥混凝土路面设计规范》（JTJ 012）的规定设置。

滑模摊铺机水泥混凝土路面胀缝钢筋支架：其构造应采用加强钢筋支架加传力杆型，加强钢筋支架一侧宽度应大于或等于 50cm，总宽度大于或等于 100cm。支架纵向钢筋和箍筋间距为 20cm。胀缝板应与路中心线垂直，缝壁垂直，缝隙宽度一致，缝中完全不连浆。

连接桥头搭板位置的胀缝：其加强钢筋支架应与钢筋网一侧焊接，焊接点不应少于 4 个 /m。也可在钢筋混凝土搭板一侧取消胀缝支架，直接焊接在双层钢筋网上，并增加箍筋，数量不得少于原有支架。

（3）胀缝施工。滑模摊铺水泥混凝土路面的胀缝宜采用前置法施工，也可采用预留胀缝位置，热天再施工胀缝，但应设胀缝加强传力杆钢筋支架。前置法施工时，应预先加工好胀缝钢筋支架，传力杆无沥青涂层的一端焊接在支架上，接缝板夹在两支架之间。施工前运至现场，无布料机（件）时，待摊铺至胀缝位置前方 1~2m 处，将支架准确定位，用钢钎将支架和胀缝板锚固在基层上，保证支架不推移，胀缝板不倾斜，然后卸料或布料，并用手持振捣棒振实胀缝板两侧的混凝土，使滑模摊铺通过；有布料机（件）时，应将带传力杆的缩缝支架和胀缝支架提前安装固定，采用侧向上料方式施工。中间胀缝位置应与缩缝重合。连接搭板的胀缝，在滑模连续铺装搭板和桥面前，应与钢筋网同时加工安装好。胀缝宜不待混凝土硬化，即剔除胀缝上部的混凝土，嵌入 2cm×2cm 的木条，修整好表面。在填缝之前，凿去接缝板顶部的木条，涂黏结剂后，嵌入多孔橡胶条或灌填缝料。胀缝板及钢筋支架两侧，宜各适于摊铺宽度 3cm。

（4）横向缩缝。缩缝应等间距布置，一般采用 5m 板长。不宜采用 1/6 斜缩缝和不等间距的缩缝。当不得不调整板长时，最大板长应小于或等于 5.5m，最小板长不宜小于板宽。在路面上的平面交叉口横向变宽度处的缩缝，可以设计并切割成小转角的折线，在有拉杆的纵缝处，缩缝切口必须缝对缝。板锐角处，应设角隅钢筋补强。

在重、中、轻交通量的公路水泥混凝土路面上，横向缩缝可采用假缝型，不设传力杆。在邻近胀缝或路面自由端的 3 条缩缝内，横向缩缝采用假缝加传力杆型，前置式传力杆钢筋支架的构造。传力杆无涂料一侧焊接，有涂料一侧绑扎。

在特重交通量的水泥混凝土路面和收费站广场的全部缩缝宜设传力杆。传力杆可用滑模摊铺机配备的传力杆自动插入。插入装置在摊铺时植入，或使用钢筋定位支架前置法施工。无论哪种方式，都应在路侧缩缝切割位置做标记，保证切缝在传力杆中间以上。前置式缩缝的钢筋定位支架必须有足够的刚度，传力杆应准确定位，于摊铺之前在基层表面放样，并用钢钎将其锚固在基础上，用手持振捣棒振实传力杆高度以下的混凝土，然后进行滑模摊铺。

3.切缝施工技术

横向缩缝与施工缝上部的槽口应采用切缝法施工。切缝方式有全部硬切缝、软硬结合切缝和全部软切缝三种。采用哪种切缝方式视施工地区下午 1～3 时最高温度与凌晨 1～3 时最低温度的温差决定。

前后连接摊铺，对先摊铺好的混凝土板沿切缝已断裂的地方，应做上记号，后摊铺路面切缝时，已断开的缩缝应提前软切缝。纵向缩缝可全部硬切缝，最长时间不宜超过 48 小时。

（七）滑模摊铺水泥混凝土路面的修整施工技术

1.摊铺过程中的修整施工技术

滑模摊铺机应采用自动抹平板装置进行抹面，以消除表面气孔和石子移动带来的缺陷。自动抹平板的压力不可过大，应随摊铺的纵坡变化随时调整。适宜的抹平板压力是路面不出现影响平整度的"W"形砂浆棱。对表面上少量局部麻面和明显缺料部位，应在挤压板后或搓平梁前，最迟在抹平板前表面补充适量砂浆，由搓平梁和抹平板机械修整。滑模摊铺的混凝土面板在下列情况下，可用人工进行局部少量修整。

（1）人工操作抹面抄平器修整摊铺机后表面的缺陷时，禁止整个表面用加铺薄砂浆层修补路面标高。

（2）对打侧向拉杆时被挂坏的侧边；滑模摊铺机连续铺装桥面时上桥梁台阶，振捣漏料部位；抹平板未抹到的边缘；出现倒边、塌边、溜肩现象处，应顶侧模或上部支方铝管边缘补料修整；左右连接摊铺的纵缝处应进行适量修整。

（3）对滑模摊铺机起步摊铺段及施工接头，应采用水准仪抄平，采用大于 3m 的方铝管边测边修整。

2.路面硬化后的修整施工技术

如果混凝土路面已硬化，并发现施工接头或局部平整度不满足要求时，要在水泥混凝土路面摊铺后 3～10 天，用最粗级磨头的水磨石机研磨到规定平整度。

（八）滑膜摊铺水泥混凝土路面的抗滑构造施工

1.抗滑构造的技术要求

高速公路、一级公路竣工时的路面抗滑构造深度应为（铺砂法）：抗滑构造深度 0.8mm≤TD≤1.2mm；横向摩阻力系数SFC≥0.55，其他公路竣工时0.6mm≤TD≤1.0mm。要求抗滑构造深度均匀，不损坏构造边棱，亦不影响施工好的路面平整度。

2.抗滑构造的施工制作

（1）滑模摊铺机后宜设钢支架，拖挂1～3层叠合麻布、帆布或棉布，洒水湿润后，软拖制作细观抗滑构造，布片接触路面的拖行长度以0.7～1.5m为宜，细度模数偏大的粗砂，拖行长度取小值，偏细中砂，取大值。人工修整过的路面，细观抗滑构造已被抹掉，必须再拖麻袋处理，以恢复细观抗滑构造，也可不拖毛，直接使用抹平板抹出"鱼鳞"形细观抗滑构造，以增强耐磨性，前提是横向摩阻力系数应满足要求。修整表面时，应使用木抹。

（2）当日施工进度超过500m时，宏观抗滑构造制作宜选用拉毛机械施工，没有拉毛机时，可采用人工拉槽方式。在混凝土表面泌水完毕20～30min应及时进行拉槽，拉槽深度应为2～3mm，槽宽3～5mm，槽间距15～25mm。可施工等间距和非等间距的抗滑槽，在考虑减小噪声时，宜采用后者。每耙之间衔接间距应保持一致。

（3）采用硬刻槽方式制作宏观抗滑构造时，硬刻槽机重量宜重不宜轻，最小整刻宽度不应小于50cm，硬刻槽时不应掉边角，路面摊铺3天后可开始硬刻槽，并宜在两周内完成。

（4）对平整度不佳的路面施工接头、桥面、桥头搭板，局部经磨平达标后，应采用人工凿毛或喷砂法做出细观抗滑构造，宏观抗滑构造可采用硬刻方式制作。

三、公路工程水泥混凝土路面的施工养护技术

（一）路面破损处理技术

1.裂缝维修

水泥混凝土路面的裂缝情况比较复杂，维修时应根据裂缝产生的原因和具体情况，采用不同的材料和相应的维修措施，常用的维修方法有扩缝灌浆、直接灌浆、条带补缝、全深度补块等方法。

（1）对宽度小于3mm的轻微裂缝，可采取扩缝灌浆：①顺着裂缝扩宽成1.5～2.0cm的沟槽，槽深可根据裂缝深度确定，最大深度不得超过2/3板厚；②清除混凝土碎屑，吹净灰尘后，填入粒径为0.3～0.6cm的清洁石屑；③根据选用的灌缝材料，按规定进行配比，混合均匀后，灌入扩缝内；④灌缝材料固化后，达到通车强度时，即可开放交通。

（2）对贯穿全厚的大于3mm且小于15mm的中等裂缝，可采取条带罩面方法进行补缝：①在裂缝两侧切缝时，应平行于缩缝，且距裂缝距离不小于15cm；②凿除两横缝内混凝土的深度以7cm为宜；③每间隔50cm打一对钳钉孔，钳钉孔的大小应略大于钳钉直径2～4mm，并在两把钉孔之间打一对与钳钉孔直径相一致的把钉槽；④钳钉宜采用46的螺纹钢筋，使用前应除锈，包钉长度不小于2cm，弯钩长度为7cm；⑤把钉孔必须填满砂浆，方可将钳钉插入孔内安装；⑥切割缝的内壁应凿毛，并清除松动的混凝土碎块及表面尘土、裸石；⑦浇筑混凝土时，应及时振捣密实、抹平，并喷洒养护剂；⑧修补板块面板两侧，应加深缩缝，并灌注填缝料。

（3）对宽度大于15mm的严重裂缝，可采用全深度补块。全深度补块分集料嵌锁法、刨挖法、设置传力杆法。

第一，集料嵌锁法适用于无筋混凝土路面交错的接缝，且接缝间隔小于300～400cm。其修补工艺包括：①在修补的混凝土路面位置上，平行于缩缝画线，沿画线位置进行全深度切割。在保留板块边部的前提下，沿内侧4cm位置，锯5cm深的缝。②破碎、清除旧混凝土过程中不得伤及基层、相邻面板和路肩。若破除的旧混凝土面积当天无法完成混凝土浇筑时，其补块位置应做临时补块。③全深锯口和半深锯口之间的4cm宽条混凝土垂直面应凿成毛面。④处理基层时，基层强度符合规范要求，应整平基层；基层强度低于规范要求时，应予以补强，并严格整平；若基层全部损坏或松软时，应按原设计基层材料重新做基层，其技术要求应符合现行规定。⑤混凝土的配合比应根据设计弯拉强度、耐久性、耐磨性、和易性等要求，先用原材料进行配比设计，各种材料的物理性能及化学成分应符合现行规定。⑥用水量应控制在混合料运到工地最佳和易性所需的最小值，最大水灰比为0.4。如采用JK系列混凝土快速修补材料，水灰比以0.3～0.4为宜，坍落度宜控制在2cm以内。混凝土24小时弯拉强度应不低于3.0MPa。⑦混凝土摊铺应在混凝土拌和后30～40分钟卸到补块区内，并振捣密实。⑧浇筑的混凝土面层应与相邻路面横断面相吻合，其表面平整度应符合现行规定，补块的表面纹理应与原路面相吻合。⑨补块养护宜采用养护剂，其用量根据养护材料性能确定。⑩做接缝时，将板中间的各缩缝锯切到1/4板厚处，将接缝材料填入缩缝内。混凝土达到通车强度后，即可开放交通。

第二，刨除法也称为倒"T"形法，适用于接缝间传荷很差部位的修补，在相邻板块横边的下方暗挖15cm×15cm的一块面积用于荷载传递。施工要求同集料嵌锁法。

第三，设置传力杆法，适用于寒冷气候和承受重型交通荷载的混凝土路面。施工要求同集料嵌锁法，具体包括：①处理基层后，应修复、安设传力杆和拉杆；②原混凝土面板没有传力杆或拉杆折断时，应采用与原规格相同的钢筋焊接或重新安设，安装时应在板厚1/2处钻出比传力杆直径为2～4mm的孔，孔中心距30cm，其误差不应超过3mm；③横向施工缝传力杆直径为25mm，长度为45cm，嵌入相邻保留板内深22.5cm；④拉杆孔直径宜比拉杆直径大2～4mm，并应沿相邻板块间的纵向接缝板厚1/2处钻孔，中心距80cm，拉杆采用46螺纹钢筋（长80cm），40cm嵌入相邻车道的板内；⑤传力杆和拉杆宜用环氧砂浆牢牢地固定在规定位置，摊铺混凝土前，光圆传力杆的伸出端应涂少许润滑油；⑥新补板块与沥青路肩相接时，应和现有路肩齐平；⑦传力杆若安装倾斜或松动失效，应予以更换。

2. 唧泥处理

水泥混凝土路面唧泥病害，应采取压浆处理，其要求应按板下封堵沥青灌注、水泥浆、水泥粉煤灰浆和水泥砂浆灌浆等方法进行。水泥混凝土面板进行压浆处理后，应对接缝及时灌浆。

有淤泥表明路面、基层或路基排水不良，应采取措施改进路面、基层和路基排水系统。设置排水系统的基本要求如下。

（1）路面和路肩应设计横坡，宜铺设硬路肩。

（2）路面裂缝、接缝以及路面与硬路肩接缝应密封。

（3）设置纵向积水管和横向出水管：

第一，在水泥路面的外侧边缘挖一条纵向沟，宽 15～25cm，沟深挖至集料基层之下 15cm，横沟与纵沟的交角应在 45°～90°，横沟间的距离约 30m。

第二，积水管一般采用多孔塑料管，出水管为无孔塑料管。

第三，设置纵向和横向水管，并按设计的距离将积水管和出水管连接起来。

第四，纵向多孔管应包一层渗透性较强的土工织物。

第五，积水管和出水管放入沟槽时，其底部应平顺，横向出水管的坡度应大于或等于纵向排水坡度，出水管的管端应延伸到排水沟内，并设端墙。

第六，管的外围应填放粗砂等渗滤集料，并振动压实。

第七，回填沟槽时，应采用与原路肩相同的材料恢复原状。

（4）盲沟设置基本要求，具体如下。

第一，在沿水泥路面外侧挖纵向沟时，沟底应低于面板 10cm，在水泥混凝土路面接缝处挖横向沟。

第二，沟槽底面及外侧铺油毡隔离层，沿水泥路面交界处及盲沟顶部铺设土工布过滤层。

第三，盲沟内宜填筑碎（砾）石过滤材料。

第四，盲沟上应采用相同材料恢复路面（路肩）。

3. 错台处治

水泥混凝土路面错台病害，轻则影响行车的舒适性，重则危及行车安全，错台的处置方法有磨平法和填补法两种，可按错台的轻重程度选定。

（1）高差小于且等于 10mm 的错台，可采用磨平机磨平，或人工找平。无论人工找平还是磨平机磨平，首先均应划定错台处置范围。采用机械磨平法应从错台最高点开始向四周扩展，边磨边用三米直尺找平，直至相邻两块板齐平，磨平后，应将接缝内杂物清除干净，并吹净灰尘，及时将嵌缝料填入。采用人工处置法时，应用平头凿由浅到深从一边凿向另一边，凿后的面板应达到基本平衡，凿完后清除接缝杂物，吹净灰尘，及时灌入填缝料。

（2）高差大于 10mm 的严重错台，可采取沥青砂或水泥混凝土进行处置、补平或调平宽度不小于 40 倍的错台高差，或用沥青混凝土罩面，或采取板底压浆抬高等方法进行处置。沥青砂填补法不宜在冬季进行，填补时清除掉路面杂物和灰尘，并喷洒一层热沥青或乳化沥青，沥青用量为 0.40 ~ 0.60kg/m^2。摊铺沥青砂时，修补面纵坡变化应控制在 $i \leqslant 1\%$，沥青砂填补后，宜用轮胎压路机碾压，初期应控制车辆慢速通过。采用水泥混凝土修补法时，应将错台下沉板凿除 2 ~ 3cm 深，修补长度按错台高度除以坡度（1%）计算，凿除面应清除杂物灰尘。浇筑聚合物细石混凝土时，混凝土达到通车强度后，即可开放交通。

4.沉陷处理

沉陷是水泥混凝土路面严重病害之一，它可以导致面板的错台、严重破碎以致影响行车安全。沉陷处理应设置排水设施，其方法按前述唧泥处理排水设施要求处理。沉陷处理方法有板块灌砂顶升法、千斤顶顶升法、浅层接合式修补法和整块板翻修法等。

（1）当车辆驶过时仅引起不舒适而不影响安全性，且纵坡突变量为 0.5% ~ 1.0% 的轻微沉陷可不予处理。

（2）当某些车辆高速驶过时影响安全，且纵坡突变量大于 1.0% 的属严重沉陷，严重沉陷可采用提升面板后再压浆的方法进行处理，也可采用先板底灌浆再进行浅层接合式修补调平，或采用沥青混凝土罩面的办法处理。面板在顶升前，应用水准仪测量下沉板的下沉量，测站距下沉处应大于 50m，并绘出纵断面，求出升起值。在每块混凝土面板上钻出两行平行的直径为 3cm 的透孔，孔的距离约为 1.7m（板宽 3.5m 时，一孔所占面积为 3 ~ 3.5m^2），孔深应略大于板厚 2cm，当板需要从一侧升起时，只需在升起部分钻孔。在升起前将所有孔用木塞堵好，一孔一孔地灌砂，充气管与板接头处用棉絮密封，用排气量为 6 ~ 10m^3/min 的空气压缩机向孔中灌砂，直至下沉板全部顶升就位。灌注材料可采用水泥砂浆。压浆材料的抗压强度达到 6MPa 时，方可开放交通。

（3）沉陷并伴有板体开裂时属严重破碎板，一般应整板更换。整板更换时，宜用液压镐将旧板凿除，尽可能保留原有拉杆，并清运混凝土碎块，将基层损坏部分清除，并整平压实。对基层损坏部分，宜采用 C15 号混凝土补强，其补强混凝土顶面高程应与旧路面基层顶面高程相同，同时宜在混凝土面板接缝处的基层上涂刷一道宽 20cm 的薄层沥青。

（4）整块翻修的面板如处在路面排水不良地带，路面板边缘及路肩应设置路基纵横向排水系统。单一板块翻修时，应在路面板接缝处设置横向盲沟。路面有纵坡时，宜设置纵向盲沟，在纵坡底部设置横向盲沟。

（5）板块修复、混凝土施工时，配合比及所有材料宜采用快速修补材料。修补材料按配合比设计，将拌和好的混合料用翻斗车运送到施工现场，进行人工摊铺。宜采用插入式振捣器振捣边角混凝土，并用振动梁刮平提浆，人工抹平，与原混凝土板面高低一致。对混凝土表面处理时，应按原路面纹理进行，宜采用养护剂进行养护。相邻板边的接缝，用切缝机切至 1/4 板块深度，清除缝内杂物，灌入接缝材料。待混凝土达到通车强度后，开放交通。

5.拱起处理

水泥混凝土路面拱起，主要是因胀缝失效，混凝土板块热胀，而突然使横缝两侧的板体明显提高。拱起处理应根据具体情况，采取不同的方法进行处置。

（1）对轻微拱起病害，应用切缝机或其他机具将拱起板间横缝中的硬物切碎，用压缩空气将缝中石屑等杂物和灰尘吹净，将板块复位，再进一步灌填接缝材料。

（2）对严重拱起处理，板端拱起但路面完好时，应根据板块拱起高低程度，计算要切除部分板块的长度。先将拱起板块两侧附近 1~2 条横缝切宽，待应力充分释放后切除拱起端，逐渐将板块恢复原位，在缝隙和其他接缝内应清除并灌接缝材料。

（3）拱起板端发生断裂或破损时，应按严重裂缝处理的集料嵌锁法、刨除法和设置传力杆法进行处置。

（4）拱起板两端间因硬物夹入发生拱起，应将硬物清除干净，使板块恢复原位，应清理接缝内杂物和灰尘，灌填缝料。

（5）胀缝间因传力杆部分或全部在施工时设置不当，使板受热时不能自由伸长而发生拱起，应重新设置胀缝。按水泥混凝土路面有关施工规范执行，使面板恢复原状。

（6）混凝土路面板的胀起与拱起的处理方法一致。

6. 坑洞修补

水泥混凝土路面坑洞的产生，主要是粗集料脱落或局部振捣不密实等原因所致。发生坑洞面积不等，有的在一块板或多块板上出现。坑洞尽管对行车影响不大，但对路面的外观和表面功能都有较大影响。因此，应根据实际情况采取相应措施进行修补。

（1）对个别的坑洞，应清除洞内杂物，用水泥砂浆等材料填充，达到平整密实。

（2）对较多坑洞且连成一片的，应采取薄层修补方法进行修补。

第一，画出与路中心线平行或垂直的修补区域图形。

第二，用切割机沿修补图形切槽，切割深度应在 6cm 以上，用风镐清除槽内混凝土，使槽底平面达到基本平整，并将切割面内的光滑面凿毛。

第三，用压缩空气吹净槽内的混凝土碎屑和灰尘。

第四，按原混凝土配比设计配制混凝土，宜掺加早强剂。混凝土拌和物填入槽内，振捣密实，并保持与原混凝土面板齐平。宜喷洒养护剂养护。

第五，待混凝土达到通车强度后，方可开放交通。

（3）低等级公路对面积较大、深度在 3cm 以内、成片的坑洞，可用沥青混凝土进行修补。

第一，用风镐凿除一个处置区，其图形边线应与路中心线平行或垂直。

第二，凿除深度以 2~3cm 为宜，并清除混凝土碎屑。

第三，铺筑沥青混凝土前，应将凿除的槽底面和槽壁撒黏层沥青，其用量为 0.4~0.6kg/m。

第四，沥青混凝土应碾压密实平整。

第五，待沥青混凝土冷却后，控制车速通车。

7. 板块脱空处置

水泥混凝土路面板下封堵是一种预防性养护措施，它是对路面板下和基层、垫层中的空隙进行灌浆。由于空隙被填充，会减少未来发生唧泥或断板的可能性。但此项处置措施不能提高结构设计承载能力，也不能消除因温度变化和交通荷载而造成的错台。因此，板下封堵应在弯沉增大、尚未发现严重唧泥或严重裂缝时进行，如果弯沉很小，也不宜灌浆，以免因灌浆所造成的扰动使弯沉扩大。

（1）面板脱空的判定。板下封堵的首要问题是判定水泥混凝土路面板是否脱空，板块脱空的判定可采用弯沉测定法进行，弯沉的测定需用 5.4m 长杆弯沉仪及相当于 BZZ-100 重型标准汽车。弯沉仪的测点与支座不应放在相邻两块板上，待弯沉车驶离测试板块后，方可读取百分表值。凡弯沉值超过 0.2mm 的，应确定为板块脱空。

（2）灌浆前检查。灌浆前应检查压浆泵、发电机组各连接部件是否牢固，供电线路、电器是否正常，润滑部位液面是否足够，并彻底排清砂浆搅拌机的积水及残留物。

（3）确定灌浆孔位置。灌浆孔布置应根据路面板块的尺寸、下沉量大小、裂缝状况以及灌浆机械确定。根据各块板的弯沉值和损坏的具体情况，确定需灌浆加固的水泥混凝土板及范围，在混凝土板上确定孔位，并做好标记。

（4）钻孔作业。钻孔作业时，将钻孔机放置在确定的钻孔位置，开动钻机开关，钻头转向无误并有水流出，方能开始钻孔，孔的直径应略大于灌浆的喷嘴直径，一般为 50mm 左右。孔的深度应穿过混凝土板，钻入稳定的基层 1~3cm。灌浆孔与面板边的距离不应小于 0.5m。在一块板上，灌浆孔的数量一般为 5 个，也可根据情况确定。

（5）灌浆。灌浆时应先灌注面板边缘的孔，再灌注面板中间的孔。将灌浆机的喷嘴插入孔中，并封紧以防浆体从孔中流出。启动灌浆机，将压力泵的压力均匀增加到 1.0~1.5MPa（因机械不同需要的压力各异）时，进行灌浆，待浆体由其他孔中或板块四周挤出时，表明板下空隙已被灌满，应减小压力并将喷口提起，立即用木塞塞孔防止浆体溢出，至浆体初凝后拔出木塞。用高标号砂浆封孔、抹平，关闭压力泵，将灌浆机移到下一个孔继续灌浆，待一块板灌浆完毕后，再移至其他板块灌浆。

（6）开放交通。灌浆区板下的浆体经 2~3 天的硬化，达到通车强度后，即可开放交通。

（7）板下封堵。水泥混凝土路面板和基层之间由于出现空隙而导致路面沉陷的，可采用沥青灌注、水泥浆、水泥粉、煤灰浆和水泥砂浆灌浆等方法进行板下封堵。

第一，沥青灌注法。①灌浆孔钻好后，应采用压缩空气将孔中的混凝土碎屑、杂物清除干净，并保持干燥；②宜采用建筑沥青，沥青加热熔化温度一般为180℃；③沥青洒布车或专用设备的压力为200~400kPa，灌注沥青压满后约0.5分钟，应拔出喷嘴，用木楔堵塞；④沥青温度下降后，应拔出木楔，填进水泥砂浆，即可开放交通。

第二，水泥灌浆法。①灌浆孔的布设与沥青灌注法相同；②灌注机械可用压力灌浆泵，灌注压力为1.5~2.0MPa；③灌浆作业应先从沉陷量大的地方的灌浆孔开始，逐步由大到小，当相邻孔或接缝中冒浆，可停止泵送水泥浆，每灌完一孔应用木楔堵孔；④待砂浆抗压强度达到3MPa时，用水泥砂浆堵孔，即可开放交通。

8.表面起皮处治

表面起皮处治应根据公路等级和表面破损程度，采取不同的材料和施工方法进行，对局部板块的表面起皮应进行罩面。

（1）一般公路水泥混凝土板表面起皮宜采用稀浆封层加以处置。

（2）高速公路水泥混凝土板表面起皮，宜采用改性沥青稀浆封层或沥青混凝土加以处置。

（3）较大面积的水泥混凝土面板表面起皮，宜采取稀浆封层及沥青混凝土罩面加以处置。

9.板边、板角修补

水泥混凝土路面板角破损和板角断裂是水泥混凝土路面常见病害之一，如不及时修复，将导致病害的扩大，甚至造成整个面板的断裂，进而影响行车安全。

（1）板边修补基本要求：①当对水泥混凝土面板边轻度剥落进行修补时，应将剥落的表面清理干净，用沥青混合料或接缝材料修补平整；②当板边严重剥落时，采用中等裂缝维修的条带罩面方法进行修补；③当板边全深度破碎时，采用严重裂缝维修的全深度补块方法即集料嵌锁法、刨挖法、设置传力杆法进行修补。

（2）板角修补基本要求：①板角断裂应按破裂面的大小确定切割范围；②切缝后，凿除破损部分时，应凿成规则的垂直面，对原有钢筋不应切断，如果钢筋难以全部保留，至少也要保留20~30cm长的钢筋头，且应长短交错；③原有滑动传力杆如有缺陷，应予以更换并在新老混凝土之间加设传力杆，传力杆间距控制在30cm；④基层不良时，可采用C15号混凝土浇筑基层；⑤与原有路面板的接缝面，应涂刷沥青，如为胀缝，应设置接缝板；⑥现浇混凝土与老混凝土面板之间的接缝应切出宽3mm、深4mm的接缝槽，并灌入填缝材料；⑦待混凝土达到强度后，方可开放交通。

（二）路面加铺技术

1.选择加铺方式

在旧水泥混凝土路面上，加铺的水泥混凝土路面面层有接合式、分离式及直接式三种。加铺方式应根据原有路面的损坏情况、接缝类型和布置，以及原路面的路拱坡度和加铺路面的路拱坡度等条件来选择。当加铺层与原有路面坡度基本一致时，可采用接合式或直接式加铺；当原有路面结构损坏严重、板块裂缝多、不易修复，或原有路面接缝不合理、新旧路面坡度不一致时，应采用分离式加铺层。

（1）接合式加铺层作业时，首先对原路面进行凿毛并清洗干净，涂以黏结剂，随即浇筑加铺层，使加铺层与旧路面黏结为一个整体，共同发挥结构的整体强度作用。可用等刚度法按接合式进行应力计算与厚度设计。接合式加铺层厚度不小于 10cm。

（2）分离式加铺层是在旧路和加铺层之间设置隔离层，各层混凝土独立地发挥其强度作用。当隔离层为油毡时，其隔离层厚度很小，引起的垂直变形忽略不计，可以直接进行加厚层的应力分析与厚度设计。分离式加铺层厚度不小于 18cm。

（3）直接式加铺层是在清洗干净的原路面上，不涂黏结剂，也不凿毛，直接浇筑水泥混凝土。由于新旧路面之间的摩擦阻力作用，因而具有一定的结构整体性。层间接合能力介于接合式与分离式之间。直接式加铺层厚度不小于 14cm。

2. 选择加铺结构

选择加铺结构时，对大交通量、重载交通道路水泥混凝土路面加铺，应采取连续配筋或钢筋混凝土加铺层。对地面高程受到限制的路面、桥面铺装，可采取钢纤维混凝土加铺层。钢纤维混凝土的弯拉强度为普通混凝土的 1.5 ~ 2.0 倍。钢纤维混凝土加铺层可按普通混凝土加铺层的规定，计算普通混凝土加铺层的厚度，然后取普通混凝土加铺层厚度的0.65 ~ 0.75 倍。

3. 加铺层适用的技术条件

（1）当旧混凝土路面状况评定为"优"时，混凝土路面板块基本完好，板块的平面尺寸和接缝布置合理，新旧路面路拱坡度基本一致，接缝基本对齐。为提高水泥路面的承载能力，宜采用接合式加铺层。加铺层铺筑前应首先对路面的结构性损坏进行修复，对旧混凝土板表面凿毛并仔细清洗路表油污、剥落及接缝中的杂物，重新封缝，并在洁净的混凝土毛面上涂以水泥浆，铺筑水泥混凝土加铺层，宜采用直接式加铺层。

（2）当旧水泥路面状况评定为"良""中"时，路拱坡度基本符合要求，板块的平面尺寸和接缝布置合理，为提高水泥混凝土路面的承载能力，加铺层铺筑前，应先对路面的结构性损坏进行修复，对旧混凝土路面表面仔细清洗，清除旧混凝土表面剥落碎块及接缝中的杂物，并重新封缝。

（3）当旧水泥路面状况为"次"时，或新旧混凝土路面的尺寸不同，或新旧路面路拱坡度不一致，或路面要进行拓宽时，为提高路面通行能力，应采用分离式加铺层。加铺层铺筑前，应对旧路面严重破碎、脱空、裂缝继续发展的板块进行破碎、清除，用混凝土补平。隔离层材料应采用油毡、沥青砂及细粒式沥青混凝土等稳定性较好的材料。隔离层的厚度为 1.5 ~ 2.0cm。

（4）当旧水泥路面状况为"差"时，应将旧水泥路面破碎、灌浆、碾压稳定以作为垫层使用，在垫层上铺筑一层半刚性基层，半刚性基层的最小厚度不小于 15cm，然后再铺筑水泥混凝土加铺层。

4. 加铺前的技术调查

在对旧水泥混凝土路面进行加铺前，应对原有水泥混凝土路面做技术调查，调查的项目有年平均交通量、交通组成及增长率，公路修建与养护的技术资料，原有路面结构、宽度、厚度及路拱情况，原有路面状况的评定，路基的填土高度、地下水位、多年平均最大冻深、排水与积水状况，旧混凝土的弯拉强度与弯拉弹性模量，旧混凝土路面面板的厚度，基层顶面的当量回弹模量。

5. 旧路面的处理

（1）对旧混凝土路面进行调查，分板块逐一编号，绘制病害平面图。

（2）按设计要求对病害面板进行处理。

（3）板底脱空可采用板下封堵的方法进行压浆处理。

（4）板块破碎、角隅断裂、沉陷、掉边、缺角等病害板，必须用破碎机（液压镐）凿除。清除混凝土碎屑后，整平基层，并夯压密实，然后铺筑与旧板块等强度的水泥混凝土，其标高控制与旧板面齐平。

6. 铺筑隔离层

在旧混凝土顶面宜铺筑一层隔离层。

（1）铺筑前应先清除旧面板表面杂物，冲刷尘污，使板面洁净无异物。

（2）用清缝机清除水泥混凝土面板接缝杂物，用灌缝机灌入接缝材料。

（3）在旧混凝土表面撒布黏层沥青。

第一，在封闭交通施工的路段，施工路段长度一般不宜大于 1000m；在半幅通车半幅施工路段，施工路段长度一般不宜大于 300m。

第二，黏层沥青采用热沥青或乳化沥青。沥青用量为 0.4kg/m^2，宜采用快裂洒布型乳化沥青 PC-3、PA-3，乳液中沥青含量不少于 50%，乳化沥青用量为 0.6kg/m^2，撒布过量处，应刮除。

第三，严禁在已撒布或涂刷黏层沥青的面板上通行车辆和行人，并防止土石杂物等散落在沥青上面。

第四，应随隔离层摊铺速度，先行洒布、涂刷黏层沥青，沥青应均匀撒布或涂刷在干燥洁净的旧水泥混凝土面板上，沥青以不流淌为宜。

第五，黏层沥青撒布或涂刷后应紧跟着进行隔离层施工，采用乳化沥青时，摊铺隔离层应在破乳后方可进行。

（4）沥青混凝土隔离层。

第一，沥青混凝土隔离层的材料技术性能、矿料级配和施工工艺应符合相关要求。

第二，沥青混凝土厚度以 1.5～2.5cm 为宜。

第三，摊铺宽度应超过加铺板边缘 25cm，严禁出现空白区。

第四，碾压机械宜采用轮胎压路机，自路边向路中心碾压，边压边找平，至沥青混凝土隔离层平整无轮迹。

（5）土工布隔离层。

第一，在水泥混凝土路面上满铺土工布，边铺边用木棍推压整平。

第二，在土工布搭接部分涂刷热沥青，土工布纵、横向搭接宽度为 2cm。

第三，铺好的土工布隔离层，严禁非施工车辆和行人通行，以避免人为损坏，同时要保持土工布隔离层洁净无污染。

（6）沥青油毡隔离层。

第一，在水泥混凝土路面上满铺沥青油毡，采用不低于 350 号的石油沥青纸胎油毡，应符合国家标准。

第二，油毡应纵向摊铺，沥青油毡纵、横向搭接宽度为 20cm。如果摊铺二毡二油，则每层油毡的搭接位置应错开，在沥青油毡搭接部分涂刷热沥青，摊铺时边铺边用滚筒碾平压实，务必使毡油紧贴。

第三，铺好的沥青油毡隔离层，严禁车辆和行人通行，并保持洁净，发现损坏及时修整。

7. 计算加铺层厚度

水泥混凝土加铺层厚度应通过计算确定，且不小于 18cm。

（1）水泥混凝土加铺层半幅施工时模板应采用钢模板，中模以角钢为宜，必须支立稳固，其平面位置与高度应符合设计要求。

（2）安装模板宜采取由边模固定中模的方法。边模由钢钎固定，中模每间隔 1m 用膨胀螺丝将模板外侧底部预先定位固定，中、边模之间采用横跨两模板的活动卡梁辅助固定。活动卡梁间距不大于 2m，并随铺筑进度相应装拆推移。

（3）混凝土配合比设计，混合料搅拌、运输、摊铺、振捣、整平、接缝设置、表面修整、养护、锯缝、填缝等工艺应符合公路水泥混凝土路面有关施工规范的规定。

（4）加铺层时，新、旧混凝土面板应尽可能对缝；模板拆除时，必须做好锯缝位置的标记。

8. 钢纤维加铺层

钢纤维混凝土加铺层适用于路面标高受到限制的路段。

（1）钢纤维混凝土加铺层与普通混凝土加铺层的形式相同，也分为接合式、直接式、分离式。钢纤维混凝土加铺层除纤维混凝土施工工艺外，与普通混凝土加铺层的施工前准备工作、对旧面板的处理、立模等基本相同。

（2）钢纤维混凝土路面板厚应通过结构设计确定，也可取普通混凝土路面板厚度的 0.65 倍，接合式加铺层厚度不小于 5cm，直接式加铺层厚度不小于 12cm，分离式加铺层厚度不小于 14cm。

（3）钢纤维用量按占混凝土的体积百分率计，钢纤维体积率为 1.27%。钢纤维混凝土拌和物的配合比及混合料搅拌、摊铺、振捣、整平、养护等，均应符合公路水泥混凝土路面有关施工规范的规定。

（4）接合式或直接式加铺层的接缝应与原路面相对应。分离式加铺层可不受老路面限制，横向纵缝间距可为 15m，纵、横向施工缝及胀缝的设置与普通混凝土路面相同，全幅摊铺的路面可不设纵缝，拆模时必须做好锯缝标记。

（5）进行钢纤维混凝土配合比设计时，首先计算配制强度，确定钢纤维体积率及水灰比、单位用水量、单位水泥用量及含砂率，然后采用绝对体积法计算粗细集料的用量，最后计算钢纤维用量。

（6）钢纤维一次性直接投入搅拌机易出现结团现象，为使钢纤维充分分散，国外常将钢纤维通过分散机后再进入搅拌机。常用的钢纤维分散机有振动式、摇拨式、筛筒旋转式和离心式四种类型，机器功率多为 0.75～1.0kW，分散力一般为 20～60kg/min。因使用分散机使钢纤维水泥混凝土搅拌时间延长 3～6 分钟，影响工程进度，常在施工时于料斗入口处设置振动筛。

（7）当干燥的水泥堆在纤维上部时，水泥会渗进纤维骨架内进入搅拌机，一经搅拌易形成内包干燥水泥的钢纤维球。为防止钢纤维结团，需采取分级投料、先干后湿的工艺，即按如下顺序进料：投放瓜子片—1/4 钢纤维—1/2 砂—水泥—1/2 砂—1/4 钢纤维—1/2 碎石—1/4 钢纤维—1/2 碎石—1/4 钢纤维。混合料需先干拌 1 分钟，然后加水湿拌 2 分钟。

（8）使用插入式振捣器对钢纤维进行振捣时，有可能使钢纤维向振动着的振动棒聚集，产生集束效应，为确保钢纤维的二维分布，宜使用平板振捣器振捣成型。为保证边角混凝土密实，振捣棒可沿路线纵向斜向拖动。

（9）钢纤维混凝土宜采用真空吸水工艺机械抹平，阻止纤维外露。采用刻槽机刻槽工艺可避免压纹或拉毛产生的平整度差和纤维外露的现象。

（10）钢纤维混凝土收缩性小、抗裂性好，有条件封闭交通的施工路段，采用混凝土摊铺机可做成整幅式，不设纵缝。钢纤维混凝土养护到设计强度的 50% 后方可对旧混凝土路面缩缝，每隔 15m 切一道缩缝。缝深为 1/4～1/3 方，清缝后灌入接缝材料。

9. 连续配筋混凝土加铺层

连续配筋混凝土加铺层适用于高速公路。

（1）连续配筋混凝土加铺层的厚度设计方法与普通混凝土路面相同，其所用材料应符合有关施工技术规范的要求。

（2）纵向、横向钢筋应采用螺纹钢筋。纵向钢筋配筋率由计算确定，一般控制在 0.5%～0.7%。横向钢筋用量可取纵向钢筋用量的 1/8～1/5。

（3）钢筋布置应符合下列要求。

第一，纵向钢筋间距不小于10cm且不大于25cm。

第二，横向钢筋间距不大于80cm。

第三，纵向钢筋焊接长度不小于50cm，或不小于钢筋直径的30倍，焊接位置相互错开，不应在一个断面上重叠。

第四，纵向钢筋应设在面板厚度的1/2处，横向钢筋位于纵向钢筋之下，横向钢筋下设梯形混凝土支撑垫块。

第五，边缘钢筋至板边的距离一般为10～15cm。

（4）纵向钢筋的焊接应采用闪光对焊或电弧焊，焊接的接头形式、焊接工艺和质量验收应符合现行有关施工技术规范的要求。

（5）连续配筋混凝土加铺层的施工必须连续作业，搅拌与运输各个环节应严格控制水量，运输宜采用自卸汽车。

（6）摊铺前应在基层表面洒水，摊铺顺序应严格安排，前后各道工序应紧密衔接，避免高温施工。一般宜采用摊铺机，如采用人工摊铺时应注意防止扰动钢筋的正确位置。每段施工中不得有接缝，若摊铺因故中断，则需设置平缝形式的施工缝，纵向钢筋仍应保持连续，并穿过接缝增设拉杆。

（7）端部处理。在与其他路面或桥梁、涵洞等构造物连接处，必须进行端部处理。可根据实际情况连续设置三道胀缝或三道矩形锚固梁。当采用地梁锚固时，锚固段按设计的结构尺寸开挖地槽，应不扰动两侧基层（垫层）和地基；当采用灌注桩锚固时，桩顶应与混凝土连成整体；当采用宽翼缘工字钢端部接缝时，应确保搁置在枕垫板上的连续配筋混凝土路面板端部可自由滑动，其与工字钢连接的部位以胀缝料充填。

（8）接缝设置。

第一，一次铺筑宽度为4.5m时，应增设纵向缩缝。纵缝不另设拉杆，由一侧板的横向钢筋延伸，并穿过纵缝代替拉杆。

第二，施工缝可采用平缝，纵向钢筋应保持连续，穿过接缝。

第三，胀缝构造与普通混凝土路面相同。

10. 钢筋混凝土加铺层

钢筋混凝土加铺层适用于一般路段。

（1）钢筋混凝土板厚按普通混凝土板规定进行设计。

（2）纵、横向钢筋宜采用相同的直径。

（3）钢筋的搭接长度宜大于直径的25倍，钢筋应设在板面下1/3～1/2板厚范围内，外侧钢筋中心距接缝或自由边的距离为10～15m，钢筋保护层的最小厚度不小于5cm。

（4）横向缩缝间距宜为10m，并应设传力杆。纵缝、胀缝和施工缝的设置与普通混凝土路面相同。

11. 直接式加铺层的施工注意事项

直接式加铺层施工需清除旧面板表面积物，冲刷尘污，使板面洁净无异物。直接式加铺层厚度应通过计算确定，且不小于 14cm。

（1）采用直接式加铺层的路段，其板面应基本完好、平整。旧混凝土面板局部裂缝处应采用钢筋网片补强，钢筋网片覆盖于裂缝之上，超过裂缝不小于 50cm，网片距板底面 5cm。

（2）水泥混凝土路面施工按照公路水泥混凝土路面有关施工规范执行。

（三）路面加宽技术

加宽部位的路基填筑应符合设计要求，路基顶面应与原路基顶面齐平，施工质量应符合现行路基施工技术规范的要求。

1. 土基加宽

土基加宽时应先将原边坡坡脚或边沟清淤。

（1）必须铲除边坡杂草、树根和浮土，并按规定处理。

（2）应分层填筑压实土基。

（3）必须处理好新旧路基的衔接，在新旧路基交界处，路基与基层界面上铺设一层土工格栅。

（4）加宽路基时，应同时做好路基排水系统。

2. 路面基层加宽

路面基层拓宽时，新加宽的基层强度不得低于原有水泥混凝土路面的基层强度，宜采用相错搭接法。

3. 混凝土路面加宽

混凝土路面加宽应符合下列要求。

（1）双侧加宽。如原路基较宽，路面加宽后路肩宽度大于 75cm 时，可以直接加宽并碾压密实，做 1cm 下封层，设置拉杆，浇筑混凝土板；如路基较窄不具备加宽路面条件的路段，应先加宽路基。如果施工机械和操作方法能保证路基加宽部分达到规定密实度，即可加宽路面，否则应待路基压实稳定后，再加宽路面。

（2）可结合加宽增加、完善路基路面排水系统。

（3）受线形和地形限制时，可采用单侧加宽。

（4）采用与原路面基层结构相同的材料铺筑路面基层。基层厚度大于 20cm 时，可采用相错搭接法进行。先用切割机距基层边缘 30cm、沿路线纵向切割 1/2 的基层厚度，用风镐凿除 30cm 范围内的 1/2 基层厚度，分层摊铺压实路面基层，新加宽的基层强度不得低于原有水泥路面的基层强度。

（5）在平曲线处，均应按规定设置超高、加宽，原来漏设的，也应结合加宽补设。

（6）加宽的混凝土面板的强度、厚度、路拱、横缝均宜与原混凝土面板相同。板块长宽比应为 1.2 ~ 1.3。

（7）路面板加宽应按下列方法增设拉杆。

第一，在面板外侧每间隔 60cm，在 1/2 板厚处打一深 30cm、直径 18mm 的水平孔。

第二，清除孔内混凝土碎屑。

第三，向孔内压入高强砂浆。

第四，插入 44mm、长 60cm 的螺纹钢筋。

第三节　公路工程路面施工的质量管理

公路路基是公路工程的基础部分，应根据公路要求的功能、公路等级和交通量等，结合沿线地形、地质及路用材料等自然条件进行设计，保证其具有足够的强度、稳定性和耐久性，能承受行车的反复荷载作用和抗御自然因素的影响。为保证各类型路面基层的施工质量，对路面基层材料的强度形成机理和特点、相关技术性能要求，必须进行全面掌握，正确地选择适用于不同条件的路面基层，进行合理的施工。

一、公路工程路面基层施工的基本形式

常用公路工程的基层形式可分为石灰稳定类基层、水泥稳定类基层、石灰工业废渣基层、沥青稳定土基层和粒料类基层等；其中石灰稳定类基层、水泥稳定类基层和石灰工业废渣基层又称为半刚性基层。半刚性基层的主要特点是整体性强、承载力高、刚度较大、水稳性好、原料丰富、经济性强。

（一）石灰稳定类基层

在粉碎的或原来松散的土中（包括各种粗粒土、中粒土和细粒土），掺加足够数量的石灰和水，通过充分拌和得到的混合料经摊铺压实及养生后，当其抗压强度或耐久性符合规定要求时，称为石灰稳定类基层。

用石灰稳定细粒土而得到的混合料，简称为石灰稳定土。用石灰稳定粗粒土或中粒土得到的混合料，根据所用的原材料而定，原材料为天然砂砾土时，简称为石灰砂砾土；原材料为天然碎石土时，简称为石灰碎石土。

另外，仅掺加少量的石灰改善各种土的塑性指数或提高土的强度，而达不到石灰稳定土规定的强度时，这种混合料称为石灰改善土。

（二）水泥稳定类基层

在粉碎的或原来松散的土中（包括各种粗粒土、中粒土和细粒土），掺加足够数量的水泥和水，通过充分拌和得到的混合料经摊铺压实及养生后，当其抗压强度或耐久性符合规定要求时，称为水泥稳定类基层。

用水泥稳定砂性土、粉性土和黏性土得到的混合料，简称为水泥稳定土；用水泥稳定砂得到的混合料，简称为水泥稳定砂；用水泥稳定粗粒土或中粒土得到的混合料，根据所用原材料，可简称为水泥稳定碎石、水泥稳定砂砾等。在稳定各种土时，常根据基层的设计强度和耐久性等要求，以及地方材料的供应情况，同时用水泥和石灰、水泥和粉煤灰稳定某种土得到的混合料，简称为综合稳定类基层。

另外，仅掺加少量的水泥改善各种土的塑性指数或提高土的强度，而达不到水泥稳定土规定的强度时，这种混合料称为水泥改善土。

（三）石灰工业废渣基层

工业废渣是指工业生产过程中排放的固体废物，主要包括粉煤灰、炉渣、煤渣、高炉矿渣、钢渣、镁渣、煤矸石和其他粉状废渣。用一定比例的石灰与这些废渣中的一种或两种经加水拌和、压实及养生后得到的强度和耐久性都有很大提高，并符合现行规范的要求时，称为石灰工业废渣稳定土，简称为石灰工业废渣。

石灰工业废渣材料可分为两大类：石灰粉煤灰类和石灰其他废渣类。同时用石灰和粉煤灰稳定细粒土（含砂）得到的混合料，简称为二灰土，这是我国公路基层施工中常用的混合料。同时用石灰和粉煤灰稳定级配砂砾和级配碎石时，分别简称为二灰砂砾和二灰碎石。

（四）沥青稳定土基层

将土粉碎，用沥青（液体石油沥青、煤沥青、乳化沥青、沥青膏浆等）为结合料，使其与土拌和均匀，摊铺平整并碾压密实而形成的基层，称为沥青稳定土基层。

沥青在稳定土中起两方面的作用：一是包裹在土粒表面，保护土粒不受水的危害；二是提高黏结力，把土粒黏结在一起。前者作用主要发生在对水敏感的黏性土中，沥青被吸附在土颗粒的表面，阻碍了水分同土粒直接接触，还填充了土中部分孔隙，堵塞水分流动的通路，因而，采用沥青稳定土可降低土的吸水能力，从而提高了土的水稳定性。后者作用则是可提高混合料的强度，它在无黏性的粒料土中占主导地位。

（五）粒料类基层

粒料类基层根据强度构成可划分为嵌锁型与级配型。嵌锁型包括泥结碎石、泥灰结碎石、填隙碎石等，级配型主要包括级配碎石、级配砾石、符合级配的天然砂砾，部分砾石经轧制掺配而成的级配碎石、砾石等。国外有些高等级公路用级配碎石或级配砾石修筑基层或底基层，级配碎石也可用作沥青面层与半刚性基层之间的联结层。

二、公路工程路面基层材料的适用范围

　　我国路面所用的基层材料已走向规格化和定型化，同时路面基层的设计和施工也更具科学性，这是公路和路面等级以及交通发展到一定水平的必然结果。我国常用的基层材料包括六类，即水泥稳定土、石灰稳定土、石灰工业废渣稳定土、级配碎石、级配砾石或级配砂砾、填隙碎石，而且在同一类材料中有的还包括几种不同形式或"亚类"。如在水泥稳定土类中，有水泥土、水泥稳定（土）亚类，而且粒料（土）的颗粒组成范围相当宽。显然，这六类基层材料和不同的亚类材料做路面基层时不会具有同等的结构功能。换言之，这些不同基层材料并不是可以不加选择地用到任何等级道路上去的，它们具有各自适用的场合和条件。

（一）水泥稳定土

　　由于可被水泥稳定的土范围相当广泛，同时水泥剂量越多，水泥稳定土混合料的强度越高。因此，水泥稳定土的强度可以在大范围内进行调整，以适应不同等级道路以及不同路面结构层位对材料的强度要求。例如，水泥稳定土的 7 天龄期无侧限抗压强度可以低到小于 1MPa，也可以超过 10MPa。因此，单纯从强度而言，水泥稳定土可以适用做各种等级道路路面的基层。但是，考虑不同水泥稳定土的干缩性能、温缩性能、抗冲刷性能等因素后，对于不同等级道路的路面以及对于不同的路面结构层位，应该选用技术经济都最合适的材料。如稳定细粒土，特别是稳定各种砂性土、粉性土和黏性土，不应直接用作高级路面的基层，而只应用作底基层。

　　作为高等级道路上的基层，不单应选用稳定粒料，而且粒料的级配应符合基层施工规范中规定的集料级配范围或者级配碎石基层或级配砾石基层的集料级配范围，以改善水泥稳定粒料基层的干缩和温缩性以及提高其抗冲刷能力。对于其他等级道路上的路面基层，则可以选用基层施工规范中水泥稳定土基层颗粒组成范围内的任何当地材料进行稳定。

（二）石灰稳定土

　　石灰稳定土的强度较水泥稳定土的强度低得多。例如，良好石灰土的 7 天龄期无侧限抗压强度只有 0.8～1.0MPa，3 个月龄期无侧限抗压强度仅 2.0～2.5MPa，间接抗拉强度只有 0.19MPa。此外，石灰土的强度没有大的可调整范围。但是，石灰稳定土基层有很大的刚性和荷载分布能力，它仅略次于水泥稳定土基层，仍是一种较好的路面基层和底基层材料。它虽然可用作各种路面的基层和底基层，但将它用到高等级道路上时却要引起特别注意。即使是石灰土稳定良好的级配碎石，用于高等级道路时也应进行试验后确定，其主要原因是这种材料的抗拉强度较低和抗冲刷能力较差，收缩性也较大。石灰土不应直接用作高级路面的基层，而只应做底基层。

　　作为高级路面的基层，不但应选用石灰稳定粒料土或石灰土稳定材料，而且粒料的比例应该为 80%～85%。同时，其级配应符合基层施工规范中规定的级配范围。由于石灰土的冰冻稳定性较差以及在过分潮湿情况下难以成型和强度发展较慢，在冰冻的潮湿和过分潮湿路段以及其他地区的过分潮湿路段,不宜采用石灰土做基层。在只能采用石灰土时,应该采取措施防止水分浸入大理石灰土层。

(三)石灰工业废渣稳定土

石灰工业废渣稳定土中具有普遍意义的主要材料是石灰粉煤灰稳定类,它包括石灰粉煤灰细粒土(如石灰粉煤灰、石灰粉煤灰土、石灰粉煤灰砂等)、石灰粉煤灰中粒土和粗粒土(如石灰粉煤灰砂砾或砂砾土、石灰粉煤碎石、石灰粉煤灰矿渣以及石灰粉煤灰其他粒料)。后两者也简称石灰粉煤灰粒料或二灰粒料。就石灰粉煤灰土或二灰土而言,其强度随三个组成部分的配合比而变。但在原材料不变及压实度相同的情况下,其 7 天龄期的无侧限抗压强度变化不大。

当使用质量好的粉煤灰时,二灰砂砾和二灰碎石的 3 个月龄期的强度大致相当于水泥砂砾和水泥碎石的强度;二灰矿渣(铁渣)3 个月龄期的强度,特别是其抗拉强度甚至可超过水泥碎石的强度,因此,二灰粒料与水泥砂砾或水泥碎石一样可用作高等级道路上路面的基层。但是,作为高等级道路上路面的基层,宜采用粒料占80%以上的二灰粒料混合料,同时粒料应具有良好的级配,且其中 0.075mm 以下的颗粒含量应接近于 0,以减小二灰粒料基层的收缩性并增强其抗冲刷性能。二灰粒料可用作各种等级道路上路面的基层。

(四)级配碎石

级配碎石是不用结合料的基层材料中最好的一种材料。很多国家采用加州承载比(CBR)作为检验基层材料是否合适的技术指标时,对级配碎石通常不提 CBR 的要求,也不进行 CBR 试验。这是因为,当级配碎石的组成符合规定的级配范围及塑性指数小于规定的限值时,其 CBR 值完全满足要求。在用抗剪强度作为路面设计的技术指标之一时,也认为级配碎石是一种免检材料。

级配碎石实际上可用在各种等级路面的基层。但是,在重交通(指交通量大和重车比例多)的高等级道路上用作沥青路面的基层而基层下又无半刚性材料层时,其上往往需要铺筑厚层沥青面层。例如,国外高等级道路(重交通)采用级配碎石做基层时,沥青面层的厚度一般为 22 ~ 30cm。日本的第一条高速公路名神高速公路采用级配碎石基层和 10cm 厚沥青混凝土面层。但该路面使用不到 10 年,不少路段上的沥青路面就开始破坏。他们总结得出的原因之一就是级配碎石作为高速公路的基层强度不够。因此,日本后来建设的一些高速公路上,当采用级配碎石基层时,基层上沥青材料的厚度为 25 ~ 28cm。实际上,是把级配碎石层作为底基层看待。

在一些国家的重交通等级道路上,常采用级配碎石作为半刚性基层与沥青面层间的隔离层或应力消减层。在这种情况下,级配碎石层上的沥青面层可大大减薄,直到仅厚5 ~ 10cm。在石灰丰富的地区,采用级配碎石基层往往是比较经济的。在潮湿多雨地区,采用级配碎石基层更具有优势，因为施工过程中降雨对其性质的影响很小。目前，至少在二级以下的公路上采用级配碎石基层时不需要厚沥青面层，可以采用与半刚性基层上相同厚度的沥青面层。

（五）级配砾石或级配砂砾

承载比、级配、塑性指数或塑性指数与 0.5mm 以下颗粒含量的乘积都满足规定要求的级配砾石，如用作薄沥青面层下的基层时，它只能用在轻交通道路上。在某些国家的公路上也有采用级配砾石做沥青路面中的基层（或实际上的底基层）的，但此时其上沥青材料层的总厚度常在 25~30cm。只是在级配碎石层很厚（60~80cm）的情况下或级配砾石层下有无机料处置层时，其上沥青材料层的厚度才稍薄（18~24cm）。

在实际生产中，可用少量石灰或水泥改善级配砾石的塑性指数或强度，使其符合规定的基层材料的技术要求。这种改善材料的应用范围与级配砾石相同。

（六）填隙碎石

填隙碎石也是一种不用结合料的良好的基层材料，它的力学性质接近于级配碎石，优于级配砾石。干法施工的填隙碎石在国外（如英国、印度等）的施工规范中称干结碎石，湿法施工的填隙碎石在国外的施工规范中称水结碎石。

在二级以下的公路上，填隙碎石也可以用作各种路面的基层。填隙碎石也可以用作应力消减层。干法施工的填隙碎石特别适宜于干旱地区，因为它可以不要用水。

三、公路工程路面施工材料的质量控制

道路路面基层（底基层）施工质量管理与检查，主要包括所用材料的标准试验、施工过程中的质量管理和检查、路面基层（底基层）结构外形尺寸检查控制等方面的内容。

（一）原材料的质量控制

在组织基层现场施工前及在施工过程中，用于路基的原材料（包括土）或混合料发生变化时，必须对拟采用的材料进行规定的基本性质试验，评定所用材料的质量和性能是否符合要求。对于用作底基层和基层的原材料，应进行表 5-1 中所列的试验[①]。

表 5-1　底基层和基层原材料的试验项目

试验项目	材料名称	试验目的	试验频率	仪器和试验方法
含水量	土、砂砾、碎石等集料	确定原始含水量	每天使用前测 2 个样品	烘干法、酒精燃烧法、含水量快速测定仪

---

① 本书图表均来自李继业，贾雍，张平．公路工程材料检测和施工质量控制 [M]．北京：化学工业出版社，2015（3）：232．

颗粒分析	砂砾、碎石等集料	确定级配是否符合要求，确定材料配比	每种土使用前测2个样品，使用过程中每2000m³测2个样品	筛分法
液限、塑限	土、级配砾石中0.5mm以下的细土	求得塑性指数，审定是否符合规定	每种土使用前测2个样品，使用过程中每2000m³测2个样品	液限塑限联合测定法测液限，滚搓法塑限试验测塑限
相对毛体积密度、吸水率	砂砾、碎石等	评定粒料的质量，计算固体的体积率	使用前测2个样品，砂砾使用过程中每2000m³测2个样品，碎石种类变化重做2个样品	网篮法或容积1000L以上的比重瓶法
压碎值	砂砾、碎石等	评定石料的抗压碎能力是否符合要求	使用前测2个样品，砂砾使用过程中每2000m³测2个样品，碎石种类变化重做2个样品	集料压碎值试验
有机质和硫酸盐含量	土	确定土是否适宜于用石灰或水泥稳定	对土中有机质和硫酸盐含量有怀疑时做此试验	有机质含量试验、易溶盐试验
有效钙、氧化镁	石灰	确定石灰的质量是符合要求	做材料组成设计和生产使用时分别测2个样品以后每日测2个样品	石灰化学分析试验
水泥强度等级和终凝时间	水泥	确定水泥的质量是否符合要求	做材料组成设计时测1个样品，料源或强度等级变化时重测	水泥胶砂强度检验方法，水泥凝结时间检验方法
烧失量	粉煤灰	确定粉煤灰质量	做材料组成设计前测2个样品	烧失量试验

（二）混合料的质量控制

对于初步确定使用的底基层和基层混合料，包括掺配后不用结合料稳定的材料，应按表5-2中规定项目进行试验。

表5-2　底基层和基层混合料的试验项目

试验项目	试验目的
重型击实试验	求混合料最佳含水量和最大干密度，以确定工地碾压时的合适含水量和应当达到的最小干密度，确定制备强度试验和耐久性试验的试件所应当用的含水量和干密度；确定制备承载比试件的材料含水量

续表

承载比	求工地预期干密度下的承载比，确定材料是否适宜做基层或底基层
抗压强度	进行材料组成设计，选定最适宜于用水泥或石灰稳定的土（包括粒料）；规定施工中所用的结合料剂量；为工地提供评定施工质量的标准
延迟时间	对已定水泥剂量的混合料，确定延迟时间对混合料密度和抗压强度的影响，并据此确定施工允许的延迟时间

第六章　公路工程的造价原理与定额分析

随着施工市场环境的变化，公路工程建设市场的竞争日益激烈。同时，随着我国造价管理体制改革的推进，运用全过程造价管理理论对公路工程这一国有资金投资项目进行系统的造价管理，达到造价合理化的目标也是大势所趋。基于此，本章主要探索工程造价的原理与管理、公路工程的计价依据、公路工程的定额分析。

第一节　工程造价的原理与管理

一、工程造价的原理

（一）工程造价的基本内涵

工程造价通常是指工程的建造价格。根据所站角度的不同，工程造价有不同内涵。

一方面，工程造价是指一个建设项目从立项开始到建成交付使用预期花费或实际花费的全部费用。我国建设工程造价由建筑安装工程费、设备和工器具购置费、工程建设其他费及预备费等组成。另一方面，工程造价是指工程价格，即为建成一项工程，预计或实际在土地市场、设备材料市场、技术劳务市场及承包市场等交易活动中所形成的建筑安装工程的价格和建设工程总价格。通常把工程造价的第二种内涵认定为工程承发包价格。承发包价格是工程造价中一种重要的，也是最典型的价格形式，它是在建筑市场通过招投标，由需求主体（投资者）和供给主体（建筑商）共同认可的价格。

主体不同，工程造价的内涵有所不同。对建设工程的投资者来说，面对市场经济条件下的工程造价就是项目投资，是购买项目要付出的价格，同时也是投资者在作为市场供给主体出售项目时定价的基础。对于承包人、供应商和规划、设计等单位来说，工程造价是他们作为市场供给主体出售商品和劳务的价格总和，或特定范围的工程造价，如建筑安装工程造价。

（二）公路工程造价的构成

公路工程造价是指建设一条公路、一座独立大桥或隧道，使其达到设计要求所花费的全部费用。公路工程造价由建筑安装工程费用、设备和工器具购置费用、工程建设其他费用、预备费用等组成。

1. 建筑安装工程费用

建筑安装工程费用主要包括以下方面。

（1）路基的特殊地基处理、土方工程、排水工程和防护工程等建筑工程费用。

（2）桥涵工程的基础、下部结构、上部结构和附属设施等建筑安装工程费用。

（3）隧道工程的洞口、洞身、附属设施等建筑安装工程费用。

（4）路面的垫层、基层、面层等建筑安装工程费用。

（5）公路交工前的养护费用。

（6）公路沿线设施的建筑安装工程费用。

2. 设备和工程器具购置费用

设备和工程器具购置费用的计算应根据设计规格、数量清单，在可行性研究报告、初步设计、技术设计和施工图设计阶段做好规划。需要安装的设备，如发电机组，应在建筑安装工程费用的有关项目内计算。

3. 工程建设其他费用

工程建设其他费用是指从工程筹建开始到工程交付使用为止的整个建设期间，除建筑安装工程费用与设备和工程器具购置费用以外，为保证工程建设顺利完成和交付使用后能正常发挥效用而发生的各项费用，按其内容可分为三类。

（1）土地使用费。

（2）与工程建设有关的其他费用。

（3）与未来企业生产经营有关的其他费用。

4. 预备费用

预备费包括基本预备费和价差预备费。

（1）基本预备费是指在初步设计和概算中难以预料的工程费用。

（2）价差预备费是指设计文件编制年至工程竣工年期间，第一部分建安费用的人工费、材料费、机械使用费、其他工程费、间接费等以及第二、第三部分费用由于政策、价格变化可能发生上浮而预留的费用及外资贷款汇率变动部分的费用。

二、工程造价的管理

（一）工程造价管理的内涵

工程造价管理是指为了实现工程造价管理目标而对工程造价的工作过程进行的计划与预测、组织与指挥、监督与控制、教育与激励、挖潜与创新的综合性活动的总称。通过工程造价管理，能够合理地确定工程造价并有效控制工程造价，以提高投资效益和施工企业的经营效果。工程造价管理包含工程投资费用管理和工程价格管理两方面内容。

工程投资费用管理是指为实现投资目标，在拟定的规划、设计方案的条件下，预测、确定和监控工程造价及其变动的系统活动，它属于投资管理范畴。

工程价格管理属于价格管理范畴。价格管理分为两个层次，即宏观层次和微观层次。在宏观层次上，价格管理是指政府根据社会经济发展的要求，利用法律、经济和行政手段对价格进行管理和调控，以及通过市场管理规范市场主体价格行为的系统活动；在微观层次上，价格管理是指生产企业在掌握市场价格信息的基础上，为实现管理目标而进行的成本控制、计价和竞价活动。

（二）工程造价管理的目标

工程造价管理的目标是按照经济规律的要求，根据经济的发展形势，利用科学的管理方法和先进的管理手段，合理地确定工程造价和有效控制工程造价，以提高投资效益和建筑安装企业的经营效果。

（三）工程造价管理的任务

"公路建设需要合理确定工程造价，提高投资效益。"[1] 工程造价管理的任务是加强工程造价的全过程动态管理，强化工程造价的约束机制，维护有关各方的经济利益，规范价格行为，促进微观效益和宏观效益的统一。

（四）工程造价管理的内容

工程造价管理的内容就是合理确定工程造价和有效控制工程造价。

1.合理确定工程造价

合理确定工程造价就是在工程建设各个阶段采用科学的计算方法和切合实际的计价依据，合理地确定投资估算、设计概算、施工图预算、承包合同价、结算价、竣工决算价。具体来说，包含以下方面。

（1）在项目建议书阶段，按照有关规定，应编制投资估算，经有关部门批准，作为拟建项目列入国家中长期计划，开展前期工作的控制造价。

（2）在可行性研究报告阶段，按照有关规定编制的投资估算，经有关部门批准，即为该项目国家计划控制造价。

（3）在初步设计阶段，按照有关规定编制的初步设计总概算，经有关部门批准，即为控制拟建项目工程造价的最高限额。

（4）在施工图设计阶段，按规定编制施工图预算，用以核实施工图阶段造价是否超过批准的初步设计概算。经承发包双方共同确认、有关部门审查通过的预算，即为结算工程

① 何建云.公路建设工程造价控制的新思路[J].建筑经济，2009（5）：105.

价款的依据。

（5）对于以施工图预算为基础招标投标的工程，承包合同价也是以经济合同形式确定的建筑安装工程造价。

（6）在工程实施阶段要按照承包方实际完成的工程量，以合同价为基础，同时考虑因物价上涨所引起的造价提高以及在设计中难以预计而在实施阶段实际发生的工程费用，合理确定结算价。

（7）在竣工验收阶段，全面汇集在工程建设过程中实际花费的全部费用，编制竣工决算，如实体现该建设工程的实际造价。

2.有效控制工程造价

工程造价的有效控制，就是在优化建设方案、设计方案的基础上，在投资决策阶段、设计阶段以及建设项目发包阶段和建设实施阶段，采用一定的方法和措施把建设工程造价控制在合理的范围和批准的造价限额以内，随时纠正发生的偏差，以保证项目管理目标的实现，从而在各个建设环节合理地使用人力、物力、财力，取得较好的投资效益和社会效益。

（1）建设工程造价控制目标。造价控制的目标是一个有机联系的整体，各阶段目标相互制约、相互补充，前者控制后者，后者补充前者，共同组成工程造价控制的目标系统。目标既要有先进性，又要有实现的可能性。目标水平要能激发执行者的进取心，并充分发挥他们的工作能力，既不能太低，也不能太高。

工程项目建设过程是一个周期长、数量大的生产消费过程，建设者在一定时间内占有的经验知识是有限的，不但受科学条件和技术条件的限制，而且受客观过程的发展及其表现程度的限制，因而不可能在工程项目刚开始就设置一个科学、固定的造价控制目标，只能设置一个大致的造价控制目标，这就是投资估算。

随着工程建设实践、认识、再实践、再认识，投资控制目标进一步清晰、准确，这就是设计概算、施工图预算、承包合同价和工程结算价等。也就是说，建设工程造价控制目标的设置应随着工程项目建设实践的不断深入而分阶段进行。具体来讲，投资估算应是设计方案选择和进行初步设计的建设工程造价控制的目标；设计概算应是进行技术设计和施工图设计的工程造价控制的目标；施工图预算或建安工程承包合同价则应是施工阶段控制建安工程造价的目标。

（2）建设全过程造价控制。工程造价控制贯穿项目建设全过程，必须突出重点。工程造价控制的关键在于施工前的投资决策和设计阶段，在项目作出投资决策后，控制工程造价的关键就在于设计阶段。要有效控制建设工程造价，就要把控制重点放在建设前期阶段上来，要抓住设计这个关键阶段，做到未雨绸缪，以取得事半功倍的效果。

在满足公路建设项目设计方案应有的公路技术等级标准及使用功能的前提下，可以运用价值工程分析方法通过对路线方案的调整、限额设计、标准化设计等措施来达到控制和降低工程造价的目的。

（3）主动控制。造价工程师在项目建设时的基本任务是对建设项目的建设工期、工程造价和工程质量进行有效的控制。为此，应根据业主的要求及建设的客观条件进行综合研究，实事求是地确定切合实际的衡量准则。

长期以来，人们一直把控制理解为目标值与实际值的比较，当实际值偏离目标值时，分析其产生偏差的原因，并确定下一步的对策。在工程项目建设全过程进行这样的工程造价控制是有用的。但问题在于，这种控制方法是被动控制，只能发现偏离，而不能预防可能发生的偏离。因此，人们将主动控制引入造价管理，实现了立足于事前，主动地采取决策措施的目标，尽可能地减少甚至避免目标值与实际值偏离的转变。也就是说，工程造价控制不仅要反映投资决策，反映设计、发包和施工，被动地控制工程造价，更要能影响投资决策，影响设计、发包和施工，主动地控制工程造价。

（4）技术与经济相结合。要有效地控制工程造价，应从组织、技术、经济、合同与信息管理等多方面采取措施。

从组织上采取的措施，包括明确项目组织结构，明确造价控制者及其任务以使造价控制有专人负责，明确管理职能分工。

从技术上采取措施，包括重视设计多方案选择，严格审查监督初步设计、技术设计、施工图设计、施工组织设计，深入技术领域研究节约投资的可能。

从经济上采取措施，包括动态地比较造价的计划值和实际值，严格审核各项费用支出，采取对节约投资的有力奖励措施等。

（五）工程造价管理的组织

工程造价管理的组织是指为了实现工程造价管理目标而进行的有效组织活动，以及与造价管理功能相关的有机群体。它是工程造价动态的组织活动过程和相对静态的造价管理部门的统一。具体来讲，主要是指国家、地方、部门和企业之间管理权限和职责范围的划分。

（六）工程造价管理的环节

工程造价管理围绕合理确定和有效控制工程造价这个中心，采取全过程、全方位的管理方针，其主导环节包括以下方面。

第一，可行性研究阶段对建设方案认真优选，编好、定好投资估算，考虑风险，满足投资。从优选择建设项目的承建单位、咨询（监理）单位、设计单位，搞好相应的招标。

第二，合理选定工程的建设标准、设计标准，贯彻国家的建设方针。按估算对初步设计（含应有的施工组织设计）推行限额设计，积极、合理地采用新技术、新工艺、新材料，优化设计方案，编好、定好概算，打足投资。

第三，对设备、主材进行择优采购，抓好相应的招标工作。择优选定建筑安装施工单位、调试单位，抓好相应的招标工作。认真控制施工图设计，推行限额设计。协调好各方面的关系，合理处理配套工作（包括征地、拆迁、城建等）中的经济关系。

第四，用好、管好建设资金，保证资金合理、有效使用，减少资金利息支出和损失。严格进行合同管理，做好工程索赔价款结算。搞好工程的建设管理，确保工程质量、进度和安全。

第五，强化项目法人责任制，落实项目法人对工程造价管理的主体地位，在法人组织内建立与造价紧密结合的经济责任制。社会咨询（监理）机构要为项目法人积极开展工程造价提供全过程、全方位的咨询服务，遵守职业道德，确保服务质量。

第六，各造价管理部门要强化服务意识，强化基础工作（定额、指标、价格、工程量、造价信息等资料）的建设，为建设工程造价的合理确定提供动态的可靠依据。各单位、各部门要组织造价工程师的选拔、培养、培训工作，促进造价人员素质和水平的提高。

第二节 公路工程的计价依据

工程造价计价依据是用以计算工程造价的基本资料的总称，包括工程定额，人工，材料，机械台班及设备单价，工程量清单，工程造价指数，工程量计算规则，政府主管部门发布的有关工程造价的经济法规、政策。根据工程造价计价依据的不同，可分为公路工程定额计价和工程量清单计价。

一、公路工程定额计价

工程定额是指在合理的劳动组织和合理使用材料、机械的条件下，完成一定计量单位的合格建筑产品所消耗资源（人工、材料、机械台班及资金）的数量标准。定额不论其表现形式如何，都是一种规定的额度，是对人、物、资金、时间、空间在质和量上的规定。

（一）公路工程定额的基本特点

公路工程定额具有科学性、系统性、统一性、权威性、稳定性的特点，具体如下。

1. 定额的科学性

定额的科学性首先表现在用科学的态度制定定额，尊重客观实际，力求定额水平合理；其次表现在技术方法上，吸取了科学管理的成就，具有严密的、科学的确定定额的技术方法；最后表现在定额制定和贯彻的一体化。

2. 定额的系统性

定额是一个完整独立的系统，公路工程定额从测定到使用，直至修订都是为全面反映公路工程所有的内容和项目，与公路工程技术标准、规范相配套，完整准确地反映了公路工程施工的每个工艺流程。

3.定额的统一性

公路工程定额依据工程统一标准、规范，在定额总站的统一领导下，按照定额的制定、颁布和贯彻执行，统一行动。定额工作和定额的管理工作有统一的程序、原则、要求、用途。

4.定额的权威性和强制性

定额的强制性是指在规定的范围内，对于定额的使用者和执行者来说，都必须严格按定额的要求和规定执行。定额的权威性非常重要，它可以帮助理顺与建设项目有关的各方面的经济关系和利益。这一特点是对生产消费水平的合理限制，不是降低或提高消费水平，更不是限制和约束生产力的发展，而是最大限度地保证生产力水平的提高。

5.定额的稳定性和时效性

定额所反映的是一定时期内的施工技术和先进工艺的水平，表现出稳定性。一般5～10年是公路工程定额的稳定期。定额的稳定给政府决策和经济的宏观调控以有力的保证。

（二）公路工程定额的类别划分

工程定额的分类方式很多，可以按定额的用途分类，按定额反映的物质消耗内容分类，也可以按照编制单位和执行范围不同分类。

1.按定额用途划分

按定额用途划分，公路工程定额可以分为施工定额、预算定额、概算定额、投资估算指标。

（1）施工定额。施工定额是指施工企业工人在正常的施工条件下，完成单位合格产品的劳动力、材料、机械消耗的数量标准，施工定额反映企业的施工水平、装备水平和管理水平，是施工单位组织生产、编制施工组织设计、进行经济核算的依据。

（2）预算定额。预算定额是在施工定额的基础上，通过一定的计算方法编制出来的，是编制施工图预算的基本依据。在招标承包的情况下，预算定额是计算标底和确定报价的主要依据。

（3）概算定额。概算定额是在预算定额的基础上形成的，是编制初步设计或技术设计概算时，确定工程概算造价的主要依据，是进行设计方案和施工方案经济比较和选择的重要依据，是编制估算指标的基础。

（4）投资估算指标。投资估算指标是在项目建议书和可行性研究阶段，编制投资估算时使用的一种定额，它的主要作用是为项目决策和投资控制提供依据。

2.按物质消耗内容划分

公路工程定额是按实物量法编制的，所有劳动力、材料、机械的消耗量都是定额的主要内容，按物质消耗内容划分，公路工程定额分为劳动消耗定额、材料消耗定额和机械消耗定额。

（1）劳动消耗定额。劳动消耗定额也称为人工定额或劳动定额，是指在正常的生产技术和生产组织条件下，为完成单位合格产品所规定的劳动量消耗标准。

劳动定额的主要表现形式为时间定额或产量定额。时间定额是指在技术条件正常、生产工具使用合理和劳动组织正常的条件下，生产单位合格产品所消耗的时间；产量定额是指在技术条件正常、生产工具使用合理和劳动组织正常的条件下，工人在单位时间内完成合格的数量。

（2）材料消耗定额。材料消耗定额是指在合理使用材料的条件下，生产单位合格产品所需消耗材料的数量标准。它包括材料的净用量和必要的工艺性损耗。材料消耗定额有两种表现形式，即直接性材料消耗定额和周转性材料消耗定额。直接性消耗材料是指直接构成工程实体或在工程施工过程中一次性消耗的材料；周转性材料消耗定额是指周转性材料（模板、脚手架、支撑等）在施工过程中合理周转使用次数的标准。

（3）机械消耗定额。由于我国机械消耗定额是以一台机械一个工作班为单位，所以又称为机械台班定额。机械消耗定额是指在正常施工条件下，合理地组织生产和利用机械完成单位合格产品所需消耗的机械数量标准。

3. 按编制单位和执行范围划分

工程定额按编制单位和执行范围划分，可分为全国统一定额、行业统一定额、地区统一定额、企业定额和补充定额。

（1）全国统一定额。全国统一定额是由国家建设行政主管部门，综合全国工程建设中技术和施工组织管理的情况编制的，并在全国范围内执行的定额。如全国统一安装工程定额。

（2）行业统一定额。行业统一定额是在考虑各行业专业工程技术特点及施工管理水平的基础上编制的，只在本行业或相同专业性质的范围内使用的专业定额。如铁路建设工程定额、市政工程定额、公路工程定额等。

（3）地区统一定额。地区统一定额主要是考虑地区性特点，在全国统一定额水平基础上做适当调整补充编制的。

（4）企业定额。企业定额是指由施工企业考虑本企业具体情况，参照国家、行业或地区定额的水平编制，只在企业内部使用的定额。企业定额的水平一般应高于国家定额，才能满足生产技术发展和市场竞争的需要。

（5）补充定额。补充定额是随着设计、施工技术的发展，现行定额不能满足需要的情况下编制的，补充定额只在制定的范围内使用。

（三）公路工程定额的主要作用

1. 节约社会劳动，提高生产效率

生产性的施工定额直接作用于建筑安装工人，企业以定额作为促使工人节约社会劳动（工作时间、原材料等）和提高劳动效率、加快工作进度的手段，以增强市场竞争能力，获取更多利润。同时，作为工程造价计算依据的各类定额，又能促使企业加强管理，把社会劳动的消耗控制在合理而有效的范围内。

2. 是调控和管理工程建设的手段

利用定额对工程建设进行宏观调控和管理主要表现在：对工程造价进行管理和调控；对资源配置和流向进行预测和平衡；对经济结构包括企业结构和所有制结构进行合理的调控；对技术结构和产品结构的调控。

3. 促进市场公平竞争

定额既是对市场信息的加工，又是对市场信息的传递。定额为各经济主体之间的公平竞争提供了有利条件，促使市场经济更加繁荣。

4. 规范市场行为

定额是投资决策的依据。对于投资者，可以利用定额权衡自己的财务状况和支付能力，预测资金投入和预期回报，还可以充分利用有关定额的大量信息，有效提高其项目决策的科学性，优化其投资行为。此外，定额是价格决策的依据，对于企业来说，由于定额在一定程度上制约着工程中人工、材料、机械台班（时间）的消耗，势必影响产品的价格水平。企业在投标报价时，只有充分考虑定额的要求，作出正确的价格决策，才能占有市场竞争优势，获得更多的工程合同。定额不但规范了市场主体的经济行为，还对完善固定资产投资市场和工程建设市场起到重要作用。

5. 完善市场信息系统

定额管理是对市场信息的加工，也是对信息进行市场传递，还是市场信息的反馈。信息是市场体系中不可缺少的要素，它的可靠性、完备性和灵敏性是市场成熟和市场效率的标志。

6. 推广先进的施工技术和工艺

定额水平中包含着某些已成熟的先进的施工技术和经验，工人要达到或超过定额中规定的标准，必须掌握和应用这些先进技术。如果工人要超过定额水平，就必须创造性地劳动。具体来说，包含三个方面：①在工作中注意改进工具和改进技术操作方法，注意原材料的节约，避免原材料和能源的浪费；②企业或主管部门为了推行施工工具和施工方法，贯彻定额也就意味着推广先进技术；③企业或主管部门为了推行定额，往往要组织技术培训，以帮助工人能达到或超过定额。

这样一来，新技术、新工艺、新材料、新经验就很容易推广，大大提高全社会的劳动生产效率。

二、工程量清单计价

工程量清单又叫工程数量清单，它是工程招标及工程实施中计量与支付的重要依据。工程量清单是按照招标要求和施工设计图要求，将拟建招标工程的全部项目和内容，由招标单位（业主）按统一的工程计算规则、统一的项目名称、统一的项目编码、统一的工程量计量单位进行编制，计算拟建招标工程数量的表格。工程量清单是业主编制标底的依据，也是投标人编制投标报价的依据。我国的公路工程项目招标，一般由招标单位提供工程量清单，由投标单位完成投标报价。"在工程量清单计价模式下，招标人提供工程量清单并承担量的风险，投标人根据企业自身技术实力、组织管理能力自主报价并承担价的风险，客观上有利于实现风险分担。"[①]

（一）工程量清单计价的内涵

工程量清单计价是指招标标底、投标报价的编制、合同价款的确定与调整、工程结算以招标文件中的工程量清单为依据进行的工程造价的确定与控制的总称。由投标人按照招标人提供工程量清单，逐一填报单价并计算出工程项目所需的全部费用。公路工程工程量清单计价应采用"全费用综合单价"计价，全费用综合单价包括完成工程所需的劳务、材料、机械、质检、安装、缺陷修复、管理、保险、税费、利润等费用以及合同明示或暗示的所有责任、义务和一般风险。

（二）工程量清单计价的作用

1. 提供竞争条件

采用施工图预算来投标报价，由于设计图的缺陷，不同施工企业的人员理解不一，计算出的工程虽然不同，报价却相差甚远。而工程量清单报价就为投标者提供了相同的工作量，由企业根据自身的实力来填报不同的单价。

2. 提高计价效率

采用工程量清单计价方式，避免了定额计价下招标人、投标人在工程量计算上的重复工作，各投标人以招标人提供的工程量清单为统一平台，体现了现代工程建设中快速报价的要求。

3. 满足竞争需要

招标投标过程是竞争的过程，招标人提供工程量清单，投标人根据自身情况确定综合单价，利用单价与工程量逐项计算每个项目的合价，再分别填入工程量清单表格内，计算出投标总价。单价是决定性因素，单价的高低取决于企业管理水平和技术水平的高低，这种局面促成了企业整体实力的竞争。

4. 有利于业主控制投资

工程量清单的表现形式更加简明，在进行设计变更时，能马上知道它对工程造价的影响，有利于业主根据投资情况来决定是否变更或进行方案比选，以决定最恰当的处理方法。

---

① 陈丽萍. 石化工程项目工程量清单计价管理研究 [J]. 建筑经济，2023，44（4）：58.

5. 有利于款项拨付和结算

中标后，业主要与中标单位签订施工合同，中标价就是确定合同价的基础，投标清单上的单价就成了拨付工程款的依据。业主根据施工企业完成的工程量，可以确定进度款的拨付额。工程竣工后，根据设计变更、工程量增减等，业主能够确定工程的最终造价，在某种程度上减少业主与施工单位之间的纠纷。

第三节　公路工程的定额分析

一、定额的构成

现行的《公路工程预算定额》的主要部分包括总说明，章、节说明、定额表和附录。

（一）总说明

总说明规定了使用范围、使用条件、定额使用中的一般规定等，对正确使用定额具有重要作用，总说明具体内容如下。

第一，《公路工程预算定额》是全国公路专业定额，是编制施工图预算的依据，也是编制工程概算定额的基础，适用于公路基本建设新建、改建工程，不适用于独立核算执行产品出厂价的构件厂生产的构配件。

第二，《公路工程预算定额》是按照合理的施工组织和一般正常的施工条件编制的。本定额中所采用的施工方法和工程质量标准，是根据国家现行的公路工程施工技术及验收规范、质量评定标准及安全操作流程确定的。

第三，《公路工程预算定额》除隧道工作每工日7小时、潜水工作每工日6小时以外，其余均按每工日8小时计算。

第四，《公路工程预算定额》中的材料消耗量是按现行材料标准的合格料和标准规格料计算的。定额内材料成品、半成品均已包括场内运输及操作损耗。编制预算时，不得另行增加。

第五，《公路工程预算定额》中列出的混凝土、砂浆的强度等级和用量，其材料用量已按附录中配合比表规定的数量列入定额，不得重算。实际施工配合比材料用量与定额配合比表用量不同时，除配合比表说明中允许换算的，其余均不得调整。

第六，《公路工程预算定额》中各类混凝土均按施工现场拌和进行编制，当采用商品混凝土时，可将相关定额中的水泥、中（粗）砂、碎石的消耗扣除，并按定额中所列的混凝土消耗增加商品混凝土的消耗。

第七，《公路工程预算定额》中各项目的施工机械种类、规格是按一般合理的施工组织确定的，如施工中实际采用机械的种类、规格与定额规定的不同时，一律不得换算。

第八，《公路工程预算定额》中只列工程所需的主要材料用量和主要机械台班数量，次要、零星材料和小型施工机具均未列出，分别列入"其他材料费"及"小型机具使用费"内。

第九，《公路工程预算定额》表中注明"××以内"或"××以下"，均包括××本身；注明××以外或××以上，则不包括××本身。定额内数量带有（　），则表示基价中未包括其价值。

第十，《公路工程预算定额》中的基价是人工费、材料费、机械使用费的合计价值。

第十一，《公路工程预算定额》中的"工料机代号"系编制概预算采用电子计算机计算时作为对工、料、机械名称识别的符号，不可随意变动。编制补充定额时，遇有新增材料或机械名称，可取相近品种材料或机械代号之间的空号。

（二）章、节说明

章、节说明对于正确运用定额具有重要作用。要想准确而又熟练地运用定额，必须透彻地理解章、节说明。章、节说明对每一章、节的具体使用要求及注意事项作出说明，特别是工程量计算规则。下面以"第一章 路基工程"进行说明。

"第一章 路基工程"包括路基土、石方，排水和软基处理工程等项目。具体内容如下：

第一，土壤岩石类别划分：第一章定额按开挖的难易程度将土壤、岩石分为六类。土壤分为三类：松土、普通土、硬土。岩石分为三类：软石、次坚石、坚石。

第二，定额工程内容除注明者外，均包括：各种机械 1km 内由停车场至工作地点的往返空驶；工具小修；钢钎淬火。

第三，人工挖运土方、人工开炸石方、机械打眼开炸石方、抛坍爆破石方等定额中，已包括开挖边沟消耗的工、料和机械台班数量。因此，开挖边沟的数量应合并在路基土、石方数量内计算。

第四，各种开炸石方定额中，均已包括清理边坡工作。

第五，机械施工土、石方，挖方部分机械达不到需由人工完成的工程量由施工组织设计确定。其中，人工操作部分按相应定额乘以 1.15 的系数。

第六，自卸汽车运输路基土、石方定额项目和洒水汽车洒水定额项目，仅适用于平均运距在 15km 以内的土、石方或水的运输，当平均运距超过 15km 时，应按社会运输的有关规定计算其运输费用。当运距超过第一个定额运距单位时，其运距尾数不足一个增运定额单位的半数时不计，超过半数时按一个增运定额运距单位计算。

第七，下列数量应由施工组织设计提出，并入路基填方数量内计算：清除表土或零填方地段的基底压实、耕地填前夯（压）实后，回填至原地面标高所需的土、石方数量；因路基沉陷需增加填筑的土石方数量；保证路基边缘的压实度加宽填筑时所需的土石方数量；

边沟、排水沟、截水沟的挖基费用按人工挖截水沟、排水沟定额计算，其他排水工程的挖基费用按土、石方工程的相关定额计算。

第八，边沟、排水沟、截水沟、急流槽定额均未包括垫层的费用，需要时按有关定额另行计算。

第九，工程量计算规则如下：土石方体积的计算。除定额中另有说明者外，土方挖方按天然密实体积计算，填方按压（夯）实后的体积计算，石方爆破按天然密实体积计算。零填及挖方地段基底压实面积等于路槽地面的宽度和长度的乘积。砌筑工程的工程量为砌体的实际体积，包括构成砌体的砂浆体积。

（三）定额表

定额表主要有表号及定额表名称、工程内容、定额单位、顺序号、项目、代号、细目、栏号及小注。具体内容如下。

第一，表号及定额表名称。表号是编制概预算文件时与其对应定额一一对应的关系符号，名称表达了一张定额表的基本属性和分类。

第二，工程内容。主要说明定额表所包括的操作内容及对应工艺流程。查定额时，将实际发生的操作内容与表中的工程内容进行比较，若不一致，则应进行补充或采取其他措施。

第三，定额单位与计量单位。如 $1000 m^3$ 天然密实方即为定额单位，说明装载机装土、石方是以天然密实体积（m^3）作为计量单位。

第四，项目。项目即本定额表的工程所需人工、材料、机械名称与规格。

第五，代号。当采用计算机来编制公路工程概、预算时，可引用表中代号作为对工、料、机名称的识别符号。

第六，工程细目。工程项目也称为栏目，如预算定额中的"土方1以内"。

第七，栏号。栏号指工程细目编号，如预算定额中的"土方1以内"栏号为1，"土方2以内"栏号为2。

第八，基价。基价亦称定额基价，它是用预算定额附录的工、料、机单价计算的工程细目的直接工程费。

第九，小注。使用定额时，必须认真阅读小注。定额表下面的"注"是对本表的特别说明。

（四）附录

定额附录是编制补充定额的依据，也是定额抽换的依据。

二、定额的编号

定额编号在概、预算文件中十分重要。一方面，可以保证复核、审查人员利用编号快速查找、核对所用定额的准确性；另一方面，把众多的工程细目内容与编号建立对应关系，便于计算机处理及统计工作的进行。概预算文件的分项工程概（预）算表中，"定额代号"一栏必须填上对应的定额细目代号，无论手工计算还是计算机处理，都必须保证栏目的准确性。

定额的编号一般按照页码—章—节—表号—栏号或章—节—表号—栏号的方式编写。在采用电算法编制概预算文件时，一般采用8位数进行编码，即章占1位、节占2位、表占2位、栏占3位。

三、定额的抽换

只有在以下几种情况下，才允许对定额中某些项目进行抽换，使定额的使用更符合实际情况。

第一，就地浇筑钢筋混凝土梁用的支架及拱圈用的拱盔、支架，如确因施工安排达不到规定的周转次数时，可根据具体情况进行换算并按规定计算回收。

第二，使用预算定额时，路面基层材料、混凝土、砂浆的配合比与定额不相符以及水泥强度等级与定额中的水泥强度等级不同时，水泥用量可按预算定额的混凝土、砂浆配合比表进行换算。

第三，钢筋工程中，当设计用Ⅰ、Ⅱ级钢筋比例和定额比例不同时，可进行换算。

第四，如施工中必须采用特殊机械时，可按具体情况进行换算。

四、定额的运用

要正确地运用定额，必须反复学习定额，熟练掌握定额，收集并熟悉中央及地方交通主管部门有关定额运用方面的文件和规定。具体来说，其运用过程如下。

第一，根据概、预算项目表，依次按目、节确定欲查定额的项目名称，再根据项目名称在定额目录中找到其所在的页码，并找到所需的项目表。

第二，查到定额表后，查看定额表的工程内容与设计要求、施工组织要求是否相符。若相符，则可在表中找到相应的细目，并进一步确定子目（栏号）。

第三，检查定额表的计量单位与工程项目取定的计量单位是否一致，是否符合规定的工程量计量规则。

第四，查看定额的总说明、章节说明及表下的小注是否与所查子目的定额有关。若有关，则采取相应措施。

第五，根据设计图和施工组织设计，检查子目中有无需要抽换的定额，是否允许抽换。若应抽换，则进行抽换计算。

第六，根据子目序号确定各项定额值，可直接引用的就直接抄录，需要计算的则在计算后抄录。

第七，该项目的细目定额查完后，再查该项目的其他细目，依次完成后，再查另一项目。

第七章　公路工程概、预算的组成及编制

公路工程概算是初步设计文件的重要组成部分，公路工程预算是施工图设计文件的重要组成部分，对公路工程建设项目至关重要。本章主要从公路工程概、预算费用的构成，项目及文件组成，公路工程概、预算的编制三方面具体介绍。

第一节　公路工程概、预算费用的构成

"公路工程概、预算作为整个设计文件的一个重要部分，对控制整个设计项目的投资规模、确定推荐的设计方案、掌握项目投资情况、进行正确的经济评价都起着举足轻重的作用。"[①]

一、直接费

直接费是由直接工程费和其他工程费组成。直接费是建筑安装工程费的重要组成部分，它的高低直接决定了工程造价的高低。

（一）直接工程费

1. 人工费

人工费是指列入概、预算定额的直接从事建筑安装工程施工的生产工人开支的各项费用，内容包括：

（1）基本工资。基本工资是指发放生产工人的基本工资，流动施工津贴和生产工人劳动保护费，以及职工缴纳的养老、失业、医疗保险费和住房公积金等。生产工人劳动保护费是指按国家有关部门规定标准发放的劳动保护用品的购置费及修理费，徒工服装补贴，防暑降温费，在有碍身体健康环境中施工的保健费用等。

（2）工资性补贴。工资性补贴是指按规定标准发放的物价补贴，如煤、燃气补贴，交通补贴，地区津贴等。

---

① 骆娟. 公路工程概、预算及编制控制措施探讨 [J]. 科技视界，2015（11）：290.

（3）生产工人辅助工资。生产工人辅助工资是指生产工人年有效施工天数以外非作业天数的工资，包括开会和执行必要的社会义务时间的工资，职工学习、培训期的工资，调动工作、探亲、休假期间的工资，因气候影响停工期的工资，女工哺乳时间的工资，病假在六个月以内的工资及产、婚、丧假期的工资。

（4）职工福利费。职工福利费是指按国家规定标准计提的职工福利费。人工费标准按照本地区公路建设项目的人工工资统计情况并结合工种组成、定额消耗、最低工资标准以及公路建设劳务市场情况进行综合分析确定，由各省、自治区、直辖市交通运输厅（局、委）审批并公布。

人工费以概、预算定额人工工日数乘以每工日人工费单价计算。人工费单价仅作为编制概、预算的依据，不作为施工企业实发工资的依据。

2. 材料费

材料费是指施工过程中耗用的构成工程实体的原材料、辅助材料、构（配）件、零件、半成品、成品的用量和周转材料的摊销量，按工程所在地的材料预算价格计算的费用。

材料预算价格由材料原价、运杂费、场外运输损耗、采购及仓库保管费组成。

（1）材料原价。

第一，外购材料：国家或地方的工业产品，按工业产品出厂价格或供销部门的供应价格计算，并根据情况加计供销部门手续费和包装费。如供应情况、交货条件不明确时，可采用当地规定的价格计算。

第二，地方性材料：地方性材料包括外购的砂、石材料等，按实际调查价格或当地主管部门规定的预算价格计算。

第三，自采材料：自采的砂、石、黏土等材料，按定额中开采单价加辅助生产间接费和矿产资源税（如有）计算。

材料原价应按实计取。各省、自治区、直辖市公路（交通）工程造价（定额）管理站应通过调查，编制本地区的材料价格信息，供编制概算、预算使用。

（2）运杂费。

运杂费是指材料自供应地点至工地仓库（施工地点存放材料的地方）的运杂费用，包括装卸费、运费、囤存费及其他杂费（如过磅、标签、支撑加固、路桥通行等费用）。通过铁路、水路和公路运输部门运输的材料，按铁路、航运和当地交通部门规定的运价计算运费。

施工单位自办运输时材料运费计算有以下四条。

第一，单程运距 15km 以上的长途汽车运输按当地交通部门规定的统一运价计算运费。

第二，单程运距 5~15km 的汽车运输按当地交通部门规定的统一运价计算运费，当工程所在地交通不便、社会运输力量缺乏时，如边远地区和某些山岭区，允许按当地交通部门规定的统一运价加 50% 计算运费。

第三，单程运距 5km 及以内的汽车运输以及人力场外运输，按预算定额计算运费，其中人力装卸和运输另按人工费加计辅助生产间接费。

第四，其他规定包括：①一种材料如有两个以上的供应点时，都应根据不同的运距、运量、运价采用加权平均的方法计算运费；②由于预算定额中汽车运输台班已考虑工地便道特点，以及定额中已计入了"工地小搬运"项目，因此平均运距中汽车运输便道里程不得乘调整系数，也不得在工地仓库或堆料场之外再加场内运距或二次倒运的运距；③有容器或包装的材料及轻浮材料，如桶装沥青、汽油、柴油按每吨摊销一个旧汽油桶计算包装费（不计回收）。

（3）场外运输损耗。场外运输损耗是指有些材料在正常的运输过程中发生的损耗，这部分损耗应摊入材料单价内。

（4）采购及仓库保管费。材料采购及保管费是指材料供应部门（包括工地仓库以及各级材料管理部门）在组织采购、供应和保管材料过程中，所需的各项费用及工地仓库的材料储存损耗。

材料采购及保管费，以材料的原价加运杂费及场外运输损耗的合计数为基数，乘以采购保管费率计算。材料的采购及保管费费率为 2.5%。外购的构件、成品及半成品的预算价格，其计算方法与材料相同，但构件（如外购的钢桁梁、钢筋混凝土构件及加工钢材等半成品）的采购保管费率为 1%。商品混凝土预算价格的计算方法与材料相同，但其采购保管费率为 0。

3. 施工机械使用费

施工机械使用费是指列入概、预算定额的施工机械台班数量，按相应的机械台班费用定额计算的施工机械使用费和小型机具使用费。

施工机械台班预算价格应按交通运输部公布的《公路工程机械台班费用定额》计算，台班单价由不变费用和可变费用组成。不变费用包括折旧费、大修理费、经常修理费、安装拆卸及辅助设施费等；可变费用包括机上人员人工费、动力燃料费、养路费及车船使用税。可变费用中的人工工日数及动力燃料消耗量，应以机械台班费用定额中的数值为准。台班人工费工日单价同生产工人人工费单价。动力燃料费用则按材料费的计算规定计算。

（二）其他工程费

1. 冬季施工增加费

冬季施工增加费是指按照公路工程施工及验收规范所规定的冬季施工要求，为保证工程质量和安全生产所需采取的防寒保温设施、工效降低和机械作业率降低以及技术操作过程的改变等所增加的有关费用。

冬季施工增加费的内容包括以下四条。

（1）因冬季施工所需增加的一切人工、机械与材料费的支出。

（2）施工机具所需修建的暖棚（包括拆、移），增加油脂及其他保温设备费用。

（3）因施工组织设计确定，需增加的一切保温、加温及照明等有关费用的支出。

（4）与冬季施工有关的其他各项费用，如清除工作地点的冰雪等费用。

冬季气温区的划分是根据气象部门提供的满十五年以上的气温资料确定的。

冬季施工增加费的计算方法是根据各类工程的特点，规定各气温区的取费标准。为了简化计算手续，采用全年平均摊销的方法，即不论是否在冬季施工，均按规定的取费标准计取冬季施工增加费。一条路线穿过两个以上的气温区时，可分段计算或按各区的工程量比例求得全线的平均增加率，计算冬季施工增加费。

2. 雨季施工增加费

雨季施工增加费是指雨季期间施工为保证工程质量和安全生产所需采取的防雨、排水、防潮等防护措施，工效降低和机械作业率降低以及技术作业过程的改变，所需增加的有关费用。

雨季施工增加费的内容包括以下六条。

（1）因雨季施工所需增加的工、料、机费用的支出，包括工作效率的降低及易被雨水冲毁的工程所增加的工作内容等（如基坑坍塌和排水沟等堵塞的清理、路基边坡冲沟的填补等）。

（2）路基土方工程的开挖和运输，因雨季施工（非土壤中水影响）而影响的黏附工具，降低工效所增加的费用。

（3）因防止雨水必须采取防护措施的费用，如挖临时排水沟、防止基坑坍塌所需的支撑、挡板等。

（4）材料设备受潮的费用。

（5）增加防雨、防潮设备的费用。

（6）其他有关雨季施工所需增加的费用，如因河水高涨致使工作困难增加的费用等。

雨量区和雨季期的划分，是根据气象部门提供的满 15 年以上的降雨资料确定的。凡月平均降雨天数在 10 天以上，月平均日降水量为 3.5～5mm 者为Ⅰ区，月平均日降水量在 5mm 以上者为Ⅱ区。

根据各类工程的特点规定各雨量区和雨季期的取费标准，采用全年平均摊销的方法，即不论是否在雨季施工，均按规定的取费标准计取雨季施工增加费。一条路线通过不同的雨量区和雨季期时，应分别计算雨季施工增加费或按工程量比例求得平均的增加率，计算全线雨季施工增加费。

3. 夜间施工增加费

夜间施工增加费是指根据设计、施工的技术要求和合理的施工进度要求，必须在夜间连续施工而发生的工效降低、夜班津贴以及有关照明设施（包括所需照明设施的安拆、摊销、维修及油燃料、电）等增加的费用。

4. 特殊地区施工增加费

特殊地区施工增加费包括高原地区施工增加费、风沙地区施工增加费和沿海地区施工增加费三项。

（1）高原地区施工增加费。高原地区施工增加费是指在海拔高度 1500 米以上地区施工，由于受气候、气压的影响，致使人工、机械效率降低而增加的费用。

（2）风沙地区施工增加费。风沙地区施工增加费是指在沙漠地区施工时，由于受风沙影响，按照施工及验收规范的要求，为保证工程质量和安全生产而增加的有关费用，内容包括防风、防沙及气候影响的措施费，材料费，人工、机械效率降低增加的费用，以及积沙、风蚀的清理修复等费用。

（3）沿海地区施工增加费。沿海地区施工增加费是指工程项目在沿海地区施工时，受海风、海浪和潮汐的影响，致使人工、机械效率降低等所需增加的费用。本项费用由沿海各省、自治区、直辖市交通厅（局）制定具体的适用范围（地区），并抄送交通运输部公路司备案。

5. 施工标准化与安全措施费

施工标准化与安全措施费是指工程施工期间为满足安全生产、施工标准化、规范化、精细化所产生的费用。该费用不包括施工期间为保证交通安全而设置的临时安全设施和标志、标牌的费用，需要时，应根据设计要求计算。该费用也不包括预制场、拌和站、临时便道、临时便桥的施工标准化费用，应根据施工组织标准化要求单独计算。

6. 临时设施费

临时设施费是指施工企业为进行建筑安装工程施工所必需的生活和生产用的临时建筑物、构筑物和其他临时设施及其标准化的费用等，不包括概、预算定额中的临时工程。

（1）临时设施包括临时生活及居住房屋（包括职工家属房屋及探亲房屋）、文化福利及公用房屋（如广播室、文体活动室等）和生产、办公房屋（如原材料、半成品、成品存放场及库房、加工厂、钢筋加工场、发电站、变电站、空压机站、停机棚等），工地范围内的各种临时的工作便道（包括汽车、畜力车、人力车道）、人行便道，工地临时用水、用电的水管支线和电线支线，临时构筑物（如水井、水塔等）以及其他小型临时设施。

（2）临时设施费用内容包括临时设施的搭设、维修、拆除费和摊销费。

7. 施工辅助费

施工辅助费包括生产工具用具使用费、检验试验费和工程定位复测、工程点交、场地清理等费用。生产工具用具使用费是指施工所需不属于固定资产的生产工具、检验、试验用具及仪器、仪表等的购置、摊销和维修费，以及支付给工人自备工具的补贴费。

检验试验费是指对建筑材料、构件和建筑安装工程进行一般鉴定、检查所产生的费用，包括自设试验室进行试验所耗用的材料和化学药品的费用，以及技术革新和研究试验费。

它不包括新结构、新材料的试验费和建设单位要求对具有出厂合格证明的材料进行检验、对构件破坏性试验及其他特殊要求检验的费用。

8. 工地转移费

工地转移费是指施工企业根据建设任务的需要，由已竣工的工地或后方基地迁至新工地的搬迁费用。

工地转移费内容包括以下三点。

（1）施工单位全体职工及随职工迁移的家属向新工地转移的车费、家具行李运费、途中住宿费、行程补助费、杂费及工资与工资附加费等。

（2）公物、工具、施工设备器材、施工机械的运杂费，以及外租机械的往返费及本工程内部各工地之间施工机械、设备、公物、工具的转移费等。

（3）非固定工人进退场及一条路线中各工地转移的费用。

二、间接费

（一）规费

规费是指法律法规、规章、规程规定施工企业必须缴纳的费用（简称规费），包括以下五条。

第一，养老保险费：施工企业按规定标准为职工缴纳的基本养老保险费。

第二，失业保险费：施工企业按国家规定标准为职工缴纳的失业保险费。

第三，医疗保险费：施工企业按规定标准为职工缴纳的基本医疗保险费和生育保险费。

第四，住房公积金：施工企业按规定标准为职工缴纳的住房公积金。

第五，工伤保险费：施工企业按规定标准为职工缴纳的工伤保险费。

各项规费以各类工程的人工费之和为基数，按国家或工程所在地相关部门规定的标准计算。

（二）企业管理费

1. 基本费用

企业管理费基本费用是指施工企业为组织施工生产和经营管理所需的费用，内容包括以下十三条。

（1）管理人员工资：管理人员的基本工资、工资性补贴、职工福利费、劳动保护费以及缴纳的养老、失业、医疗、生育、工伤保险费和住房公积金等。

（2）办公费：企业办公文具、纸张、账表、印刷、邮电、书报、会议、水、电、烧水和集体取暖（包括现场临时宿舍取暖）用煤（气）等费用。

（3）差旅交通费：职工因公出差和工作调动（包括随行家属的旅费）的差旅费，住勤补助费，市内交通及误餐补助费，职工探亲路费，劳动力招募费，职工离退休、退职一次性路费，工伤人员就医路费以及管理部门使用的交通工具油料、燃料、牌照及养路费等。

（4）固定资产使用费：管理和试验部门及附属生产单位使用的属于固定资产的房屋、设备、仪器等的折旧，大修、维修或租赁费等。

（5）工具用具使用费：管理使用的不属于固定资产的生产工具、器具、家具、交通工具和检验、试验、测绘、消防用具等的购置、维修和摊销费。

（6）劳动保险费：企业支付离退休职工的异地安家补助费、职工退职金、六个月以上病假人员工资、职工死亡丧葬补助费、抚恤费，按规定支付给离休干部的各项经费。

（7）工会经费：企业按职工工资总额计提的工会经费。

（8）职工教育经费：企业为职工学习先进技术和提高文化水平，按职工工资总额计提的费用。

（9）保险费：企业财产保险、管理用车辆等保险费用。

（10）工程保修费：工程竣工交付使用后，在规定保修期以内的修理费用。

（11）工程排污费：施工现场按规定缴纳的排污费用。

（12）税金：企业按规定交纳的房产税、车船使用税、土地使用税、印花税。

（13）其他：上述项目以外的其他必要的费用支出，包括技术转让费、技术开发费、业务招待费、绿化费、广告费、投标费、公证费、定额测定费、法律顾问费、审计费、咨询费等。

2. 主副食运费补贴

主副食运费补贴是指施工企业在远离城镇及乡村的野外施工购买生活必需品所需增加的费用。粮食、燃料、蔬菜、水的运距均为全线平均运距。综合里程数在表列里程之间时，费率可内插综合里程在 1km 以内的工程不计取本项费用。

3. 职工探亲路费

职工探亲路费是指按照有关规定施工企业在探亲期间发生的往返车船费、市内交通费和途中住宿费等费用。

4. 职工取暖补贴

职工取暖补贴是指按规定发放给职工的冬季取暖或在施工现场设置的临时取暖设施的费用。

5. 财务费用

财务费用是指施工企业为筹集资金而发生的各项费用，包括企业经营期间发生的短期贷款利息净支出、汇兑净损失、调剂外汇手续费、金融机构手续费以及企业筹集资金发生的其他财务费用。

（三）辅助生产间接费

辅助生产间接费是指由施工单位自行开采加工的砂、石等自采材料及施工单位自办的人工装卸和运输的间接费。

辅助生产间接费按人工费的 5% 计算。该项费用并入材料预算单价内构成材料费，不直接出现在概（预）算中。

高原地区施工单位的辅助生产，可按其他工程费中高原地区施工增加费费率，以直接工程费为基数计算高原地区施工增加费（其中：人工采集、加工材料、人工装卸、运输材料按人工土方费率计算；机械采集、加工材料按机械石方费率计算；机械装、运输材料按汽车运输费率计算）。辅助生产高原地区施工增加费不作为辅助生产间接费的计算基数。

第二节　公路工程概、预算项目及文件组成

一、公路工程概、预算项目

公路工程概、预算项目应严格按照项目表的序列及内容进行编制，以防止发生混乱、错列等现象。如实际出现的工程和费用项目与项目表的内容不完全相符时，一、二、三部分和"项"的序号应保留不变，"目""节""细目"可随需要增减，并按项目表的顺序依次排列，不保留缺少的"目""节""细目"序号。

公路工程概、预算项目主要包括以下八条内容。

第一，建筑安装工程费。

第二，临时工程和路基工程。

第三，路面工程和桥梁涵洞工程。

第四，交叉工程和隧道工程。

第五，公路设施及预埋管线工程和绿化及环境保护工程。

第六，管理、养护及服务房屋。

第七，设备及工具、器具购置费。

第八，工程建设其他费用。

二、公路工程概、预算文件组成

（一）公路工程概、预算文件封面及目录

公路工程概、预算文件的封面和扉页应按《公路工程基本建设项目设计文件编制办法》中的规定制作，扉页的次页应有建设项目名称，编制单位，编制、复核人员姓名并加盖执业（从业）资格印章，编制日期以及第几册、共几册等内容，目录应按概、预算表的表号顺序编排。

（二）公路工程概、预算编制说明

公路工程概、预算编制完成后，应写出编制说明，文字力求简明扼要，应叙述的内容一般有以下五条。

第一，建设项目设计资料的依据及有关文号，如建设项目可行性研究报告批准文件号、初步设计和概算批准文号（编修正概算及预算时），以及根据何时的设计资料及对比方案进行编制的等。

第二，采用的定额、费用标准，人工、材料、机械台班单价的依据或来源，补充定额及编制依据的详细说明。

第三，与概、预算有关的委托书、协议书、会议纪要的主要内容（或将抄件附后）。

第四，总概、预算金额，人工、钢材、水泥、木料、沥青的总需要量情况，各设计方案的经济比较，以及编制中存在的问题。

第五，其他与概、预算有关但不能在表格中反映的事项。

（三）公路工程概、预算表格

公路工程概、预算应按统一的概、预算表格计算，其中概、预算相同的表式，在印制表格时，应将概算表与预算表分别印制。

（四）甲组文件与乙组文件

概、预算文件是设计文件的组成部分，按不同的需要分为两组，甲组文件为各项费用计算表，乙组文件为建筑安装工程费各项基础数据计算表（只供审批使用）。甲、乙组文件应按《公路工程基本建设项目设计文件编制办法》关于设计文件报送份数要求，随设计文件一并报送。报送乙组文件时，还应提供"建筑安装工程费各项基础数据计算表"的电子文档和编制补充定额的详细资料，并同概、预算文件一并报送。

乙组文件中的"建筑安装工程费计算数据表"和"分项工程概（预）算表"应根据审批部门或建设项目业主单位的要求提供全部或仅提供其中的一种。

概、预算应按一个建设项目（如一条路线或一座独立大、中桥、隧道）进行编制。当一个编制项目需要分段或分部编制时，应根据需要分别编制，但必须汇总编制"总概（预）算汇总表"。

三、公路工程概、预算的编制依据

（一）公路概算编制依据

第一，国家发布的有关法律法规、规章、规程等。

第二，现行的《公路工程概算定额》《公路工程机械台班费用定额》。

第三，工程所在地省级交通主管部门发布的补充计价依据。

第四，批准的可行性研究报告（修正概算时为初步设计文件）等有关资料。

第五，初步设计（或技术设计）图纸等设计文件。

第六，工程所在地的人工、材料、机械及设备预算价格等。

第七，工程所在地的自然、技术、经济条件等资料。

第八，工程施工方案。

第九，有关合同、协议等。

第十，其他有关资料。

（二）公路预算编制依据

第一，国家发布的有关法律法规、规章、规程等。

第二，现行的《公路工程预算定额》《公路工程机械台班费用定额》。

第三，工程所在地省级交通主管部门发布的补充计价依据。

第四，批准的初步设计文件（或技术设计文件，若有）等有关资料。

第五，施工图纸等设计文件。

第六，工程所在地的人工、材料、设备预算价格等。

第七，工程所在地的自然、技术、经济条件等资料。

第八，工程施工组织设计或施工方案。

第九，有关合同、协议等。

第十，其他有关资料。

四、公路工程概、预算编制的注意事项

第一，注意土石方自然方与压实方之间的换算关系（一般 $1m^3$ 压实方普通土 $=1.16m^3$ 自然方普通土，定额说明中对不同的土质有具体的压实系数规定），也就是注意土石方的调配平衡，压实土方运输还应增加 0.03 的损耗。

第二，注意运距在 5km 和 10km 界点处增运定额的采用。定额说明中规定，当运距超过第一个定额运距单位时，其运距尾数不足一个增运定额单位的半数时不计，等于或超过半数时按一个增运定额运距计算。

第三，注意压石方定额的选用，利用开挖路基石方压实应采用压石方定额（因其需人工解小石块，人工消耗较多）；借石渣及砂砾等透水性材料的压实，因合格的借方材料是不用人工解小的，故应采用压土方定额，相应的，其他工程费及间接费取费标准随所采用的定额确定。

第四，预算定额中排水工程的挖基工程量仅为圬工及垫层的体积，沟槽的断面体积已列入路基土石方中，不应重复计算。

第五，概算定额涵洞工程中综合了挖基和垫层的数量，应注意因地基承载力不足进行换填处理的挖基和换填数量是另计的。

第六，大体积混凝土（最小的结构尺寸为 2m）施工，应注意按要求增加冷却管费用。

第七，概算定额中桥梁下部结构的工程量包括墩身与墩盖梁（或墩帽）或台身与台盖梁（或台帽）的合计，定额采用以墩或台的形式及所用材料为准。

第八，墩台超过 20m 的桥应配备提升架，超过 40m 的高墩还应配备塔吊和施工电梯。

第九，定额说明中规定，灌注桩成孔工程量按设计入土深度计算。定额中的孔深指护筒顶至桩底（设计标高）的深度。造孔定额中同一孔内的不同土质，不论其所在深度如何，均采用总孔深定额。工作中应注意桩基筑岛成孔的工程量，总孔深应包括筑岛的高度，总孔深等于成孔工程量，且大于设计桩长。水中工作平台成孔的工程量为实际钻入土层的高差，总孔深应为工作平台顶至桩底的长度，总孔深大于成孔工程量，且总孔深大于设计桩长。

第十，小型预制构件（包括涵管预制）、混凝土预制和拌和的数量应注意增加安装损耗。

第十一，隧道出渣如参加路基总土方调配，因洞身出渣已综合洞口外 500m 运距，所以调配时直接使用增运定额。实际工作中，隧道洞口与明洞开挖土石方数量往往与隧道洞身出渣一起，在土石方数量表里集中体现，但洞口与明洞开挖采用路基相应定额，并未综合洞口外运距，因此建议隧道洞口及明洞井挖土石方在隧道章节内应增加 0.5km 运输（用第一个 1km 运输定额减 0.5km 增运定额），挖石方还应增加装载机装石方定额，这样就与隧道洞身出渣综合运距相一致，在路基章节中调配也可以直接使用增运定额，便于土方调配处理。

第十二，隧道混凝土运输原则上只有洞内部分混凝土才用洞内运输定额，实际工作中可按洞口及明洞混凝土用桥涵章节的运输定额，洞身混凝土用洞内运输定额操作。

五、公路工程概、预算的编制手法

公路工程概、预算是反映建设项目设计内容全部费用的文件，是设计文件的重要组成部分，是工程造价管理工作的重要环节。作为具体实施设计概、预算的编制工作人员，应认识到概、预算的合理性、可靠性及准确性将对工程投资控制工作产生重要影响，不断学习，提高业务能力和工作水平。在工作实践当中，遵循一定的工作规则，抓住编制重点，是确保概、预算编制的有效手段。

（一）准确采集基础数据，增强编制依据的可信度

公路工程概、预算编制工作需要采集大量的基础数据，作为其编制的依据。这些依据主要有：国家有关的公路工程建设的方针、政策，工程造价管理的有关文件；概、预算前期的造价文件（如可行性研究报告的投资估算文件、批复的估算文件等）；国家颁布的概、预算定额；国家或地方颁发的有关土地补偿标准、工程勘察设计收费标准、银行贷款利息以及与工程直接有关的各种费率的取费标准；人工、材料、施工机械的具体价格等。它们都是编制概、预算的必备基础资料。对于这类对造价形成直接影响的基础资料，如材料市场价格的相应资料，在采集时必须保证其可信度，材料费用占建筑安装费的 40%，有的高

达 50% ~ 60%。因此，数据采集是否深入，资料是否齐全，将直接影响概、预算的编制质量。

（二）查对工程量和确定合理的施工方案

工程量是否正确，它与概、预算编制人员对图纸的熟悉程度密切相关。由于种种原因，目前公路设计文件中有些工程量的表述与概、预算定额不一致。因此，概、预算人员可根据具体情况拟定符合概、预算编制要求的工程量清单，明确所需的内容、深度和质量，对于不甚明了的地方，要仔细查阅图纸，并提请设计人员或经验丰富的编制人员协助解决。对于涉及新结构、新材料、新工艺的项目，概、预算编制人员更要在这方面多下功夫，力求做到准确、完整、不漏项，为编制高质量的概、预算文件提供有力保障。

施工方案设计是实现设计蓝图所必需的，施工方案设计的好坏，直接影响概、预算的质量。在一般情况下，施工方案设计是工程概、预算人员根据经验确定，对于新结构和特殊工程则要与设计人员共同探讨后由设计人员计算出工程量，作为编制概、预算的依据。

这里重点强调的是，施工中的大型临时工程，特别是有新结构、新工艺的特大桥和高等级公路中的大型临时工程，设计人员往往将主要精力放在结构设计上，而对施工方案、辅助设施、临时工程以及必须增加的工程量容易疏忽或考虑不全。

（三）仔细分析计算，合理确定材料单价

工、料、机单价是概、预算的计费基础，是构成公路工程造价的主要内容，是影响公路工程造价精度的主要因素之一。人工费的各项组成内容，材料的供应价格、运输方式、运距及运费，机械费中的燃料及电力价格，均应按照概、预算编制办法的规定，结合外业调查资料进行分析计算。如何确定合理的材料单价，这给造价人员提出了更高的要求，一方面要对所需材料价格进行多方面询价，另一方面要对询价结果进行分析，根据已有的材料价格信息和工程施工后建筑材料供求发展趋势，确定询价时效和可能发生变化的趋势，使材料价格的取定趋于合理。例如，取定当地材料单价，在工程开工之前，若当地没有其他大型土建项目，当地材料的价格往往比较低，而且生产能力已能够满足市场需求，材料价格亦比较平稳。而当工程开工后，就需要大量的地方材料，从而打破了原有的材料供需平衡，使地方材料市场价格受到波动。这种波动一般是向上，使材料价格抬高。这样看来，在确定这些材料价格时，要充分考虑价格上涨的趋势，以便确定合理的材料价格。

（四）与设计人员配合，确保工程量完整

核对工程量时首先应熟悉设计图纸，包括总体布置图和设计工程量清单。概、预算人员应根据定额拟定符合编制要求的工程量清单，明确所需内容、深度和质量，具备计算工程量的能力。不清楚的地方，要查阅图纸，并求得设计人员帮助。特别是对新结构、新材料、新工艺，概、预算人员要认真阅读设计图纸，理解设计意图，力求做到工程量完整、不漏项。与设计人员密切配合，确保概、预算编制质量。

（五）补充定额的选用与编制

认真分析研究做好补充定额，合理地选用定额是概、预算人员的主要工作之一。公路建设迅速发展，新技术、新工艺、新结构的大量出现，造成了概、预算定额缺项，必须补充定额。首先应对新技术、新工艺、新结构进行分析研究，对材料不同而施工步骤大致相同的结构，可参照类似结构定额进行抽换和调整，作为补充定额，也可调用其他专业定额中相类似定额，作为补充定额。对于全新结构的工程，在弄懂其结构和施工工艺后，根据概、预算定额的编制方法和原则，编制补充定额。编制中也可搜集与借鉴参考国外类似实例资料和信息，在无先例时，需对新结构施工工艺及工效进行分解并加以研究，然后编制补充定额。

（六）做好造价分析

"公路工程造价编制是公路工程建设的重要组成部分，工程造价是工程项目投资决策的重要依据，是工程经济性的重要指标，是国家基础设施投资规模宏观控制的杠杆，其编制工作不仅重要，而且影响工程技术方案的取舍。"[①] 目前公路工程概、预算编制，已经实现了计算机软件操作，为保证概、预算编制质量，还要进行造价分析加以验证。在工程方案的优化方案比选时，造价分析可提供技术经济分析结果。

造价分析包括两方面的内容：①分析主要工程项目的单价，如灌注桩的每米单价、各种路面结构层的单价，为我们以后的工作提供便利；②分析每个工程的综合指标，比如一条双向四车道的一级公路的路基路面每公里造价指标、一座桥梁工程的上部结构及下部结构的每平方米造价等。把这些指标与其他项目同类结构的指标进行比较，找出差距，并分析其合理性，发现突变，要及时查找原因。属于工程量的问题，要向设计人员反馈信息，核对工程量；属于其他原因，要查对材料价格、选用定额等方面是否有误；根据查对结果及时修正并反复分析对比，直到满意。在完成概、预算文件后，还应进行资料整理，作出造价指标，以表格的形式进行归纳。这样通过我们的工作就能积累许多工程量和经济指标，这些指标可以为我们的设计及概、预算工作提供很好的参考作用。

六、公路工程概、预算控制措施

公路工程概、预算是否经济合理直接影响投资。概、预算的编制不仅要求工程技术人员精通造价专业知识，还要求具备一定的工程设计知识，优化设计以提高投资效益，同时必须熟悉当地定额和设备材料信息以及建设法规等。

（一）准确采集基础数据，增强编制依据的可信度

取得全面、正确的调查资料是工程造价真实性、合理性、科学性的基础。调查的主要

---

① 丁华．公路工程概、预算编制的几点体会 [J]．云南现代交通，2004，1（3）：45．

内容包括：国家有关的公路工程建设的方针、政策；工程造价管理的有关文件；前期的造价文件；国家颁布的各种定额；国家或地方颁布的有关土地补偿标准、工程勘察设计收费标准、银行贷款利息以及与工程直接有关的各种费率的取费标准；工程项目的设计图表资料及文字说明、施工方案；人工、材料、施工机械的具体价格等，它们都是编制概、预算的必备基础资料。

（二）全面掌握设计文件的所有内容

工程设计的技术性、经济性、科学性将直接影响整个工程建设资金的合理使用。它对充分发挥投资效益、降低工程造价起着决定性的作用。这就要求在编制概、预算之前，应对设计文件进行全方位的解读。同时，设计人员也应严格遵守和认真执行国家有关标准、规范，精心设计，保证设计文件的质量。

（三）合理取定和计算材料价格

工、料、机单价是造价文件的计费基础，在一般情况下，根据外业调查的资料，按照编制办法，计算工、料、机单价。要求编制人员对所需材料价格进行多方询价，并对询价结果进行分析，根据掌握的材料价格信息资料和对主要材料价格情况及供求发展趋势的了解，确定询价时效和可能发生变化的趋势，使材料价格的取定趋于合理。

（四）科学摘取工程数量，正确套用工程定额

摘取工程数量包括两个方面：一是根据设计文件图纸资料正确计算工程量；二是按定额的内容要求正确摘取工程量。两者都是编制概、预算时必须遵照执行的规则。通常应当注意各种设计工程的分部分项工程名称、计量单位，应符合采用的计价定额标准要求；认真审读定额工作内容，避免重复计量；注意定额中的文字说明、脚注等，理解无误，才能准确摘取工程量，保证概、预算的准确性；编制依据合理合法、取费得当。工程量的计算是一项烦琐的计算工作，涉及有关建设的方针政策。个人的知识能力有限，难免产生某些错误。造价人员还应注意采取实事求是的科学态度，决不弄虚作假。符合公路工程设计，施工技术规范。要有严谨精细的工作态度，树立良好的职业道德准则，做到符合规定、结合实际、经济合理、提交及时、不重不漏、计算正确、整齐完善。

第八章　公路工程投资估算的内容及编制

公路工程具有建设周期长、构造复杂、工程庞大、投入资金多、承担较大风险等特点，投资估算审核是控制公路工程造价的重要环节。本章主要从建筑安装工程费、设计工具器具购置费、工程建设的其他费用计算三方面具体加以阐释。

第一节　建筑安装工程费计算

一、准备工作

（一）投资估算的作用

1.项目建议书投资估算的作用

项目建议书是国家选择建设项目和进行可行性研究报告编制的依据，是公路基本建设程序中前期准备工作阶段的第一个工作环节。编制公路项目建议书是以国民经济与社会发展长远规划、路网规划和地区规划的要求为依据的。通过踏勘和调查，对拟建项目的规模、技术标准、投资额度等提出建议，并重点分析项目建设的必要性和可能性，其中投资估算是审批立项的一个重要条件。由于基本建设工程会消耗大量的物质资源，而这些资源是有限的，尤其是我国公路建设资金短缺，需要建设的公路、桥梁等交通基础设施又很多，为把有限的建设资金投入最急需的项目上，更好地发挥投资效益，做好投资估算工作就显得尤为重要。

投资估算是在投资决策过程中对建设项目的投资数额进行的估计。它具有五方面作用：①拟建项目是否继续进行的依据之一；②审批项目建议书的依据；③审批建设项目可行性研究报告的依据；④国家编制中长期规划和保持合理投资结构及决定国民经济计划中基建比例的依据；⑤制定资金筹措计划、控制投资限额的依据。

2.工程可行性研究报告投资估算的作用

一个公路建设项目能否立项，取决于众多因素，而可行性研究报告的目的就是在公路建设项目决定兴建之前，运用现代手段和多种学科研究成果，对影响建设工程项目的投资效果的各种因素，如国家的产业政策、国民经济长期发展规划、地区经济与社会发展规划、全国和地区的综合运输体系路网状况、建设项目的地位和作用、建设条件、环境保护、社会和经济效益等，进行全面、详细的调查研究和经济评价；就项目建设的必要性、技术的可行性、经济的合理性和实施的可能性等方面进行综合研究，拟定多种比较方案，提出综合性的研究论证报告，尽可能地对主要问题进行详尽的研究，使项目选择建立在可靠的科学基础上，建成后能发挥较好的经济效益和社会效益，以避免或减少因盲目建设、仓促上马而造成的损失和浪费。

可行性研究报告不是目的，而是一种手段，是使建设项目的主管部门或建设单位能据此作出有科学依据的决策。因此，要求按照一定的程序和方法，做好投资估算的编制和审查工作。根据公路基本建设程序的有关规定和要求，科学地组织建设项目的实施、减少失误，根据长期的建设实践经验，可行性研究报告投资估算在项目建设中具有以下五方面的作用。

（1）可行性研究报告投资估算是项目建设投资决策的依据。一个建设项目能否兴建，主要看可行性研究的结果。而根据投资估算所作的经济评价对投资的经济效益已提出结论性意见，故投资估算是投资决策的一个重要依据。

（2）公路建设项目的国民经济评价，是支出费用与获得效益的相对比较，就是通过效益费用比、净现值、内部收益率、投资回收期4个评价指标进行的。而所得到的指标是作为评价的定量标准，其支出费用就是在可行性研究报告投资估算的基础上，按照国民经济评价的有关规定和方法进行调整后定的。若没有投资估算资料，就无法进行这种评价，这是显而易见的。

（3）可行性研究报告投资估算，是编制初步设计概算或施工图预算（采用一阶段设计时）的主要依据。因为国家规定初步设计概算与可行性研究报告投资估算的误差不能大于10%，所以初步设计概算的编制必须严格控制在投资估算允许的范围内。

（4）可行性研究报告投资估算是资金筹措的依据。目前，世界银行等许多国际金融组织都把可行性研究报告作为建设项目能否给予贷款的先决条件；国内银行贷款也是通过对可行性研究报告的审查了解，在确认该项目有较好的经济效益并具有偿还贷款能力后，才给予贷款。同时，在确定贷款额度时，都是按投资估算的一定比例作为贷款的主要依据的。

（5）当采用一阶段设计时，可行性研究报告投资估算是编制年度建设投资计划的依据。年度建设投资计划是国家控制投资规模、综合平衡投资计划、实行宏观调控的重要手段，故凡没有列入年度建设投资计划的建设项目，按公路基本建设程序的规定，均不得组织招标或施工。为了加强国民经济计划工作、加大资金管理力度，历来作为国家预算外资金的车购费等公路建设与养护专项资金，今后也要纳入国家预算，即作为国家的第二预算进行管理。因此，做好投资估算的编制工作尤为重要。

可行性研究报告投资估算，在公路建设工程中具有极其重要的作用，且其作用是多方面的。因此，严格按照国家有关规定编制投资估算，对建设项目的前期准备工作和建设项目的实施有着重要的影响。

（二）投资估算编制中工程量计算

1. 路基工程

（1）土石方体积的计算。除指标另有说明外，土方挖方按天然密实体积计算，填方按压（夯）实后的体积计算；开炸石方按天然密实体积计算。

（2）下列数量应由施工组织设计提出，并计入路基填方数量内计算。

第一，清除表土或零填方地段的基底压实、耕地填前夯（压）实后，回填至原地面高程所需的土石方数量。

第二，因路基沉陷需增加填筑的土石方数量。

第三，为保证路基边缘的压实度必须加宽填筑时，所需的土石方数量。

（3）挖土方指标已综合伐树、挖根、砍挖灌木林、路基零星工程等工作。

（4）自卸汽车运输路土石方指标仅适用于平均运距在 15km 以内的土石方运输；当平均运距超过 15km 时，应按社会运输的有关规定计算；当运距超过第一个指标运距单位时，其运距尾数不足一个增运指标单位的半数时不计，超过半数时按一个增运指标运距单位计算。自卸汽车运输路基土石方指标为 1000m³ 自然方，指标已综合各种土质的压实系数及运输损耗，使用指标时，不应再计算压实系数和运输损耗系数。远运利用、弃方运输工程量以天然密实体积计算，借方运输工程量以压（夯）实后的体积计算。

（5）填土方指标中不包括路基掺灰，掺灰应按公路工程概算定额另行计算。

（6）排水与防护工程。

第一，砌石、片石混凝土、混凝土圬工按实体数量计算。

第二，其他排水工程量按路基长度计算，本指标已包括路面排水工程。

第三，其他路基防护指标均已包括圬工，圬工不得另计费用。

第四，工程量计算。工程量计算包括十项：①植草护坡按植草面积计算；②骨架护坡按骨架护坡面积计算；③喷射混凝土按喷射混凝土设计体积计算；④锚杆框架梁：分普通锚杆和预应力锚杆，按锚杆长度计算；⑤预应力锚索按锚索长度计算；⑥抗滑桩按桩身混凝土实体数量计算；⑦加筋土挡土墙按平、凹面板混凝土圬工实体数量计算；⑧板桩式挡土墙按现浇、预制混凝土圬工实体数量计算；⑨锚杆挡土墙按现浇、预制混凝土圬工实体数量计算；⑩防风固沙按防风固沙路基长度计算。

（7）软基处理。本指标工程内容不包括对溶洞、采空区的处理，需要时应根据设计所采用的处理形式采用相关定额计算，软基处理工程量按处治的面积进行计算。

第一，处治深度 3m 以内：指标 I 综合清淤和一般砂砾换填，指标 II 综合抛石挤淤和土工合成材料等处治方法。

第二，处治深度 3 ~ 12m：指标综合袋装砂井、塑料排水板、粉喷桩、堆载及真空预压等处治方法。

第三，处治深度 12 ~ 20m：指标综合各类粒料桩、加固土桩、CFG 桩等处治方法。

第四，处治深度超过 20m：按公路工程概算定额计算。

2. 路面工程

（1）各类稳定土基层、级配碎石、级配砾石基层的压实厚度在 15cm 以内，填隙碎石一层的压实厚度在 12cm 以内，垫层、其他种类的基层和底基层压实厚度在 20cm 以内，拖拉机、平地机和压路机的台班消耗按定额数量计算。如超过上述压实厚度进行分层拌和、碾压时，拖拉机、平地机和压路机的台班消耗按定额数量加倍计算，每 1000m² 增加 3 个工日。

（2）基层、垫层按顶层面积计算，沥青路面和水泥混凝土路面按路面实体计算。

（3）挖路槽，培路肩，稳定土拌和站安拆，稳定土拌和料的拌和及运输，沥青混合料拌和站安拆，沥青混合料的拌和及运输、铺筑、压实、透层、封层、磨耗层、保护层，水泥混凝土的拌和及运输，水泥混凝土搅拌站安拆、路肩加固等已综合在指标中。

（4）如设计为单车道路面宽度时，压路机台班可按指标用量乘以下列三项系数：

第一，两轮光轮压路机 1.14。

第二，三轮光轮压路机 1.33。

第三，轮胎式压路机和振动压路机 1.29。

3. 隧道工程

（1）本指标均指隧道洞内工程，即隧道进出口洞门端墙墙面间的工程。洞门墙以外的工程应按有关指标另行计算。

（2）洞身工程量按隧道正洞、人行横洞、车行横洞、紧急停车带面积之和来计算。若设计能提出隧道的围岩等级时，可对洞身指标进行调整。

（3）洞身指标已综合复合式路面结构，使用指标时不得调整。

（4）洞门指标单位为每端洞门，高速、一级公路一座隧道的工程量按两端洞门计算；二级及以下公路一座隧道的工程量按一端洞门计算。

（5）明洞工程量按明洞长度与明洞设计宽度的乘积计算。明洞宽度指行车道加侧向宽度加人行道或检修道的宽度。

（6）斜井工程量按斜井长度与斜井设计宽度的乘积计算，指标中已综合联络道（风道）。

（7）竖井工程量按竖井深度计算。本指标适用于直径 8m 以内的竖井，指标中已综合联络道（风道）。

（8）管棚工程量按单排管棚的设计长度计算。

（9）本章指标未包括地震、坍塌、溶洞、采空区、超前地质预报及大量地下水处理以及其他特殊情况所需的费用，需要时可根据设计另行计算。

4. 涵洞工程

（1）涵身按涵洞长度计算。洞口按道计算，一道涵洞按两座洞口计算，如涵洞只有一座洞口，则按 0.5 道计算。

（2）涵洞工程指标分为跨径 3m 以内和 5m 以内，跨径超过 5m 的涵洞按第五章中标准跨径小于 16m 的桥梁指标进行计算。

（3）跨径小于 0.5m 的灌溉涵已综合在指标中，不得将灌溉涵作为工程量计算。

（4）指标中涵洞洞口按一般常用的标准洞口计算，如有特殊洞口，可根据实体圬工量，套用公路工程概算定额计算。

（5）若有双孔涵洞时，可按单孔指标乘以下列三种双孔系数。

第一，盖板涵 1.6。

第二，钢筋混凝土圆管涵 1.8。

第三，拱涵 1.5。

5. 交叉工程

（1）互通式立体交叉。匝道工程量按设计长度计算。匝道指标包括路基、路面、构造物以及其他附属设施等全部工程内容。

平原微丘区匝道若为借土填方，借方运距在 3km 以内时，指标不另增加费用；借方运距在 3km 以上时，则需按路基工程中土石方运输指标另计借方运输费用。

匝道桥工程量按桥面面积计算，桥面面积的计算方法同《公路工程估算指标》第五章的规定。

被交道工程量按设计整修长度计算。本指标中路况差指被交道路面需全部重新修建或大部分路面需补强；路况好指被交道路面基本完好，只需进行小面积处理。本指标仅指被交道的整修工程，如被交道属改线或为规划路、等级提高（改建）等情况，应根据设计数量套用相应的指标另行计算。

（2）分离式立体交叉。分离式立体交叉的桥梁工程按《公路工程估算指标》的桥梁指标进行计算。

顶进箱涵的工程量为箱涵外缘宽度与箱涵长度的乘积，指标包括顶进设施、箱涵预制、顶进、铁路线加固、防护网等全部工程内容。

被交道工程量按设计整修长度计算，指标包括路基、路面、构造物以及其他附属设施等全部工程内容。本指标仅指被交道的整修工程，如被交道属改线或为规划路、等级提高（改建）等情况，应根据设计数量套用相应的指标另行计算。

（3）平面交叉。平面交叉工程量按需要设置的交叉处数计算。本指标包括路基、路面、构造物以及其他附属设施等全部工程内容。

公路与机耕道、大车道平面交叉按被交道等级为 4 级的指标进行计算。

（4）通道。本指标仅适用于跨径为 5m 以内的涵式通道，桥式通道采用《公路工程估算指标》的桥梁指标计算。

通道洞身工程量按需要设置的总长度计算，洞口按需要设置的洞口数量计算。本指标包括通道本身、通道内路面等全部工程内容。指标中通道洞口按一般常用的标准洞口计算，如有特殊洞口，可根据实体圬工量套用公路工程概算定额计算。

若有双孔通道时，按照单孔指标乘以《公路工程估算指标》的涵洞工程说明中盖板涵的双孔系数计算。

（5）人行天桥和渡槽。人行天桥和渡槽工程量按桥梁（渡槽）两端桥台台尾之间的水平距离（全桥长）乘以桥梁梁板或槽口外缘的宽度，以面积计算。人行天桥及渡槽仅适用混凝土结构，不适用钢结构。

6. 交通工程及沿线设施

（1）安全设施指标单位为公路公里，工程量按建设项目路线总长度计算。

本指标已综合匝道的安全设施。若建设项目有连接线，连接线的安全设施则应根据道路等级另行计算。

（2）监控系统指标单位为公里，工程量按建设项目路线总长度扣除隧道（双洞）的长度计算。

（3）通信系统指标单位为公路公里，工程量按建设项目路线总长度计算。

（4）收费系统指标单位为每条收费车道，工程量按建设项目主线和匝道收费所需的收费车道（包括进与出）数目之和计算。

（5）隧道工程机电设施指标分为监控系统、通风系统、消防系统、供配电及照明、预留预埋件等项目。隧道工程机电设施指标单位为千米，工程量以隧道双洞长度计算；若隧道为单洞，则需将指标乘以 0.5 的系数。

（6）独立大桥工程机电设施指标仅适用于跨江、跨海的特大型桥梁工程，不适用于路线项目中一般桥梁工程。独立大桥工程机电设施指标单位为 10 桥长米，工程量按新建独立大桥长度进行计算。

（7）服务房屋指标单位为平方米，工程量按建设项目所需的服务区、停车工区、养护工区、养护管理所等房屋的建筑面积之和计算，但不包括收费天棚的建筑面积。

（8）本章指标均不包括外供电，若建设项目需外供电，则应另行计算。

7. 临时工程

（1）临时便道分简易便道和复杂便道，指标单位为公里，工程量按便道的长度计算。

（2）复杂便道是指山岭重丘区的高速公路或独立长大隧道修建时所需的便道，其余为简易便道，复杂便道的设置可结合当地农村路网规划统筹考虑。

（3）临时便桥仅为一般性便桥，对特殊的便桥应按公路工程概算定额单独计算。

（4）临时码头指标单位为座，工程量按需要设置的座数进行计算。

（5）其他工程指标包括公路交工前养护、临时电力线路、临时通信线路、其他零星工程等，指标单位为公路公里，工程量按建设项目路线总长度计算。

二、指标应用

（一）估算指标的概念

公路建设项目从立项到竣工要经过多个不同的阶段，为了满足各阶段的造价控制和管理的需要，要求编制与之相适应的造价文件，以不同的表现形式反映不同阶段的工作深度和工程价格。前期准备阶段的造价编制是指依据公路建设项目建议书编制的项目建议书投资估算，并依据审批的公路项目建议书编制的公路工程可行性研究报告和投资估算。

《公路工程估算指标》是全国公路专业工程估算指标，适用于公路基本建设新建、改建工程。估算指标是根据交通运输部对公路建设项目建议书和可行性研究报告的工作深度要求，以公路工程行业标准、规范的规定以及近年来公路建设项目的设计和竣工资料为依据而制定的。

（二）估算指标的作用及特点

1. 估算指标的作用

估算指标是以能独立发挥投资效益的建设项目或单项工程为对象扩大的技术经济指标。它既是定额的一种表现形式，又不同于其他计价定额。由于它要与项目的前期工作深度相适应，从项目建设的全过程出发估算全部投资额，比其他各种计价定额具有更大的综合性和概括性。其作用可以概括为以下三条。

（1）在编制项目建议书和可行性研究报告阶段，它是多方案比选、优化设计方案、正确编制投资估算、合理确定项目投资额的重要基础。

（2）在建设项目评价、决策过程中，它是评价建设项目投资可行性、分析投资效益的主要经济指标。

（3）在实施阶段，它是限额设计和工程造价确定与控制的依据。

在计划经济时期，由于绝大部分建设项目是由国家投资、国家制定的各类建设项目投资估算指标，在国家控制固定资产投资规模、引导投资方向、制定中长期投资计划的工作中发挥了重要作用。随着我国社会主义市场经济体制的逐步建立，固定资产投资体制改革的深化，建设项目投资主体已趋于多元化，投资风险责任已趋分散。因此，在项目投资决策和实施阶段，利用估算指标强化投资项目的管理已受到普遍的重视。在实际工作中也正在加强投资估算指标性质、表现形式、编制方法等方面的研究和实践，以更好地适应新形势。

估算指标的编制和管理，是实行全过程造价管理的"龙头"，是固定资产投资管理工作中的一项重要基础性工作，尤其是在当前改革开放、建立和完善社会主义市场经挤体系的形势下，随着固定资产投资体制改革的不断深化，公路基本建设投资渠道的多元化（既有政府，又有集资、引进外资以及 BOT 投资等多种方式）、项目决策的科学化以及投资包干制、设计与施工招标承包制等各项技术经济责任制的建立和完善，其重要性越来越明显。

2. 估算指标的特点

估算指标是以主要工程项目的人工、主要材料、其他材料费、机械使用的消耗量、指标基价为表现形式的指标。

与概预算定额相比，估算指标是以独立的建设、单项工程或单位工程为对象，综合项目全过程投资和建设中的各类成本和费用，反映出其扩大的技术经济指标，既是定额的一种表现形式，又不同于其他的计价定额。估算指标作为项目前期服务的一种扩大的技术经济指标，具有较强的综合性和概括性。

3. 估算指标的表现形式

估算指标与概算定额、预算定额一样，是以人工、主要材料、其他材料费、机械使用费、基价等实物指标为表现形式。实物指标为计算具体建设项目造价和提供人工、主要材料数量使用。估算指标也是一种扩大的定额。

在编制投资估算时，应按指标的说明及附注（包括允许换算说明）正确使用指标，不要随意抽换指标内容，以免造成重算或漏算的失误。

对指标中缺少的项目可以编制地区补充指标。地区补充指标应按照指标的编制原则和方法进行编制，由各省、自治区、直辖市交通厅（局）批准执行，抄交通运输部公路工程定额站备案。

4. 投资估算指标的运用

运用投资估算指标时，要特别注意说明及附录中的规定。指标包含的工程内容或工序很多，而所列细目相对较少，其中调整系数很多，不可漏列，更不可重复。运用时应特别注意，以免出错。

三、建安费结算的方法和要领

建筑安装工程是施工企业按预定生产项目目标创造的直接生产成果，包括建筑工程和设备安装工程两大类。它必须通过施工企业的生产活动以及消耗一定的资源来实现。从理论上讲，建筑安装工程费以建筑安装工程价值为基础。

建筑安装工程的价值由三部分组成：①建筑业转移的生产资料价值；②生产者为自己劳动创造的价值；③生产者为社会劳动所创造的价值。

建筑安装工程费用就是这些价值的货币量化值，它由三部分组成：①施工企业转移的生产资料的费用，主要包括建筑材料、构（配）件的价值和进行建筑安装生产所使用的施工机械等固定资产的折旧费用等；②施工企业职工的劳动报酬和其他必要的费用等；③施工企业向财政缴纳的税金和税后留存的利润，前两部分构成建筑安装工程成本。

现行的《估算编办》规定，建筑安装工程费用由直接费、间接费、利润和税金四部分组成。其中，直接费的计算是关键和核心，其他三部分费用则分别以规定的基数按各自费率计算取费。

建筑安装工程费被称为建筑安装工程造价，又称建设工程造价第一部分费用，是通过兴工动料，完成符合设计要求的建筑安装工程部分所需的费用，是工程造价的主要组成部分。

（一）建安费结算的方法

工程结算的审核方法常用的有全面审核法、重点审核法和经验审查法，具体可根据时间和委托方的要求而定。全面审核法是按照施工图要求，结合预算定额分项工程的细目，逐项审核，其优点是全面、细致、质量高，差错比较少，但费时、工作量太大；重点审核法是抓住工程预算中的重点进行审核，一般选择工程量大或造价较高的项目、补充单价、计取的各项费用作为重点；经验审查法是根据以往的实践经验审查容易出现差错的那部分工程项目。当时间紧、规模大、预（结）算编制质量较好时，一般可采用经验审查法与重点审核法相结合的审核方法；若预（结）算编制质量较差，则宜采用全面审核法。以上方法往往还结合对比审核法、统筹法以提高工作效率和审核质量。

（二）建安费结算的要领

1.以建设项目施工图为主，审核工程量的计算是否准确

工程量计算是否准确直接关系建筑安装工程的价格，所以，审核工程数量是审核工程结算至关重要的内容。审核时，要注意以下三方面。

（1）和预算定额相一致，当审核竣工结算时，还应按照竣工图进行工程量计算。

（2）审查工程结算所报的工程量与实际完成的工程量是否相符。审查时，要注意施工企业有没有为增加结算费用，故意加大工程量，夸大工程施工。特别是对于多方施工的工程项目，要审查有无几个施工企业同报一个工程项目进行结算的情况；是要审查有否重复计算工程情况，要防止施工企业将同一工程分别多次混入其他工程进行结算，或将已结算过的工程，放在其他结算书中重复计算。

2.注重实际，审核单价

建筑安装工程的直接费是由"量"和"价"两个因素相乘求得的，"量"即工程量，"价"即预算定额手册（单位估价表）中每个计量单位分部分项工程的单价。工程量审定后，必须按照定额的规定，正确地套用单价。审核时，要注意审查工程项目内容是否与实

际内容相符；有无低单价套用高价额定子目，有无一般建筑材料套用高级建筑材料，有否将定额中已包含的工作内容另列项目多估算等情形。如果因设计上的特殊要求，缺少定额依据的项目，应编制补充单位估价表。若需要换算的项目，必须附有单价明细分析表。应该审核材料的市场价差，目前建安工程施工多采取包工包料的方法，绝大部分材料由施工单位购买。而三材和其他特贵材料的市场价又随市场行情波动产生价差。

审核材料市场价差有以下三种方法。

（1）按甲乙双方合同中订明的差价补差。

（2）按各地市发布的市场信息价合情合理核定。

（3）按施工单位揭底材料质保书及发票，按加权平均价计算。在当前市场经济条件下，审核人员要掌握市场价格信息及其变动趋向，做到胸中有数，审核时才能对各种价格的合理性做出初步判断，有怀疑时再作进一步调查。

3. 依据标准审核各项费用的取费情况

建筑安装工程费用定额规定，间接费的取费标准系按不同工程不同类别进行划分的。审核取费标准是否正确，必须先审查工程类别划分是否正确。间接费计算方法有两种：①按直接的一定百分比计算；②按人工费的一定百分比计算。在审核时，应当注意按照不同工程、不同类别标准是否正确，必须先审查工程类别划分是否正确。

间接费计算方法有两种：①按直接的一定百分比计算；②按人工费的一定百分比计算。在审核时，应当注意按照不同工程、不同类别套用相应的费率以及间接费的基数是否符合规定。对面议单价、市场单价等要注意，这些费用一般不能取费，容易混淆错算。

4. 根据不同情况，实事求是进行审核

工程结算经过审核后，发现有多估、高套定额时，应根据审核结果予以核减；对于低估、漏列的部分人，也应当实事求是地予以增加。招投标工程应以招标文件、施工合同以及中标价的预算书作为结算审核的依据。凡以招投标形式包干造价的工程，工程量应按核对过的工程量清单为准，当有设计变更或现场实际情况发生变化，经过甲方签证认可才能增减工程量。其单价必须根据招标文件和合同条款的规定执行。

第二节　设备工具器具购置费计算

一、设备购置费

第一，费用内容。设备购置费是指为满足公路的营运、管理、养护需要，购置的达到固定资产标准的设备和虽低于固定资产标准但属于设计明确列入设备清单的设备的费用，包括渡口设备，隧道照明、消防、通风的动力设备，高等级公路的收费、监控、通信、供电设备，养护用的机械、设备和工具、器具等的购置费用。

第二，计算方法。设备购置费应由设计单位列出计划购置的清单（包括设备的规格、型号、数量），以设备原价加综合业务费和运杂费计算。

二、工具、器具购置费

第一，费用内容。工器具购置费是指建设项目交付使用后为满足初期正常营运必须购置的第一套不构成固定资产的设备、仪器、仪表、工卡模具、器具、工作台（框、架、柜）等的费用。该费用不包括构成固定资产的设备、工器具和备品、备件及已列入设备购置费中的专用工具和备品、备件。

第二，计算方法。对于工器具购置，应由设计单位列出计划购置的清单（包括规格、型号、数量），购置费的计算方法同设备购置费。

第三节　工程建设的其他费用计算

一、建设项目管理费计算

建设项目管理费包括建设单位（业主）管理费、建设项目信息化费、工程监理费、设计文件审查费、竣（交）工验收试验检测费。其中建设单位（业主）管理费、建设项目信息化费和工程监理费均为实施建设项目管理的费用，可根据建设单位（业主）、施工、监理单位所实际承担的工作内容和工作量统筹使用。

（一）建设单位（业主）管理费

建设单位（业主）管理费是指建设单位（业主）为进行建设项目的立项、筹建、建设、竣（交）工验收、总结等工作所产生的费用。

第一，建设单位（业主）管理费包括工作人员的工资、工资性津贴、施工现场津贴，社会保险费用（基本养老、基本医疗、失业、工伤保险）、住房公积金、职工福利费、工会经费、劳动保护费，办公费、会议费、差旅交通费、固定资产使用费（包括办公及生活房屋折旧、维修或租赁费，车辆折旧、维修、使用或租赁费，通信设备购置、使用费，测量、试验设备仪器折旧、维修或租赁费，其他设备折旧、维修或租赁费等）、零星固定资产购置费、招募生产工人费，技术图书资料费、职工教育培训经费，招标管理费，合同契约公证费、法律顾问费、咨询费，建设单位的临时设施费、完工清理费、竣（交）工验收费[含其他行业或部门要求的竣工验收费用、建设单位负责的竣（交）工文件编制费]、各种税费(包括房产税、车船使用税、印花税等)，对建设项目前期工作、项目实施及竣工决算等全过程进行审计所发生的审计费用；境内外融资费用（不含建设期贷款利息）、业务招待费及工程质量、安全生产管理费和其他管理性开支。

第二，建设单位（业主）管理费以定额建筑安装工程费为基数，以累进方法计算。

第三，双洞长度超过 5000m 的独立隧道，水深大于 15m、跨径大于或等于 400m 的斜拉桥和跨径大于或等于 800m 的悬索桥等独立特大型桥梁工程的建设单位（业主）管理费，按费率乘以系数 1.3 计算；海上工程 [指由于风浪影响，工程施工期（不包括封冻期）全年月平均工作日少于 15d 的工程] 的建设单位（业主）管理费，按费率乘以系数 1.2 计算。

（二）建设项目信息化费

建设项目信息化费指建设单位（业主）和各参建单位用于建设项目的质量、安全、进度、费用等方面的信息化建设、运维及各种税费等费用，包括建设项目全寿命周期的建筑信息模型等相关费用。建设项目信息化费以定额建筑安装工程费为基数，以累进方法计算。

（三）工程监理费

工程监理费是指建设单位（业主）委托具有监理资格的单位，按施工监理规范进行全面的监督和管理所产生的费用。

第一，工程监理费内容包括工作人员的工资、工资性津贴、施工现场津贴、社会保险费用（基本养老、基本医疗、失业、工伤保险）、住房公积金、职工福利费、工会经费、劳动保护费，办公费、会议费、差旅交通费，办公、试验固定资产使用费（包括办公及生活房屋折旧、维修或租赁费，车辆折旧、维修、使用或租赁费，通信设备购置、使用费，测量、试验、检测设备仪器折旧、维修或租赁费，其他设备折旧、维修或租赁费等）、零星固定资产购置费、招募生产工人费、技术图书资料费、职工教育经费、投标费用，合同契约公证费、法律顾问费、咨询费、业务招待费，财务费用、监理单位的临时设施费、完工清理费、竣（交）工验收费、各种税费、安全生产管理费和其他管理性开支。

第二，工程监理费以定额建筑安装工程费为基数，以累进方法计算。

（四）设计文件审查费

设计文件审查费是指在项目审批前，建设单位（业主）为保证勘察设计工作的质量，组织有关专家或委托有资质的单位，对提交的建设项目可行性研究报告和勘察设计文件进行审查所需要的相关费用。设计文件审查费以定额建筑安装工程费为基数，以累进方法计算。

第一，建设项目若有地质勘察监理，费用在此项目开支。

第二，建设项目若有设计咨询（或称设计监理、设计双院制），其费用在此项目内开支。

（五）竣（交）工验收试验检测费

竣（交）工验收试验检测费指在公路建设项目竣（交）工验收前，由建设单位（业主）或工程质量监督机构委托有资质的公路工程质量检测单位按照有关规定对建设项目的工程质量进行检测并出具检测试验意见，以及进行桥梁动（静）载试验或其他特殊检测等所需的费用。

第一，竣（交）工验收试验检测费按规定的费率计算。道路工程按主线路基长度计算，桥梁工程以主线桥梁、分离式立交、匝道桥的长度之和进行计算，隧道按单洞长度计算。

第二，道路工程，高速公路、一级公路按四车道计算，二级及二级以下公路按两车道计算，每增加 1 个车道，费用增加 10%。桥梁和隧道按双向四车道计算，每增加 1 个车道费用增加 15%。二级及二级以下公路的桥隧工程，按费用的 40% 计算。

二、研究试验费计算

研究试验费指按项目特点和有关规定，在建设过程中必须进行的研究和试验所需的费用以及支付科技成果、专利、先进技术的一次性技术转让费。

第一，研究试验费不包括三项内容：①应由前期工作费（为建设项目提供或验证设计数据、资料等专题研究）开支的项目；②应由科技三项费用（新产品试制费、中间试验费和重要科学研究补助费）开支的项目；③应由施工辅助费开支的施工企业对建筑材料、构件和建筑物进行一般鉴定、检查所产生的费用及技术革新研究试验费。

第二，计算方法。按设计提出的研究试验内容和要求进行编制。

三、建设项目前期工作费计算

建设项目前期工作费指委托勘察设计单位、咨询单位对建设项目进行可行性研究、工程勘察设计以及设计、监理、施工招标文件及招标标底或造价控制值文件编制时，按规定应支付的费用。

第一，费用组成。建设项目前期工程费计算包括四项：①编制项目建议书（或预可行性研究报告）、可行性研究报告、投资估算以及相应的勘察、设计等所需的费用；②通过风洞试验、地震动参数、索塔足尺模型试验、桥墩局部冲刷试验、桩基承载力试验等为建设项目提供或验证设计数据所需的专题研究费用；③初步设计和施工图设计的勘察费、设计费、概（预）算编制及调整概算编制费用等；④设计、监理、施工招标及招标标底（或造价控制值或清单预算）文件编制费等。

第二，计算方法。前期工作费以定额建筑安装工程费为基数，按费率以累进方法计算。

四、专项评价（估）费计算

专项评价（估）费是指依据国家法律法规规定进行评价（评估）、咨询，按规定应支付的费用。

第一，费用组成。专项评价（估）费包括环境影响评价费、水土保持评估费、地震安全性评价费、地质灾害危险性评价费、压覆重要矿床评估费、文物勘察费、通航论证费、行洪论证（评估）费、使用林地可行性研究报告编制费、用地预审报告编制费、项目风险评估费、节能评估费和社会风险评估费、放射性影响评估费、规划选址意见书编制费等费用。

第二，计算方法。依据委托合同，或参照类似工程已产生的费用进行计列。

五、联合试运转费计算

联合试运转费是指建设项目的机电工程，按照有关规定标准，需要进行整套设备带负荷联合试运转所需的全部费用，不包括应由设备安装工程费中开支的调试费用。

第一，费用组成。联合试运转费包括联合试运转期间所需的材料、燃料和动力的消耗，机械和检测设备使用费，工具用具和低值易耗品费，参加联合试运转的人员工资及其他费用等。

第二，计算方法。联合试运转费以定额建筑安装工程费为基数，按费率0.04%计算。

六、生产准备费计算

生产准备费是指为保证新建、改扩建项目交付使用后满足正常的运行、管理发生的工器具购置、办公和生活用家具购置、生产人员培训、应急保通设备购置等费用。

第一，工器具购置费指建设项目交付使用后为满足初期正常运营必须购置的第一套不构成固定资产的设备、仪器、仪表、工卡模具、器具、工作台（框、架、柜）等的费用，不包括构成固定资产的设备、工器具和备品、备件及已列入设备费中的专用工具和备品、备件，工器具购置费由设计单位列出计划购置清单（包括规格、型号、数量），计算方法同设备购置费。

第二，办公和生活用家具购置费是指新建、改扩建工程项目，为保证初期正常生产、使用和管理所购置的办公及生活用家具、用具的费用，包括行政、生产部门的办公室、会议室、资料档案室、阅览室、宿舍及生活福利设施等的家具、用具。办公和生活用家具购置费按规定计算。

第三，生产人员培训费指为保证生产的正常运行，在工程交工验收交付使用前对运营部门生产人员和管理人员进行培训所需的费用，包括培训人员的工资、工资性津贴、职工福利费、差旅交通费、劳动保护费、培训及教学实习费等。该费用按设计定员和3000元/人的标准计算。

第四，应急保通设备购置费指新建、改扩建工程项目，为满足初期正常营运，购置保障抢修保通、应急处置，且构成固定资产的设备所需的费用，该费用由设计单位列出计划购置清单，计算方法同设备购置费。

七、工程保通管理费计算

工程保通管理费指新建或改扩建工程需边施工边维持通车或通航的建设项目，为保证公（铁）路运营安全、船舶航行安全及施工安全而进行交通（公路、航道、铁路）管制、交通（铁路）与船舶疏导所需的和媒体、公告等宣传费用及协管人员经费等。工程保通管理费应按设计需要进行列支。

八、工程保险费计算

工程保险费是指在合同执行期内，施工企业按合同条款要求办理保险的费用，包括建筑工程一切险和第三方责任险。

第一，建筑工程一切险是为永久工程、临时工程和设备以及已运至施工工地用于永久工程的材料和设备所投的保险。

第二，第三者责任险是对因实施合同工程而造成的财产（本工程除外）损失或损害，或人员（业主和承包人雇员除外）的死亡或伤残所负责进行的保险。

第三，工程保险费以建筑安装工程费（不含设备费）为基数，按费率 0.4% 计算。

九、其他相关费用计算

其他相关费用是指国务院行政主管部门及省级人民政府规定的其他与公路建设相关的费用，按其相关规定计算。

第九章　公路工程的投标报价与造价管理

公路工程的投标报价与造价管理是一项集经济与技术于一体的综合性工作，对于公路工程的整体项目具有重要作用。本章主要从公路工程的投标报价与结算编制、造价控制管理分析两方面具体论述。

第一节　公路工程投标报价与结算编制

一、公路工程投标报价编制

目前，随着公路交通基础设施的建设发展，招投标制已逐渐成为当前公路市场主要的竞争方式。[①] 公路工程投标报价的编制既不同于概、预算的编制，也不同于标底的编制。概、预算是国家为控制基本建设投资进行宏观管理，在设计阶段编制的工程建设项目总造价文件。标底是业主在工程招标前，委托咨询单位或自行编制的建筑产品在交易中的预期价格，其目的是衡量投标报价是否合理，并作为评标的参考，建筑产品的最终成交价格由中标单位的投标价决定。

（一）投标准备工作

1. 现场考察

（1）现场考察的重要性。投标人应该参加由招标人安排的正式现场考察，否则投标者可能被拒绝投标。按照惯例，投标人提出的报价一般被认为是在现场考察的基础上编制的，一旦标书交出，如果在投标截止日期后发现问题，投标人就无法因现场考察不周、情况不了解而提出修改标书，或调整标价给予补偿的要求。另外，编制标书需要许多数据并了解有关情况，也要从现场调查中得出。

因此，投标人在报价前必须认真地进行现场考察，全面、细致地了解工地及其周围的

---

① 江山. 公路工程投标报价编制与策略 [J]. 城市建设理论研究（电子版），2014（26）：3416.

经济、政治、地理、法律等情况。如考察时间不够，参加编标人员应在投标预备会结束后，再到现场查看或重点补充考察，并在当地做材料、物资等调查研究，收集编标用的资料。

（2）现场考察的主要内容。

第一，地理条件。

第二，地质和地表下资料。

第三，气象资料。

第四，施工现场准备工作。

第五，进场道路和停车场。

第六，卸货和保管。

第七，公用设施和临时设施。

第八，当地材料及分包人。

第九，当地条件。

第十，健康、安全、环境和治安。

第十一，其他情况。

2. 确定投标方案

（1）确定投标策略。报价策略是投标人在激烈的竞争环境下，为了企业的生存与发展而使用的对策。报价策略运用是否得当，对投标人能否中标以及能否获得利润影响很大。常用的报价策略大致有以下四种：

第一，以获得最大利润为投标策略。施工企业的经营业务近期比较饱满，该企业施工设备和施工水平又较高，而投标的项目施工难度较大、工期短，竞争对手少，非我莫属，在这种情况下，施工企业的报价可比一般市场价格高一些，以获得较大利润。

第二，以获得微利为投标策略。施工企业的经营业务近期不饱满，或预测市场工程项目因资金不足开工较少，为防止职工"窝工"，投标策略往往是多抓几个项目，报价以微利为主。要确定一个低而适度的报价，首先要编制出先进合理的施工方案，在此基础上计算出能够确保合同工期要求和质量要求的最低预算成本。降低公路工程预算成本要从降低直接费和间接费入手。

第三，以保本为投标策略。有些企业为了参加市场竞争，打入其他新的地区、开辟新的业务，并想在这个地区占据一定的位置，往往在第一次参加投标时，用最大限度的低报价，如保本价、无利润价，甚至是亏损5%标价报价进行投标。中标后，企业在施工中充分发挥本企业专长，创优质工程，缩短工期，同时取得业主的信任与同情，以提高奖的形式给予补助，使总价不亏本。

第四，亏损报价策略。在激烈的建筑市场竞争中，有的投标企业报出的标价，超常规的低标，令业主和竞争对手吃惊。超常规的报价方法，常用于施工企业面临生存危机或竞争对手较强，为保住施工地盘或急于解决企业窝工。一旦中标，除解决职工"不窝工"的危机，同时保住地盘并且促进企业加强管理、精兵简政、优化组合，采用合理的施工方法，采取新工艺，从而降低消耗和成本来完成此项目，力争减少亏损或不亏损。

（2）确定报价技巧。具体计算标价时，总的来说是要贯彻总的报价策略意图。例如，整个投标工程采用"低利策略"，则利润要定得较低或很低，甚至管理费率也定得较低，这样才能使标价降低。此外，计算标价中还有一定的技巧，即在工程成本不变的情况下，设法把对外标价报得低一些，待中标后，再按既定办法争取获得较多的收益。报价中这两方面相辅相成，以提高战胜对手的可能性。依据工程承包的经验与方法，常用的报价技巧有以下五种。

第一，不平衡报价法。所谓不平衡报价，是相对通常的平衡报价而言的，它是指在不影响总报价水平的前提下，将某些项目的单价定得比正常单价高，而将另一些项目的单价定得比正常单价低，在保证报价具有竞争力的前提下，获得最大收益。

不平衡报价方法在运用时，要注意单价的不平衡幅度一定要控制在合理范围内，一般控制在 5% ～ 10%，以免引起业主反对，甚至导致废标。如果不注意这一点，有时业主会挑出报价过高的项目，要求投标者进行单价分析，而围绕单价分析中过高的内容压价，以致投标人得不偿失。

第二，利用可谈判的无形标价。在投标文件中，某些不以价格形式表达的"无形价格"，在开标后有谈判的余地，承包人可利用这些条件争取利益。如一些发展中国家货币对世界主要货币的兑换率逐年贬值，在这些国家投标时，投标文件填报的汇率比可以提高。因为投标时，一般是规定采用投标截止日期前 30 天官方公布的固定外汇兑换率。承包人在外汇付款后再换成当地货币使用时，就可以因兑换率的差值而得到额外收益。

第三，调价系数的利用。多数施工承包合同中都包括有关价格调整的条款，并给出利用物价指数计算调价系数的公式，付款时承包人可以根据系数得到由于物价上涨的补偿。投标者在投标阶段就应对该条款进行仔细研究，以便利用该条款得到最大的补偿。对此，可参考两种情况：①在合同提供的计算调价系数的公式中，各项系数未定，标书中只给出系数的取值范围，要求承包人自己确定系数的具体值。此时，投标者应在掌握全部物价趋势的基础上，对价格增长较快的项目取较高的系数，价格较稳定的项目取较低的系数。这样，最终计算出的调价系数较高，因而可以得到较高的补偿。②在各项费用指数或系数确定的情况下，计算各分项工程的调价指数并预测公式中各项费用的变化趋势。在保持总报价不变的情况下，利用不平衡报价的原理，对计算出的调价指数较大的工程报较高的单价，可获较大的利益。

第四，附加优惠条件。附加优惠条件包括如延期付款、缩短工期、留赠施工设备等，可以吸引业主，提高中标的可能性。

第五，其他手法。国际上还有一些报价手法，如扩大标价法、活口升级报价法、多方案报价法、突然袭击法、拼命法、联合保标法等。

（二）工程量清单

1. 清单构成

工程量清单一般由工程量清单说明、投标报价说明、计日工说明、其他说明，以及工程量清单表、计日工表、暂估价表、投标报价汇总表、工程量清单单价分析表构成。

（1）工程量清单说明

第一，工程量清单是根据招标文件中包括的、有合同约束力的图纸以及有关工程量清单的国家标准、行业标准、合同条款中约定的工程量计算规则编制。约定计量规则中没有的子目，其工程量按照有合同约束力的图纸所标示尺寸的理论净量计算，计量采用中华人民共和国法定计量单位。

第二，工程量清单应与招标文件中的投标人须知、通用合同条款、专用合同条款、技术规范及图纸等一起阅读和理解。

第三，工程量清单中所列工程数量是估算的或设计的预计数量，仅作为投标报价的共同基础，不能作为最终结算与支付的依据。实际支付应按实际完成的工程量，由承包人按技术规范规定的计量方法，以监理人认可的尺寸、断面计量，按工程量清单的单价和总额价计算支付金额；或者根据具体情况，按有关合同条款的规定，由监理人确定的单价或总额价计算支付额。

第四，工程量清单各章是按《公路工程标准施工招标文件》第七章"技术规范"相应章次编号的，因此，工程量清单中各章的工程子目的范围与计量等应与"技术规范"相应章节的范围、计量与支付条款结合起来理解或解释。

第五，对作业和材料的一般说明或规定，未重复写入工程量清单内，在给工程量清单各子目标价前，应参阅《公路工程标准施工招标文件》第七章"技术规范"的有关内容。

第六，工程量清单中所列工程量的变动，丝毫不会降低或影响合同条款的效力，也不免除承包人按规定的标准进行施工和修复缺陷的责任。

第七，图纸中所列的工程数量表及数量汇总表仅是提供资料，而不是工程量清单的外延。当图纸与工程量清单所列数量不一致时，以工程量清单所列数量作为报价的依据。

（2）投标报价说明

第一，工程量清单中的每一子目须填入单价或价格，且只允许有一个报价。

第二，除非合同另有规定，工程量清单中有标价的单价和总额价均已包括为实施和完成合同工程所需的劳务、材料、机械、质检（自检）、安装、缺陷修复、管理、保险、税费、利润等费用以及合同明示或暗示的所有责任、义务和一般风险。

第三，工程量清单中投标人没有填入单价或价格的子目，其费用视为已分摊在工程量清单中其他相关子目的单价或价格之中。承包人必须按监理人指令完成工程量清单中未填入单价或价格的子目，但不能得到结算与支付。

第四，符合合同条款规定的全部费用应认为已被计入有标价的工程量清单所列各子目之中，未列子目不予计量的工作，其费用应视为已分摊在本合同工程有关子目的单价或总额价之中。

第五，承包人用于本合同工程的各类装备的提供、运输、维护、拆卸、拼装等支付的费用，已包括在工程量清单的单价与总额价之中。

第六，工程量清单中各项金额均以人民币（元）结算。

（3）计日工说明

第一，计日工劳务。计日工劳务说明包括两点：①在计算应付给承包人的计日工工资时，工时应从工人到达施工现场，并开始从事指定的工作算起，到返回原出发地点为止，扣去用餐和休息的时间。只有直接从事指定的工作，且能胜任该工作的工人才能计工，随同工人一起做工的班长应计算在内，但不包括领工（工长）和其他质检管理人员。②承包人可以得到用于计日工劳务的全部工时的支付，此支付按承包人填报的"计日工劳务单价表"所列单价计算，该单价应包括基本单价及承包人的管理费、税费、利润等所有附加费用。

第二，计日工材料。承包人可以得到计日工使用的材料费用（上述"计日工劳务中"已计入劳务费内的材料费用除外）的支付，此费用按承包人"计日工材料单价表"中所填报的单价计算，该单价应包括基本单价及承包人的管理费、税费、利润等所有附加费用。

第三，计日工施工机械。计日工施工机械说明包括两点：①承包人可以得到用于计日工作业的施工机械费用的支付，该费用按承包人填报的"计日工施工机械单价表"中的租价计算。该租价应包括施工机械的折旧、利息、维修、保养、零配件、油燃料、保险和其他消耗品的费用以及全部有关使用这些机械的管理费、税费、利润和司机与助手的劳务费等费用。②在计日工作业中，承包人计算所用的施工机械费用时，应按实际工作小时支付。除非经监理人同意，计算的工作小时才能将施工机械从现场某处运到监理人指令的计日工作业的另一现场往返运送时间包括在内。

（4）工程量清单

第一，工程量清单表。工程量清单表是招标工程中按章的顺序排列的各个项目表。表中有子目号、子目名称、单位、数量、单价及合价栏目。其中，单价或合价栏的数字一般由承包商投标时填写，而其他部分一般由业主或者招标单位在编制工程量清单时确定。

工程量清单表分章排列有利于将不同性质、不同部位、不同施工阶段或其他特性不同的工程区别开来，同时也有利于将那些需要采用不同施工方法、不同施工阶段或成本不一样的工程区别开来。

工程子目按章、目、节、细目的形式设置，至于具体分多少章，章中又设多少目，目下又划分多少节，节下又分多少细目，则视工程实际情况确定。

第二，计日工表。计日工表由计日工劳务、计日工材料、计日工施工机械等内容组成。在招标文件中一般列有劳务、材料、施工机械和计日工汇总表。

计日工清单是用来处理一些临时性的或新增加项目（小到可以用计日工的形式来计价）计价用的。清单中计日工的数量是业主虚拟的，通常称为"名义工程量"。投标者在填入计日工单价后，再乘以"名义工程量"，然后将汇总的计日工总价加入投标总报价中，以避免承包商投标时计日工的单价报得太高。

第三，暂估价表。暂估价表由材料暂估价表、工程设备暂估价表、专业工程暂估价表等内容组成。

第四，投标报价汇总表。投标报价汇总表是将各章的工程量清单表及计日工表进行汇总，再加上一定比例或数量（按招标文件规定）的暂列金额而得出该项目的总报价，该报价与投标书中填写的投标总价是一致的。

第五，工程量清单单价分析表。根据招标文件明确的预算编制办法、外业调查资料、企业自身情况等资料编制工程量清单单价分析表。

2. 复核、分解工程量

要正确合理地确定投标报价，首先就要复核工程量，然后按照工程量清单再对工程量进行分解。

公路工程设计文件是安排建设项目、控制造价、编制招标文件、组织施工和竣工验收的重要依据。作为公路造价编制人员，认真熟悉并读懂设计文件中的设计图表和设计说明，是正确计算工程量、合理确定工程造价的首要前提。

在公路工程不同设计阶段的设计图表中，实际上已经由设计人员计算出了工程数量并用表格的形式在设计文件中给出；在设计结构图中，也给出了相应的工程数量。但需要注意的是，在设计图中给出的工程数量往往不能直接作为造价（估算、概预算、标底、报价、结算等）文件编制的工程数量，其原因在于设计人员在工程数量计算中采用的工程量计算规则或计算方法可能与造价文件编制中要求的工程量计算方法、计算规则有出入，且设计图中的单位工程量往往与造价文件编制中要求的单位工程量不一致。因此，在造价文件编制的工程量计算中，首先应认真熟悉并读懂设计文件，正确计算或在设计图中正确摘取工程数量。

在工程量清单模式下，对设计图纸的理解和领会就更加重要，由于在设计文件中，设计人员通过图纸表达设计意图，其工程量主要表现为最终结果的预期数量；在工程量清单模式下根据工程量清单重新进行组织，采用实物量化将图纸工程量进行分解或归拢；在投标价和标底组价中，又需要根据定额的工程量计算规则和计算方法进行分解、调整，在不同的计算规则和计算方法之间相互转化。从总体上来讲，都是这么多工程量在相互转化，但不同的组织方式可能出现不同的结果，尤其在工程量清单招标中，对量的不合理分解将导致不合理报价的产生或者对投标单位产生严重的后果。

（三）基础标价计算

1.公路工程投标价编制依据

（1）招标文件。招标文件是编制投标报价的重要资料，编标前应认真仔细地研究，以全面了解承包人在投标中的权利和义务，深入分析施工中所面临的和需要承担的风险，发现招标文件中的漏洞和疏忽，为合理确定标价、制定投标策略寻找依据，创造条件。实践证明，吃透招标文件可为投标成功打下良好的基础，否则，容易带来投标失误甚至造成无法弥补的损失。

（2）现场考察收集的资料。现场考察是承包人投标时全面了解现场施工环境及施工风险的重要途径，是投标单位做好投标报价的先决条件。投标单位在报价以前必须认真进行现场考察，全面、细致地了解工程所在地的政治、经济、法律、地理及现场施工条件等情况，收集与报价有关的各种数据资料。

（3）施工组织设计。施工组织设计的优劣不仅影响施工的顺利进行，而且影响标价的高低。不同的施工方案、不同的施工顺序、不同的平面布置所需的工程费用是不一样的，有时还会相差很大。在进行投标时，应编制出技术上可行、经济上合理的施工组织设计，并以此作为编制投标报价的依据。

（4）本企业的资料。包括三点：①本企业历年来（至少5年）已完工程的成本分析资料；②本企业为本项目提供新添施工设备经费的可能性；③本企业的定额。

（5）其他资料。包括两点：①招标文件所规定的各种国家标准、部颁标准、技术规范等；②国家颁发的《公路工程施工定额》《公路工程预算定额》《公路基本建设工程概算、预算编制办法》及地方政府颁发的有关收费标准和定额。

2.基础标价计算细则

我国投标人员常采用定额单价分析法来计算直接费和间接费。定额单价法是按照招标文件的工程量清单所列工程细目，选用与工作内容相适应的工、料、机消耗定额，并分析实际的工、料、机单价，从而计算出各工程细目的直接工程费用；根据有关费用定额计算其他工程费和间接费用。它与编制工程概预算的方法大致相同，但报价所依据的工、料、机消耗定额和其他工程费及间接费费用定额应反映企业实际水平的施工定额，工、料、机价格应是市场价格。

但是，由于技术及经验和所掌握的资料的限制，目前投标人还是以概、预算定额及概、预算编制办法为基础进行成本预测，并以此作为报价的依据。但是，从长远来看，根据企业定额进行投标报价才具有竞争力，才符合我国《招投标法》和国际惯例。

（四）报价分析及调整

1. 报价分析

初步计算出标价之后，应对标价进行多方面的分析和评估，其目的是探讨标价的经济合理性，从而作出最终报价决策。标价分析包括单价分析与总价分析。单价分析就是对工程量清单中所列分项单价进行分析和计算，确定出每一分项的单价和合价，分析标价计算中使用的劳务、材料、施工机械的基础单价以及选用的工程定额是否合理，是否符合拟投标工程的实际情况。

同时，应根据以往本企业的投标报价资料进行对比分析，合理确定投标单价和总报价。标价的分析评估可以从以下三个方面进行：

（1）标价的宏观审核。标价的宏观审核是依据长期的工程实践中积累的大量经验数据，用类比的方法，从宏观上判断初步计算标价的合理性。

第一，分析分项统计计算书中的汇总数据，并计算其比例指标。

第二，通过对各类指标及其比例关系的分析，从宏观上分析标价结构的合理性。如分析总直接费和总管理费的比例关系，劳务费和材料费的比例关系，临时设施和机具设备费与总的直接费用的比例关系，利润、流动资金及其利息与总标价的比例关系等。承包过类似工程的有经验的承包人不难从这些比例关系中判断标价的构成是否基本合理，如果发现有不合理的部分，应当初步分析其原因。首先研究拟投标工程与其他类似工程是否存在某些不可比因素，如果考虑了不可比因素的影响后，仍存在不合理的情况，就应当深入分析其原因，并考虑调整某些定额或分摊系数。

第三，探讨上述平均人月产值和人年产值的合理性和实现的可能性。如果从本企业的实践经验角度判断这些指标过高或过低，就应当考虑所采用定额的合理性。

第四，参照同类工程的经验，扣除不可比因素后，分析单位工程价格及用工、用料量的合理性。

第五，从上述宏观分析得出初步印象后，对明显不合理的标价构成部分进行微观方面的分析检查。重点是在提高工效、改变施工方案、降低材料设备价格和节约管理费用等方面提出可行措施，并修正初步计算的标价。

（2）标价的动态分析。标价的动态分析是假定某些因素发生变化，测算标价的变化幅度，特别是这些变化对计划利润的影响。

第一，工期延误的影响。由于承包人自身的原因，如材料设备交货拖延、管理不善造成工程延误、质量问题造成返工等，承包人可能增大管理费、劳务费、机械使用费以及占用的资金及利息。这些费用的增加不可能通过索赔得到补偿，甚至还会导致误期赔偿。在一般情况下，可以测算工期延长某一段时间，上述各种费用增大的数额及其占总标价的比率。这种增大的开支部分只能用风险费和计划利润来弥补。因此，可以通过多次测算，分析工期拖延多久利润将全部丧失，从而得出可行的补偿费。

第二，物价和工资上涨的影响。通过调整标价计算中材料设备和工资上涨系数，测算其对工程计划利润的影响。同时，切实调查工程物资和工资的升降趋势及幅度，以便作出恰当判断。通过这一分析，可以得知投标计划利润对物价和工资上涨因素的承受能力。

第三，其他可变因素影响。影响标价的可变因素很多，而有些是投标人无法控制的，如贷款利率的变化、政策法规的变化等。通过分析这些可变因素的变化，可以了解投标项目计划利润的受影响程度。

（3）标价的盈亏分析。初步计算的标价经过宏观审核与进一步分析检查后，可能对某些分项的单价做必要的调整，然后形成基础标价，再经盈亏分析，提出可能的低标价和高标价，供投标报价决策时选择。

第一，盈余分析。盈余分析是从标价组成的各个方面挖掘潜力、节约开支，计算出基础标价可能降低的数额，即所谓"挖潜盈余"进而算出低标价。

第二，亏损分析。亏损分析是分析在算标时由于对未来施工过程中可能出现的不利因素考虑不周和估计不足，可能产生的费用增加和损失。

2. 报价调整

（1）有关费用的分摊。摊销费是指不能作为工程量清单第100章总则费用的单独项目，且其所产生的费用涉及两个或两个以上清单编号，需要直接摊入各分项单价中的费用。

摊销费可分为两种类型：一类是费用类，如利润风险金等；另一类是实物类，如预制场站（或拌和站）的建设费用、拌和站的安拆费用等。对上述费用进行分摊的目的是使报价更为合理，做到不重不漏。

（2）单价的调整。投标人的总报价确定后，应按照前面所讲的报价技巧调整单价，以期在工程结算时取得最好的经济效益。

二、公路工程结算编制

公路工程造价结算合理编制是提高相关单位经济效益的重要保障。[①]公路工程结算是合同各方根据合同价款的约定进行费用结算的活动。工程费用结算是指业主、承包人和监理工程师对工程的合同价款进行约定和依据合同约定进行的工程预付款、工程进度款、工程竣工费用结算的活动。工程费用结算是业主、承包人、监理工程师共同参与的活动，应当遵循合法、平等、诚信的原则，并符合国家有关法律法规和政策。

（一）公路工程结算与支付

1. 工程量清单内费用项目

《标准文件》中的工程量清单内容包括总则、路基、路面、桥梁涵洞、隧道、安全设施及预埋管线、绿化及环境保护设施。

---

① 贺吉祥. 简析公路工程造价中的预结算编制问题及其策略 [J]. 百科论坛电子杂志，2018（19）：134.

工程量清单所列工程数量是估算或设计的预计数量，不能作为承包人最终结算和支付依据。实际支付应按实际完成的工程量，由承包人按技术规范规定的计量方法，以监理工程师认可的尺寸、断面计量，按工程量清单的单价和总额价计算支付金额；或者根据具体情况，按合同条款规定，由监理工程师确定的单价或总额价计算支付额。

2. 工程量清单以外、合同以内的费用项目

（1）预付款。预付款包括开工预付款和材料、设备预付款。具体额度和预付办法有以下两条。

第一，开工预付款的金额在项目专用条款数据表中约定。在承包人签订了合同协议书并提交了开工预付款保函后，监理人应在当期进度付款证书中向承包人支付开工预付款70%的价款；在承包人承诺的主要设备进场后，再支付预付款30%。承包人不得将该预付款用于与本工程无关的支出，监理人有权监督承包人对该项费用的使用，如经查实承包人滥用开工预付款，发包人有权立即通过向银行发出通知收回开工预付款保函的方式，将该款收回。

第二，材料、设备预付款按项目专用合同条款数据表中所列主要材料、设备单据费用（进口的材料、设备为到岸价，国内采购的为出厂价或销售价，地方材料为堆场价）的百分比支付。其预付条件有三条：①材料、设备符合规范要求并经监理人认可；②承包人已出具材料、设备费用凭证或支付单据；③材料、设备已在现场交货，且存储良好，监理人认为材料、设备的存储方法符合要求。

监理人应将此项金额作为材料、设备预付款计入下一次的进度付款证书中。在预计竣工前3个月，将不再支付材料、设备预付款。

（2）预付款的扣回与还清。

第一，开工预付款在进度付款证书的累计金额未达到签约合同价的30%之前不予扣回，在达到签约合同价30%之后，开始按工程进度以固定比例（每完成签约合同价的1%，扣回开工预付款的2%）分期从各月的进度付款证书中扣回，全部金额在进度付款证书的累计金额达到签约合同价的80%时扣完。

第二，当材料、设备已用于或安装在永久工程之中时，材料、设备预付款应从进度付款证书中扣回，扣回期不超过3个月。已经支付材料、设备预付款的材料、设备的所有权应属于发包人。

（二）质量保证金

质量保证金是在中期支付中将承包人已完工程应得的款项扣留一部分，用以促使承包人履行合同中规定的责任。

监理人应从第一个付款周期开始，在发包人的进度付款中，按项目专用合同条款数据表规定的百分比扣留质量保证金，直至扣留的质量保证金总额达到项目专用合同条款数据

表规定的限额。质量保证金的计算额度不包括预付款的支付、扣回以及价格调整的金额。

在约定的缺陷责任期满时，承包人向发包人申请到期应返还承包人剩余的质量保证金金额，发包人应在14天内会同承包人按照合同约定的内容核实承包人是否完成缺陷责任。如无异议，发包人应当在核实后将剩余保证金返还承包人。

在约定缺陷责任期满时，承包人没有完成缺陷责任的，发包人有权扣留与未履行责任剩余工作所需金额相应的质量保证金余额，并有权要求延长缺陷责任期，直至完成剩余工作。

（三）计日工

发包人认为有必要时，由监理人通知承包人以计日工方式实施变更的零星工作。其价款按列入已标价工程量清单中的计日工计价子目及其单价进行计算。

采用计日工计价的任何一项变更工作，应从暂列金额中支付，承包人应在该项变更的实施过程中，每天提交以下五种报表和有关凭证报送监理人审批：

第一，工作名称、内容和数量。

第二，投入该工作所有人员的姓名、工种、级别和耗用工时。

第三，投入该工作的材料类别和数量。

第四，投入该工作的施工设备型号、台数和耗用台时。

第五，监理人要求提交的其他资料和凭证。

计日工由承包人汇总后，列入进度付款申请单，由监理人复核并经发包人同意后列入进度付款。

（四）逾期竣工违约金

由于承包人原因造成工期延误，承包人应支付逾期竣工违约金。逾期竣工违约金的计算方法在专用合同条款中约定。承包人支付逾期竣工违约金，不免除承包人完成工程及修补缺陷的义务。

（五）工期提前奖励

发包人要求承包人提前竣工，或承包人提出提前竣工的建议能够给发包人带来效益的，应由监理人与承包人共同协商采取加快工程进度的措施和修订合同进度计划。发包人应承担承包人由此增加的费用，并向承包人支付专用合同条款约定的相应奖金。

第二节　公路工程的造价控制管理分析

公路工程造价管理是公路工程建设项目的重要环节，通过对公路工程招标阶段的造价进行科学有效的控制和管理，不仅能够促使公路工程的整体造价更加完善，同时也能够有效提升公路工程的整体收益。[①]

一、工程变更

由于建设工程项目建设的周期往往较长，涉及的关系较为复杂，同时受自然条件和客观因素的影响也较大，导致项目的实际工程情况与招标时的情况相比往往会有一些变化，出现工程变更。

（一）工程变更的概念与法律特征

1. 工程变更的概念

工程变更一般是指在工程施工过程中，根据合同约定对施工的程序、工程内容、数量、质量要求及标准等作出的变更。

在工程项目的实施过程中，经常会出现工程形式、数量、性质、进度等方面变化的问题。这些问题产生的原因有两方面：一方面，由于勘察设计工作不细致，以至于在施工过程中发现许多招标文件中没有考虑或估算不准确的情况，因而不得不改变施工项目或增减工程量；另一方面，由于发生不可预见的事件，比如地质条件与预计的不同，或社会原因引起的停工或工期拖延等。工程变更的目的是使工程更完善、合理或有利于工程的实施。因此，一旦发生工程变更，应遵循合同条款规定进行。

2. 工程变更的法律特征

合同变更一般是指合同内容的变更，即在合同成立后尚未履行完毕之前，合同当事人就合同的内容进行修改和补充的行为。其特征有：合同变更必须双方协商一致，并在原合同的基础上达成新协议；合同变更必须在原合同履行完毕之前实施；合同变更只是在原合同存在的前提下对部分内容进行修改、补充，而不是对合同内容的全部变更。根据《中华人民共和国》（简称《合同法》）合同法的规定，当一方以欺诈、胁迫的手段或乘人之危，使对方在违背真实意思的情况下订立的合同，或存在重大误解、显失公平订立的合同，可请求人民法院或仲裁机构对合同进行法定变更。

工程变更与一般的合同变更相比，主要具有以下两条法律特征：

（1）工程变更具有强制性。在《公路工程国内招标范本》和 FIDIC 通用条款中对工程变更规定：如业主或监理工程师认为有必要时，可根据 2.1 款的规定对本合同工程或其任何部分的结构形式、质量、等级或数量做出变更，同时监理工程师有权指令承包商进行变更、增加或取消原合同中规定的工作内容，即工程变更不是以业主和承包商的协商一致为前提的。只要工程变更在客观上需要发生，监理工程师就可以（在业主批准后）提出，而承包商在接到监理工程师的变更指示后必须无条件地执行，承包商只能就变更工程的价格问题提出协商意见或索赔要求。

---

① 王静轩. 公路工程招标阶段的造价控制和管理分析 [J]. 交通世界（下旬刊），2020（9）：153.

（2）工程变更令是工程变更有效成立的前提。《合同法》规定，合同双方达成的变更协议是执行合同变更的依据，没有变更协议的合同变更是一种无效变更或擅自变更合同的行为，应承担违约责任。在《公路工程国内招标范本》和 FIDIC 通用条款中对工程变更规定不同的是：监理工程师下达工程变更指令是工程变更成立的依据，而没有监理工程师变更指令的变更是一种无效变更或擅自变更行为，监理工程师有权不签证。

值得注意的是，当工程变更超出合同条款中规定的变更形式，特别是超出本工程的范围时，一般不能按工程变更的规定由监理工程师来处理，而应根据《合同法》有关合同变更的规定，由双方协商一致通过签订变更协议来解决。

（二）工程变更产生的原因

引起工程变更的原因有很多，有业主、设计、监理及承包商提出的工程变更，也有其他自然条件方面的原因造成的工程变更。

1. 业主的原因

如果是业主提出的工程变更，监理工程师应与承包商协商，看是否合理可行，主要看业主方提出的工程变更内容是否超出合同限定的范围。若属于新增工程，则不能作为工程变更，只能按另签合同处理，除非承包方同意作为变更。

2. 设计方的原因

设计人员提出的工程变更往往是技术上的原因，可视为业主的要求，则必须通过监理工程师下达工程变更指令。

3. 监理方的原因

监理工程师往往会根据工地现场的工程进展的具体情况，在认为确有必要时，提出工程变更，主要有下列两条内容。

（1）公路工程承包合同施工中，常有通道与涵洞及排水系统在设计阶段考虑不周，或施工时环境发生变化的情况，监理工程师应本着节约工程成本和加快工程进度与保证工程质量的原则，提出工程变更。如陕西省三原至铜川高速公路项目，经现场监理人员调查后，考虑排洪，增加 K81+450 处圆管涵洞；取消原设计 K82+340 通道，增加 K82+185.5 通道；并增加综合排水系统等。另外，还有改变桥梁或通道与引道的交角，顺接线路，变更支线或引道工程等。由于上述变更属于业主授权的范围，故经监理工程师批准即可下达变更指令。

（2）桥梁工程施工中，主要在地基基础方面提出变更的较多。例如，某公路桥梁项目，由于原设计对桥梁地基的土质调查不清，原设计为石拱桥，开工后虽然承包商做了地基处理，但仍存在不均匀的地基基础沉降，可能造成拱圈开裂，危及工程安全，经监理工程师与承包商一起现场调查分析后，监理工程师下达工程变更令，改拱桥为板梁桥，并对桥台基础做了加固处理，且对费用重新估价计算。

4.承包商的原因

如果是由承包商提出工程变更，应提交监理工程师审查。承包商在提出工程变更时，一种情况是工程遇到不能预见的地质条件或地下障碍，如原设计的斜拉桥基础为钻孔灌注桩，承包商根据开工后钻探的地质条件和施工经验，认为改成沉井基础较好，上报监理工程师。另一种情况是承包商为了节约工程成本或加快工程施工进度，提出工程变更。例如，陕西的三原至铜川高速公路项目，原设计图纸上要求圆管涵直径为1m，管壁厚为10cm，但承包商为加快工程进度，到外面工厂采购来的成品管涵直径为1m，管壁厚为9cm。上报监理工程师后，经验算审核，满足原设计荷载要求及构造要求，故同意承包商使用，并下达工程变更令。

5.自然条件和客观障碍的原因

工程承包合同执行过程中，由于地下水、地质断层、地下溶洞和地基沉陷等无法预料的不利自然条件，以及现场调查时无法发现的下水道、公共设施、坑、文物、隧道及废旧建筑物等客观障碍，造成工程项目数量、设计内容或施工方法等发生变化，从而引起工程变更。

总之，有关工程变更的原因是多种多样的，要根据工程项目实际情况合理确定。只要提出的工程变更与原合同规定一致，并且切实可行，便可办理相关工程变更手续。如果工程变更超出了原合同规定，新增了很多新的工程项目和内容，则不属于合理的工程变更请求，监理工程师应和业主协商后酌情处理。

（三）工程变更对施工的影响

1.对工期的影响

大多数工程承包合同赋予业主在合同范围内进行工程变更的权力。当变更按照合同规定发生时，承包商必须实施变更工程，同时应分析变更工程可能产生的影响。工程变更通常会由于以下三个方面原因引起工期延误：

（1）由于新增工程任务需要承包商增加额外工作时间来完成变更工程，从而使得计划工期延长。

（2）业主没有及时发布变更令，当承包商提交了工程变更申请单后，由于业主未能及时审核和确认工程变更，阻碍了承包商及时实施变更，影响了其他未变更工程的施工进度，导致工期延误和成本增加。

（3）工程变更引起的干扰使得承包商加班或加时工作，增加了工人的疲劳，打断了施工节奏等，导致工作效率下降，完成相同的任务量需增加工作时间。

在工程实践中，判断变更活动引起的延误、暂停和干扰是否确实延误了计划竣工日期，需要借助关键路线分析方法。如果变更影响了关键路线上的活动，或者由于变更的连锁反应使得非关键活动成为关键活动，并发生了进度拖后，则总工期必须调整。承包商能否获得工期延长的补偿，要看延误是不是业主的变更造成的。如果的确是由业主的变更造成的，则承包商可获得工期补偿。

2. 对费用的影响

当工程发生变更时，不仅变更工作本身可能产生工期延长和（或）额外成本，而且经常会影响其他相关工作，对工程产生多米诺骨牌效应。工程变更对费用产生的影响有以下五条：

（1）工程变更改变了原工作项目的性质、增加了施工难度和施工成本。

（2）变更工作影响整个工程或工程的其他任何部分，使得合同中的原单价或价格变得不合理和不合适。

（3）对于已批准的承包商施工计划中安排的施工顺序或完成的时间进行了变更，导致承包商重新调遣队伍或施工机械，或造成人员和施工机械的闲置。

（4）工程变更造成了工程量减少，而没有同时增加其他替代工作，造成了承包商管理费和利润的损失。

（5）变更工作导致发生了其他额外成本。为了计算变更对工期和费用影响的补偿，业主会要求承包商提供变更对工程产生负面影响的事实证据。大多数施工合同关于工程变更补偿的条款仅限于变更工程的工期和费用，对未变更工程影响的补偿需要引用其他合同条文论证，需要承包商提供变更对工期和费用影响的证据。如果业主和承包商对变更的费用和工期调整未能取得一致，工程变更就会演变成工程索赔。

（四）工程变更的范围和程序

1. 工程变更的范围

《公路工程标准施工招标文件》通用合同条款规定在履行合同中发生以下六种情形之一的，经发包人同意，监理人可按合同约定的变更程序向承包人发出变更指示：

（1）取消合同中任何一项工作，但被取消的工作不能转由发包人或其他人实施，此项规定是为了维护合同公平，防止某些发包人在签约后擅自取消合同中的工作，转由发包人或由其他承包人实施而使本合同承包人蒙受损失。如发包人将取消的工作转由自己或其他人，则构成违约，按照《合同法》的规定，发包人应赔偿承包人损失。

（2）改变合同中任何一项工作的质量或其他特性。

（3）改变合同中工程任何部分的基线、标高、位置或尺寸。

（4）改变合同中任何一项工作的施工时间或改变已批准的施工工艺或顺序。

（5）为完成工程需要追加的额外工作。

（6）改变合同中包括的任何工作的数量。

在合同履行过程中，如果监理人、发包人和承包人发现出现上述约定情形的，均可提出变更建议，但变更指示只能由监理人发出。监理人发出的变更指示应说明变更的目的、范围、变更内容以及变更的工程量及其进度和技术要求，并附有关图纸和文件。承包人收到变更指示后，应按变更指示进行变更工作。没有监理人的变更指示，承包人不能进行任何变更。在履行合同过程中，经发包人同意，监理人可按约定的变更程序向承包人作出变更指示，承包人应遵照执行。没有监理人的变更指示，承包人不得擅自变更。

2. 工程变更程序

（1）变更意向通知。变更意向通知是监理工程师根据合同规定，准备对工程进行变更时，向承包商发出的通知书，其主要内容包括以下四条：

第一，变更的工程项目、部位或合同中某部分的内容。

第二，变更的原因、依据及有关的文件、图纸、资料。

第三，要求承包商据此安排变更工程的施工等事宜。

第四，要求承包商提交此项变更给其费用带来影响的估价报告。

（2）搜集变更资料。

第一，变更前后的图纸（或合同、文件等）。招标时的图纸（或合同、文件）以及开工后补发的图纸等，都是工程技术法规性文件，所有的工程图纸，包括招标时的图纸，技术设计图纸，施工图设计图纸，承包商自己设计的施工图图纸，监理工程师指令变更前和变更后所有的图纸，都必须归类保存，尤其是变更前后的图纸是变更工程数量计算的原始资料。

第二，技术变更洽商记录。监理工程师组织业主、设计单位及承包商等参加的工程变更问题技术洽商以及所作记录，是工程变更情况商讨的结果，显然是工程变更的重要依据。

第三，技术研讨会记录。工程项目实施过程中，因其技术复杂性，有时需召集有关专家进行专项技术研讨，如大跨度钢管混凝土拱桥施工中，管内混凝土灌注工艺及合龙温度等重大技术需组织技术研讨，确定施工方法、合龙温度及技术措施。会议上所作的技术研讨会记录，是工程变更的主要依据之一

第四，来往的文件和会议记录。随着工程的进展，大量的文件和信函以及会谈的记录等资料都应分类归档，特别是来自业主、监理工程师和承包商以及政府部门等来往文件，将成为提供工程变更的有力证据。

第五，行业规定及其他文件。

（3）变更费用评估。明确变更项目之后，变更费用评估是一项重要工作。监理工程师必须根据所掌握的文件资料和搜集到的变更证据及实际情况，按照合同的有关条款，考虑综合影响因素，完成下列两项工作之后对变更费用作出合理评估：

第一，审核变更工程数量。监理工程师审核变更工程数量的主要依据有两条：①变更通知及变更图纸；②监理工程师现场计量的结果。

第二，确定变更工程的单价。变更工程单价的确定一般遵循合同规定的程序进行。

（4）协商价格并签发变更令。

第一，协商价格。监理工程师按照合同规定的变更工程定价原则，与承包商及业主就其对工程变更费用评估的结果进行磋商，在意见达不成一致时，监理工程师有权确定最终的价格。

第二，签发变更令。变更资料齐全、变更费用确定之后，监理工程师根据合同规定，签发《工程变更令》。其变更令主要内容包括五点：①文件目录；②工程变更令；③工程变更说明；④工程变更费用估计表；⑤有关变更的附件，如变更前后的图纸，业主、承包商、监理工程师方面的会议、会谈记录与文件，有关设计部门对变更的意见，有关行业部门、上级主管部门的文件，承包商的预算报告，确定工程数量及单价的证明资料等。

一般设计变更是指除重大设计变更和较大设计变更以外的其他设计变更。公路工程重大、较大设计变更实行审批制。重大设计变更由交通运输部负责审批。较大设计变更由省级交通主管部门负责审批。项目法人负责对一般设计变更进行审查。

公路工程勘察设计、施工及监理等单位可以向项目法人提出公路工程设计变更的建议。设计变更的建议以书面形式提出，并注明变更理由。项目法人也可以直接提出公路工程设计变更的建议。对一般设计变更建议，由项目法人根据审查核实情况或者论证结果决定是否开展设计变更的勘察设计工作。对较大设计变更和重大设计变更建议，项目法人经审查论证确认后，设计变更的勘察设计由公路工程的原勘察设计单位承担。经原勘察设计单位书面同意，项目法人也可以选择其他具有相应资质的勘察设计单位承担。设计变更勘察设计单位应及时完成勘察设计，形成设计变更文件，并对设计变更文件承担相应责任。

设计变更文件完成后，项目法人组织对设计变更文件进行审查。一般设计变更文件由项目法人审查确认后决定是否实施。项目法人应当在 15 日内完成审查确认工作。重大及较大设计变更文件经项目法人审查确认后报省级交通主管部门审查。其中，重大设计变更文件由省级交通主管部门审查后报交通运输部批准；较大设计变更文件由省级交通主管部门批准，并报交通运输部备案。若设计变更与可行性研究报告批复内容不一致，应征得原可行性研究报告批复部门的同意。

（五）工程变更估价

1.单价变更估价的原则

（1）如果取消某项工作，则该项工作的总额价不予以支付。

（2）已标价工程量清单中有适用于变更工作的子目的，采用该子目的单价。

（3）已标价工程量清单中无适用于变更工作的子目，但有类似子目的，可在合理范围内参照类似子目的单价，由监理人按合同规定商定或确定变更工作的单价。

（4）已标价工程量清单中无适用或类似子目的单价的，可在综合考虑承包人在投标时所提供的单价分析表的基础上，由监理人按合同规定商定或确定变更工作的单价。

（5）如果本工程的变更指示是因承包人过错、承包人违反合同或承包人责任造成的，则这种违约引起的任何额外费用应由承包人承担。

2. 单价变更估价方法

（1）以合同单价为基础定价。如某合同中沥青路面原设计厚度为 4cm，其单价为 36 元 /m²。现设计变更为厚度 5cm。则变更后路面的单价为：5/4 × 36=45 元 /m²。

这种方法的特点是简单且有合同依据。但不足是合同单价是由不变成本和可变成本构成的，可变成本随着工程量的增加而增加，不变成本是相对固定的。当工程量增加时，分摊在合同单价中的不变成本下降，而不是随着工程量的增加而增加。

（2）以概预算方法为基础定价。按照概预算方法确定单价时，应首先确定施工方案和施工方法，其次确定资源的价格，然后按照定额和编制办法确定其预算单价。

这种方法的优点是有法律依据，产生的价格相对合理，能真实地反映完成变更工程的成本和利润。其缺点是不同的施工方案和施工方法单价不同，概、预算的方法反映的是社会平均水平，不能反映承包商的实际水平和市场竞争对价格的影响，特别是当承包商采用了不平衡报价时，以概预算方法确定的工程变更单价，可能加剧总造价的不合理性。

（3）合理差价定价法。合理的定价方法是在考虑单价时，在保持原有报价不受实质影响的前提下，对新增工程量部分以合理定价的差价计算，变更工程的新单价是在承包人原有报价的基础上加上合理定价的差价。这种方法体现了工程变更定价的一般原则，即工程变更不改变承包人在报价时的状态，承包人不因工程变更而额外受益，也不因工程变更而受损。

3. 总价变更的估价

处理工程变更（或工程量估计误差）引起的总价调整问题，其难度是较大的。一般估价的程序是：首先，对工程量清单的各工程细目逐个进行单价分析，以确认工程量清单中是否有不平衡报价；其次，评估工程量误差及工程变更所带来的合同价格增加额（或减少额）是否真实客观地反映了承包商为完成这些工作所需产生的费用；最后，据实提出应增加（或减少）的款额，并与业主和承包商协商确定增减额。

在调整变更工程的总价时，其在单价变更中已考虑的费用不能再重复考虑，必须予以剔除。

4. 设计变更管理原则

（1）设计变更无论由哪方提出，均由服务监管处、建设单位、设计单位、监理单位、施工单位，按照合同原则、变更的工程量及重要程度逐级、严格审查，经确认后由设计部门发出相应设计服务函，并办理签发手续，下发到有关部门付诸实施。当涉及重大方案的调整或变更工程量（工程造价）较大时，组织专家进行科学论证。

（2）发生设计变更时，必须严格履行申请、报批手续，任何单位或个人不得自作主张，不得以改变设计后对施工有利为借口，采取先斩后奏的办法，事后才向公司、设计单位补办手续。遇有特殊情况，需要及时进行设计变更现场处理时，必须经相关单位及部门人员参加，处理完毕后，由申报单位及时填写《设计变更处理纪要》，经参加处理的人员签字确认后，作为设计变更的依据。

（3）各单位必须按批准的设计变更项目、范围及内容组织施工，任何单位或个人不得突破已批准的设计变更的深度。如设计变更实施过程中，遇到其他问题时，则应再按设计变更申请、审批程序办理设计变更手续。在申请未被审批同意前，不得擅自变更施工。

（4）所有变更的提出，应附有变更设计图、工程数量表（含计算单）、计量支付以及工程费用的增减情况和依据，并建立设计变更台账，由专人负责管理设计变更。设计变更的依据文件、图纸、图片、说明等都要妥善保留，作为工程竣工资料的一部分。

5. 设计变更管理的审批权限及流程

（1）一般设计变更在监理单位及设计单位签署意见后，报建设单位审批，由建设单位总经理批复后，报服务监管处审批。

（2）较大设计变更由建设单位提出审查意见后，报服务监管处审查，提出初步审查意见，报交通厅重点办审批。

（3）重大设计变更由建设单位提出审查意见后，报服务监管处审查，提出初步审查意见，报交通厅主管部门审批。

（4）审批流程：提出设计变更—申请批准方案变更—设计文件的编制、审核、审批—签发变更令—实施变更工程。

二、工程索赔

工程索赔管理是工程造价管理的重要内容。[①] 索赔是工程承包合同履行中，当事人一方因对方不履行或不完全履行既定的义务，或者由于对方的行为使权利人受到损失时，要求对方补偿损失的权利。从理论上讲，索赔是双方面的，承包人可以向发包人索赔，发包人也可以向承包人索赔。索赔是工程承包中经常发生并随处可见的正常现象。由于受施工现场条件、气候条件的变化、施工进度的变化以及合同条款、规范和施工图纸的变更、差异、延误等因素的影响，使得工程承包中不可避免地出现索赔，进而导致项目的工程造价发生变化。因此，索赔的控制将是建设工程施工阶段造价控制的重要手段。

（一）工程索赔的起因和分类

1. 索赔的起因

引起索赔的原因是多种多样的，有的是由发包人违约或监理人的不当行为引起的，也有的是由现场条件、工程变更、有关政策和法令变更等引起的。

---

① 赵春梅 . 谈工程索赔［J］. 辽宁建材，2011（6）：56.

（1）发包人违约。发包人违约常常表现为发包人或监理人未能按合同规定为承包人提供得以顺利施工的条件。《公路工程标准施工招标文件》通用合同条款约定的有以下五条：

第一，发包人未能按合同约定支付预付款或合同价款，或拖延、拒绝批准付款申请和支付凭证，导致付款延误的。

第二，发包人原因造成停工的。

第三，监理人无正当理由没有在约定期限内发出复工指示，导致承包人无法复工的。

第四，发包人无法继续履行且明确表示不履行或实质上已停止履行合同的。

第五，发包人不履行合同约定其他义务的。

（2）合同缺陷。合同缺陷常常表现为合同文件规定不严谨，甚至矛盾。合同中的遗漏或错误不仅包括商务条款中的缺陷，也包括技术规范和图纸中的缺陷。在这种情况下，监理人有权作出解释。但如果承包人执行监理人的解释后引起成本增加或工期延长，则承包人可以为此提出索赔，监理人应给予证明，发包人应给予补偿。在一般情况下，发包人作为合同起草人，要对合同中的缺陷负责，除非其中有非常明显的含糊或其他缺陷，根据法律可以推定承包人有义务在投标前发现并及时向发包人指出。

（3）不利物质条件。不利物质条件通常是指承包人在施工现场遇到的不可预见的自然物质条件、非自然的物质障碍和污染物，包括地下和水文条件，但不包括气候条件。合同中一般约定：承包人遇到不利物质条件时，应采取适应不利物质条件的合理措施继续施工，并通知监理人。监理人发出指示，指示构成变更的，按有关变更的约定处理。监理人没有发出指示的，承包人因采取合理措施而增加的费用和（或）工期延误，由发包人承担。监理人发出的指示不构成变更时，承包人因采取合理措施而增加的费用和（或）工期延误，也应由发包人承担。

（4）工程变更。工程变更常常表现为设计变更、施工方法变更、追加或取消某些工作、合同规定的其他变更等，这些变更可以由发包人、工程师或承包人提出。工程变更是指在原合同范围内的变更，即为承包人意料之中的变更，否则承包人可以拒绝。其判断标准是变更是否与原工程有关，其目的是否为实现工程合同的总目标。工程变更与索赔有密切的关系。在实际工作中，可以把工程变更分为变更及相应的索赔两个部分，即把事先可以确定费用、双方签订了变更令的变更归入"工程变更"办理，把变更当时无法预知的费用或双方没有达成一致的变更价格，事后再由承包人以索赔形式提出补偿要求的变更归入"索赔"办理。事实上，合同中也作出规定，如果对于一项变更，监理人和承包人之间无法对其估价取得一致意见，则将监理人决定的价格值列入"工程变更"，剩余差额待承包人以索赔的形式提出后再按"索赔"进行处理。

（5）国家政策及法律、法令变更。国家政策及法律、法令变更，通常是指直接影响工程造价的某些法律、法令的变更，比如限制进口、外汇管制或税收及其他收费标准的提高。国家的政策和法律、法令是承包人投标时编制报价的重要依据之一。通常合同都规定：投标截止日期之前的第 28 天以后，如果工程所在国法律或政策的变更导致承包人施工费用增加，则发包人应向承包人补偿该增加值；相反，如果导致费用减少，则也应由发包人受益。

（6）其他承包人干扰。其他承包人干扰通常是指其他承包人未能按时按质按量进行并完成某工作，各承包人之间配合协调不好等原因而给承包人工作带来的干扰。大中型土建工程往往会有多个承包人同时在现场施工。特别是高等级公路建设，一般分为几个标段，每个标段由不同的承包人承担，由于各承包人之间没有合同关系，他们只各自与发包人存在合同关系，监理人作为发包人代理人有责任组织协调好各承包人之间的工作；否则，就有可能给整个工程和各承包人的工作带来严重影响，引起承包人索赔。

2.索赔的类型

由于索赔贯穿工程项目全过程，可能发生的范围比较广泛，其分类随标准、方法的不同而不同，主要有以下四种分类方法：

（1）按索赔的依据分类

第一，合同内索赔。合同内索赔是指索赔所涉及的内容可以在合同条款中找到依据，并可根据合同规定明确划分责任。在一般情况下，合同内索赔的处理和解决要顺利一些。

第二，合同外索赔。合同外索赔是指索赔的内容和权利难以在合同条款中找到依据，但可从合同引申含义和合同适用法律或政府颁发的有关法规中找到索赔的依据。

（2）按索赔目标分类

第一，工期索赔。由于非承包人自身原因造成拖期的，承包人要求发包人延长工期，推迟竣工日期，避免违约误期罚款等。

第二，费用索赔。要求发包人补偿费用损失，调整合同价格，弥补经济损失。

（3）按索赔事件的性质分类

第一，工程延期索赔，因为发包人未按合同要求提供施工条件，或者发包人指令工程暂停或不可抗力事件等造成工期拖延的，承包人向发包人提出索赔；如果由于承包人导致工期拖延，发包人可以向承包人提出索赔；由于非分包人导致工期拖延，分包人可以向承包人提出索赔。

第二，工程加速索赔，通常是由于发包人或工程师指令承包人加快施工进度，缩短工期，引起承包人的人力、物力、财力的额外支出，承包人提出索赔；承包人指令分包人加快进度，分包人也可以向承包人提出索赔。

第三，工程变更索赔，由于发包人或工程师指令增加或减少工程量或增加附加工程、修改设计、变更施工顺序等，造成工期延长和费用增加，承包人对此向发包人提出索赔，分包人也可以对此向承包人提出索赔。

第四，工程终止索赔，由于发包人违约或发生了不可抗力事件等造成工程非正常终止，承包人和分包人因蒙受经济损失而提出索赔；如果由于承包人或者分包人的原因导致工程非正常终止，或者合同无法继续履行，发包人可以对此提出索赔。

第五，不可预见的外部障碍或条件索赔，即施工期间在现场遇到一个有经验的承包商通常不能预见的外部障碍或条件，如地质条件与预计的（业主提供的资料）不同，出现未预见的岩石、淤泥或地下水等，导致承包人损失，这类风险通常应该由发包人承担，即承包人可以据此提出索赔。

第六，不可抗力事件引起的索赔，在新版 FIDIC 施工合同条件中，不可抗力通常是满足以下条件的特殊事件或情况：一方无法控制的，该方在签订合同前不能对之进行合理防备的，发生后该方不能合理避免或克服的，不主要归因于他方的。不可抗力事件导致承包人损失，通常应该由发包人承担，即承包人可以据此提出索赔。

第七，其他索赔，如货币贬值、汇率变化、物价变化、政策法令变化等原因引起的索赔。

（4）按索赔处理方式分类

第一，单项索赔。单项索赔是针对某一干扰事件提出的，在影响原合同正常运行的干扰事件发生时或发生后，由合同管理人员立即处理，并在合同规定的索赔有效期内向责任方提交索赔要求和报告。单项索赔通常原因单一、责任单一，分析起来相对容易，由于涉及的金额一般较小，双方容易达成协议，处理起来也比较简单。因此，合同双方应尽可能地用此种方式来处理索赔。

第二，综合索赔。综合索赔又称为一揽子索赔，一般在工程竣工前和工程移交前，承包人将工程实施过程中因各种原因未能及时解决的单项索赔集中起来进行综合考虑，提出一份综合索赔报告，由合同双方在工程交付前后进行最终谈判，以一揽子方案解决索赔问题。在合同实施过程中，有些单项索赔问题比较复杂，不能立即解决，为不影响工程进度，经双方协商同意后留待以后解决。有的是发包人或监理人对索赔采用拖延办法，迟迟不进行答复，使索赔谈判旷日持久。还有的是承包人因自身未能及时采用单项索赔方式等，都有可能出现一揽子索赔。由于在一揽子索赔中许多干扰事件交织在一起，影响因素比较复杂而且相互交叉，责任分析和索赔值计算都很困难，索赔涉及的金额往往又很大，双方都不愿或不容易作出让步，使索赔的谈判和处理都很困难。因此，综合索赔的成功率比单项索赔要低得多。

（二）索赔处理原则

1. 索赔必须以合同为依据

不论是风险事件的发生，还是当事人不完成合同工作，都必须在合同中找到相应的依据，这些依据可以是明示的，也可以是隐含的。监理人依据合同和事实对索赔进行处理是其公平性的重要体现。

2. 及时、合理地处理索赔

索赔事件发生后，索赔的提出应当及时，索赔的处理也应当及时。索赔处理不及时，对双方都会产生不利的影响，如承包人的索赔长期得不到合理解决，索赔积累的结果会导致其资金困难，同时会影响工程进度，给双方都带来不利影响。处理索赔还必须坚持合理性原则，既应当考虑国家的有关规定，也应当考虑工程的实际情况。如承包人提出索赔要求，机械停工按照机械台班单价计算损失显然是不合理的，因为机械停工不发生运行费用。

3. 加强主动控制，减少工程索赔

对于工程索赔应当加强主动控制，尽量减少索赔。这就要求在工程管理过程中，应当尽量将工作做在前面，减少索赔事件的发生。这样能够使工程更顺利地进行，降低工程投资、减少施工工期。

（三）费用索赔

1. 承包人向发包人的索赔

承包人向发包人的费用索赔是指承包人在非自身因素影响下而遭受经济损失时向发包人提出补偿其额外费用损失的要求，是承包人根据合同条款的有关规定，向发包人索取的合同价款以外的费用。

（1）可索赔的费用。施工费用一般由可变费用和不变费用构成，引起可变费用增加的可能有：①停工损失和生产效率下降；②增加工作；③物价因素。

（2）管理费。施工管理费一般由两部分组成：现场管理费和企业管理费。按照成本管理的费用划分标准，现场管理费构成直接费，是直接用于本工程的管理费用，一般是在直接费的基础上计算的；企业管理费构成间接费，是企业间接用于本工程的管理费用，一般按照一定的比例由本工程分摊。

第一，现场管理费。现场管理费是某单个合同发生的、用于现场管理的总费用，一般包括现场管理人员的工资、办公费、差旅费、固定资产使用费、工具用具使用费、保险费、工程排污费等。它一般占工程总成本的 5% ~ 10%。现场管理费的索赔计算方法一般有两种情况：①直接成本的现场管理费索赔；②工程延期的现场管理费索赔。

第二，企业管理费。企业管理费是承包人企业总部发生的，为整个企业的经营运作提供支持和服务所发生的管理费用，一般包括企业管理人员工资、差旅交通费、办公费、企业经营活动费用、固定资产折旧、职工教育培训费用、保险费、税金等。它一般占企业总营业额的 3% ~ 10%。

企业管理费分摊的方法主要有两种：①总直接费分摊法，将工程直接费作为比较基础来分摊企业管理费；②日费率分摊法，基本思路是按合同额分配企业管理费，再用日费率法计算应分摊的总部管理费索赔值。

（3）费用索赔的计算。

第一，实际费用法。实际费用法是按照各索赔事件所引起损失的费用项目分别分析计算索赔值，然后将各费用项目的索赔值汇总，即可得到总索赔费用值。这种方法以承包人为某项索赔工作所支付的实际开支为依据，但仅限于由于索赔事项引起的、超过原计划的费用，故也称额外成本法。在这种计算方法中，需要注意的是不要遗漏费用项目。

第二，修正的总费用法。修正的总费用法是对总费用法的改进，即在总费用计算的原则上，去掉一些不确定的可能因素，对总费用法进行相应的修改和调整，使其更加合理。

2. 发包人向承包人的索赔

（1）承包人原因导致的工程延期。承包人没有合法的理由展延工期，而又不能按时竣工，就要承担延期违约赔偿责任。合同条件内规定的延期违约赔偿费并不是"罚款"，只是要求承包人补偿由于发包人不能将合同工程按期投入使用蒙受的经济损失。

延期违约赔偿费的计算办法是，按照合同内约定的每延误一天的损失赔偿费乘拖延的天数。但延期违约赔偿费最高不得超过合同内约定的最高限额。

如果在整个合同约定的竣工日期以前，已对分阶段移交的部分工程颁发了工程移交证书，且证书中注明的该部分工程竣工日期并未超过约定的分阶段竣工时间，则全部工程剩余部分的延期违约日赔偿额，在合同中没有另外规定时，应相应折减。折减的原则应为，将未颁发证书部分的工程金额除以整个工程的总金额所得比例来折算，但不影响约定的最高赔偿额，这个原则同样适用于合同内约定竣工日期的分阶段移交的单位工程。

（2）承包人原因导致施工缺陷的索赔。承包人原因导致施工质量不符合技术规范的要求，或使用的材料、设备质量不满足要求，以及在缺陷责任期满前未完成应进行的缺陷工程修复工作时，发包人有权追究承包人的责任。在承包人没能于监理人规定时间内完成质量缺陷的补救工作，发包人有权向承包人进行索赔。这部分索赔内容可以是直接损失，也可以包括与违约行为有因果关系的间接损失。

（3）承包人原因导致其他损失的索赔。

第一，承包人在运输材料设备过程中，因承包人应承担的责任，如损坏了公路和桥梁等设施，发包人因此受到交通管理部门的罚款后，向承包人的索赔。

第二，对承包人不合格材料或设备进行的重复检验费。

第三，承包人应以双方共同名义投保失效，给发包人带来的损失。

第四，承包人原因导致工程延期，需加班赶工时，所增加的监理服务费。

（四）工期索赔

1. 工程延误的分类和识别

（1）按工程延误责任分类

第一，发包人及监理人的责任。发包人和监理人的责任引起的延误一般可分为两种情况：第一种情况是由发包人和监理人主观原因引起的延误，如拖延交付施工场地、拖延交付图纸、拖延审批施工方案、拖延支付工程款、未能按合同规定及时提供材料或设备、发布错误的指令等；第二种情况是由工程变更引起的延误，如设计变更引起的工程量增加、额外工作等。

第二，承包人的责任。由承包人责任引起的延误一般是由承包人施工管理不善、组织协调不力、指挥不当、财务困难、工作失误等引起的。

第三，不可控制因素导致的延误。主要有不可抗拒的自然灾害、不利现场条件等。

（2）按延误原因分类

第一，可原谅延误。可原谅延误主要是指不是由承包人的过失和违约所造成的延误，如发包人责任和不可控制因素导致的延误都是可原谅延误。

第二，不可原谅延误。不可原谅延误主要是指承包人可以预见或可以控制的情况，但由于过失而造成的延误，也即承包人责任的延误。

实际中什么是可原谅延误，什么是不可原谅延误，各合同的规定可能不尽相同，遇到具体情况时，应查阅合同规定。

（3）按延误是否可补偿经济损失分类

第一，可补偿延误（又称可原谅可补偿延误）。可原谅延误根据是否可以补偿经济损失又进一步划分为可补偿延误和不可补偿延误。可补偿延误是指承包人有权同时要求延长工期和经济损失的延误。

第二，不可补偿延误（又称可原谅不可补偿延误）。不可补偿延误主要是指可以给予工期延长，但不能对相应的经济损失给予补偿的可原谅延误。判断延误是否可以补偿经济损失的决定因素为，是不是发包人或代理人应对造成该延误的情况负责或合同规定的不由承包人承担的风险，如果是，则是可补偿的；否则是不可补偿的。

（4）按延误出现的活动类型分类

第一，关键延误。关键延误主要是指发生在网络计划中关键活动上的延误。

第二，非关键延误。非关键延误主要是指发生在非关键活动上的延误。由于非关键活动上都有一定的时差可以利用，具有一定的灵活性，因此，只要延误时间不超过该活动可以利用的时差，就不会导致整个工期的延误，而关键活动一旦延误，整个工期就会延误。

显然，只有当延误发生在关键活动或者延误导致非关键活动成为关键活动时，监理人才会考虑承包人的延期要求。实际中，当发包人责任的延误发生在非关键活动上时，承包人虽不能得到时间补偿，但有可能得到经济补偿。

（5）按延误出现的形式分类

第一，共同延误。共同延误主要是指两项或两项以上的单独延误同时发生。如某工作面上承包人的施工设备出了故障，而在此期间又下了一场特大雨，进度因此延误。共同延误可能是在同一工作上同时发生两项或两项以上的延误，也可能是在不同的工作上同时发生两项或两项以上的延误。

第二，单独延误。单独延误主要是指单一的只发生一项延误而没有其他延误同时发生。

2. 延误的一般处理原则

（1）单一延误的处理。在单一延误的索赔中，承包人能否得到补偿，如何补偿，关键在于延误是否影响了工期以及延误的责任应由谁负责。

第一，延误发生在关键活动上。

第二，发包人责任的延误，同时给予时间和经济补偿。

第三，承包人责任的延误不能得到任何补偿。

第四，不可控制因素导致的延误，可以得到时间补偿，能否得到经济补偿取决于合同规定。

（2）共同延误的处理。当共同延误同时出现在一项关键活动中时，可以按照出现延误的责任顺序进行处理。处理的原则是：追究首先出现延误责任的第一方，当第一责任方的延误已经结束，第二责任方的延误仍在继续时，追究第二责任方，若第三责任方的延误一直持续到第二责任方之后，则之后的延误追究第三责任方。

3. 工期索赔的分析方法

（1）网络分析法。承包人提出工期索赔，必须确定干扰事件对工期的影响值，即工期索赔值。网络分析法的一般思路是假定工程一直按基准网络计划确定的施工顺序和时间施工，当一个或一些干扰事件发生后，使网络中的某个或某些活动受到干扰而延长施工持续时间，将这些活动受干扰后的新的持续时间代入网络中，重新进行网络分析和计算，以此计算延误对工期的影响。网络分析是一种科学、合理的计算方法，它是通过分析干扰事件发生前、后网络计划之差异而计算工期索赔值的，通常可适用于各种干扰事件引起的工期索赔。

根据分析侧重点的不同，可以采用以下两种分析方法：

第一，动态更新分析法。对于比较复杂一点的工程项目，由于活动数量较多而且逻辑关系比较复杂，在施工过程中，受各种因素的影响出现施工延误时，关键线路可能转移，活动间的逻辑关系也可能发生变化，同时也可能出现承包人加速的情况。这时，如果仍然以整个合同期作为分析对象，不仅会使分析过程变得非常复杂，而且可能使施工延误分析结果出现较大误差，因为作为分析比较基础的基准进度计划的逻辑关系、关键线路可能已经随着工程的进展而发生了变化。

为解决这类比较复杂的施工延误分析，动态更新分析法就应运而生了。所谓动态更新分析法，就是根据工程的时间跨度将整个合同期分解为若干个时间段，通常根据不同情况可分为周、旬或月，然后逐步分析单个时间段内的各种影响工程进展的延误事件及其对整个合同工期的影响。在前一个时段内，更新后的施工进度计划将成为后一时段分析的假定基准进度计划。随着分析时段的推移，施工进度计划也逐渐被更新。动态更新分析法以分析某时段内的关键线路上的活动为主，最适合施工项目管理施工进度计划被定期动态更新的工程项目。

由于施工项目管理施工进度计划已经被定期更新，该方法所采用的分析数据是从实际、实录信息中提取的，分析结果比较客观。同时，由于所分析时间段的跨度不超过一个月，延误事件相对较少，使得分析逻辑关系、关键线路的变化及分析同期延误相对简单。

动态更新分析法有十个操作步骤：①选定用于分析用的合适的基准进度计划及其定期更新计划，以及工程合同完工日期和实际完工日期；②根据基准进度计划的更新时段确定施工延误分析时段；③列出基准进度计划在第一个分析时段内所有开始（或正在施工）的活动；④使用同期记录及更新基准进度计划验证各活动的实际开工时间和完工时间，计算每个活动延期或提前的时间，并列出使各活动发生改变的影响事件；⑤分析是否有新的活动增加或老的活动减少，以及逻辑关系是否有变化；⑥根据工程同期文件分析使活动延期或提前的原因，并界定各方应承担的相应责任；⑦验证第一个分析时段结束时，更新后的施工进度计划是否与下一个分析时段开始时的状况一样；⑧重复③~⑦直到所有时段完成分析；⑨通过计算每个分析时段内延期或提前的时段来计算整个工程的延误；⑩确定分析结果及各方的责任比例。

第二，影响事件插入法。影响事件插入法是以基准计划进度作为分析基础，并逐一对所有延误事件所造成的施工延误进行客观分析和计算，然后将这些量化后的客观估计值插入基准进度计划，用以计算和论证这些延误事件对工程完工时间的影响。使用这种方法可以用于计算责任延误事件对整个计划进度完工时间的影响，并通过与基准进度计划的比较得出承包人可获得的工期延长时间。

与动态更新分析法相比，这种方法不需要对延误事件发生时工程的实际状态和同期文件进行分析（如每个活动的实际开始及结束时间），同时，该方法研究时段为整个施工期，因而不需要定期对基准进度计划进行更新和分析，所以分析相对简单和方便。影响事件插入法，是将每个延误事件作为一个新增活动来考虑的，并根据合同文件和按照正常施工条件下对延误事件所需投入的资源及持续时间进行客观估算，计算结果也比较准确。因此，这种方法常用于初步估算延误事件对工程完工时间造成的影响。

使用影响事件插入法时必须满足四个方面的假设条件：①原始基准进度计划是非常完善的且承包人总是按照基准进度计划进行工作的，当出现延误事件后，原基准进度计划中的活动依然能够被很好地执行；②基准进度计划与插入影响事件后形成的进度计划之间的时间差值作为可获得的时间延长；③作为分析比较的基础——基准进度计划是正确的、被及时更新的，而且在分析过程中活动间逻辑关系及关键线路没有改变；④不考虑承包人加速的情况。

以上四个假设条件使影响事件插入法的使用范围受到了较大限制。因此，该方法主要适用于影响时段不长或影响事件不多的工程项目中，无论是大型工程还是小型工程均能够采用。

影响事件插入法的计算步骤有五步：①选定或建立一个合适的基准进度计划；②将发包人延误事件的估算时间值分别插入基准进度计划，形成发包人影响事件进度计划；③将承包人延误事件的估算时间值分别插入到基准进度计划中，形成承包人影响事件进度计划；④将发包人和承包人延误事件的时间估算值同时插入基准进度计划，形成混合影响事件进度计划；⑤计算出可补偿延误和工期损失。

（2）比例类推法。比例类推法基于类似工程项目的过去案例或参考标准，将索赔金额按照比例分配给不同的因素或影响因素。

第一，收集数据和信息。需要收集与工程索赔相关的数据和信息，包括工程项目的合同文件、变更订单、工作记录、成本记录、进度计划以及任何其他相关文件。

第二，确定影响因素。分析这些数据和信息，确定导致索赔的主要影响因素。这些因素可能包括设计变更、工期延误、材料供应问题、不符合规范要求等。

第三，确定参考标准。寻找与当前工程项目相似的过去案例或参考标准。这些案例或标准应该具有可比性，即与当前项目具有相似的工程特征、规模和复杂度。

第四，计算比例。将索赔金额按照比例分配给不同的影响因素。这需要根据参考标准和实际情况进行适当的估算和调整。比例可以根据不同的影响因素的重要性和影响程度来确定。

第五，验证和调整。对计算得出的比例进行验证，并根据特定情况进行调整。可能需要进行与相关方的讨论和协商，以确保分配的比例公平和合理。

比例类推法是一种估算方法，结果可能有一定的主观性和不确定性。因此，在使用比例类推法进行工程索赔分析时，需要谨慎并考虑其他可能的分析方法和技术。同时，专业的法律和合同方面的咨询也是必要的，以确保合规性和合法性。

4.索赔工作程序

索赔工作程序是指从索赔事件产生到最终处理全过程所包括的工作内容和工作步骤。由于索赔工作实质上是承包人和发包人在分担工程风险方面的重新分配过程，涉及双方的众多经济利益，因而是一个烦琐、细致、耗费精力和时间的过程。因此，合同双方必须严格按照合同规定办事，按合同规定的索赔程序工作，索赔才能获得成功。

具体工程的索赔工作程序，应根据双方签订的施工合同产生。在工程实践中，比较详细的索赔工作程序一般可分为以下四项主要步骤。

（1）索赔意向的提出。在工程实施过程中，一旦出现索赔事件，承包人应在合同规定的时间内，及时向发包人或监理人书面提出索赔意向通知，亦即向发包人或监理人就某一个或若干个索赔事件表示索赔愿望、要求或声明保留索赔的权利。

合同通用条款要求：承包人应在知道或应当知道索赔事件发生后 28 天内，监理人递交索赔意向通知书，并说明发生索赔事件的事由。承包人未在前述 28 天内发出索赔意向通知书的，丧失要求追加付款和（或）延长工期的权利。

第一，索赔意向提出的基础。施工合同要求承包人在规定期限内首先提出索赔意向，是基于四点考虑：①提醒发包人或监理人及时关注索赔事件的发生、发展等全过程；②为发包人或监理人的索赔管理作准备，如可进行合同分析、收集证据等；③如属发包人责任引起索赔，发包人有机会采取必要的改进措施，防止损失的进一步扩大；④对于承包人来讲，意向通知也可以起到保护作用

第二，索赔意向通知的内容。索赔意向通知一般应包括六项内容：①事件发生的时间、地点或工程部位；②事件发生的双方当事人或其他有关人员；③事件发生的原因及性质，应特别说明并非承包人的责任；④承包人对发生事件的态度，应说明承包人为控制事件的发展、减少损失所采取的措施；⑤说明事件的发生将会使承包人产生额外经济支出或其他不利影响；⑥提出索赔意向，注明合同条款依据。

（2）索赔资料的准备。从提出索赔意向到提交索赔报告，是属于承包人索赔的内部处理阶段和索赔资料准备阶段。此阶段的主要工作有五项。

第一，跟踪和调查干扰事件，掌握事件产生的详细经过和前因后果。

第二，分析干扰事件产生原因，划清各方责任，确定由谁承担，并分析这些干扰事件是否违反了合同规定，是否在合同规定的赔偿或补偿范围内。

第三，损失或损害调查或计算，通过对比实际和计划的施工进度和工程成本分析经济损失或权利损害的范围和大小，并由此计算出工期索赔和费用索赔值。

第四，收集证据，从干扰事件产生、持续直至结束的全过程，都必须保留完整的当时记录，这是索赔能否成功的重要条件。

工程实施中，合同双方应注意以下资料的积累和准备：发包人指令书、确认书；承包人要求、请求、通知书；发包人提供的水文地质、地下管网资料，施工所需的证件、批件、临时用地占地证明手续、坐标控制点资料、图纸等；承包人的年、季、月施工计划，施工方案，施工组织设计及监理人批准、认可的记录等；施工规范、质量验收单、隐蔽工程验收单、验收记录；承包人要求预付通知，工程量核实确认单；发包人对承包人的材料供应清单、合格证书；竣工验收资料、竣工图；工程结算书、保修单等。

第五，起草索赔文件。按照索赔文件的格式和要求，将上述各项内容系统反映在索赔文件中。

（3）索赔报告的提交。承包人必须在合同规定的索赔时限内向发包人或监理人提交正式的书面索赔报告。合同通用条款规定，承包人应在发出索赔意向通知书后 28 天内，向

监理人正式递交索赔通知书。索赔通知书应详细说明索赔理由以及要求追加的付款金额和（或）延长的工期，并附必要的记录和证明材料；索赔事件具有连续影响的，承包人应按合理时间间隔继续递交延续索赔通知，说明连续影响的实际情况和记录，列出累计的追加付款金额和（或）工期延长天数；在索赔事件影响结束后的28天内，承包人应向监理人递交最终索赔通知书，说明最终要求索赔的追加付款金额和延长的工期，并附必要的记录和证明材料。

第一，索赔报告。索赔报告是承包人向监理人提交的，要求发包人给予一定经济补偿或延长工期的正式报告。索赔报告通常是在干扰事件结束后，承包人在收集整理相关资料的基础上编写的。

索赔报告必须注意满足三个基本要求：①必须证明索赔资格以及基于何种理论有这种资格；②索赔报告中必须有详细准确的损失金额及时间计算；③索赔报告应证明客观事实与损失之间的因果关系，这种因果关系必须是内在的、本质的、必然的，只有当某行为或事件与损失后果之间有内在的、本质的、必然的联系时，才具有法律上的因果关系，如果只有外在的、偶然的联系，则不能认定二者之间有因果关系。

索赔报告一般包括三部分内容：①致监理人的索赔说明信。信中简明扼要地说明索赔的事项、理由和金额（工期）。②索赔报告正文，包括标题、事实与理由、损失计算。标题应该简要地概括出索赔的中心内容；事实与理由部分则是准确叙述客观事实，合理引用合同规定，通过正确的论证推理，建立事实与损失结果之间的因果关系，说明索赔的合法合理性；损失部分则是主要计算过程和计算结果的汇总。③详细的计算结果和证明材料，作为对正文的补充。

编写索赔报告是一项比较复杂的工作，需要多方面的知识、经验和能力，如合同、法律、计划、组织、工程技术、成本核算、财务管理等。对于较大、较复杂的索赔，有必要向法律专家或索赔专家进行咨询或鉴定。

第二，监理人对索赔文件的审核。监理人受发包人的委托和聘请，对工程项目的实施进行组织、监督和控制工作。监理人根据发包人的委托或授权，对承包人索赔的审核工作主要分为判定索赔事件是否成立和核查承包人的索赔计算是否正确、合理两个方面，并可在发包人授权的范围内作出自己独立的判断。

索赔要求的成立必须同时具备四个条件：①与合同相比较已经造成了实际的额外费用增加或工期损失；②造成费用增加或工期损失的原因不是由承包人自身的过失造成的；③经济损失或权利损害也不是由承包人应承担的风险造成的；④承包人在合同规定的期限内提交了书面的索赔意向通知和索赔文件。

上述四个条件没有先后主次之分，并且必须同时具备，承包人的索赔才能成立。其后监理人对索赔文件的审查重点主要有两步：①重点审查承包人的申请是否有理有据，即承包人的索赔要求是否有合同依据，所受损失是否确属不应由承包人负责的原因造成，提供的证据是否足以证明索赔要求成立，是否需要提交其他补充材料等；②监理人以公正的立场、科学的态度，审查并核算承包人的索赔值计算，分清责任，剔除承包人索赔值计算中的不合理部分，确定索赔金额和工期延长天数。公路工程专用合同条款要求：监理人应按合同条款商定或确定追加的付款和（或）延长的工期，并在收到索赔通知书或有关索赔的进一步证明材料后的42天内，将索赔处理结果报发包人批准后答复承包人。如果承包人提出的索赔要求未能遵守合同的规定，则承包人只限于索赔由监理人按当时记录予以核实的那部分款额外负担和（或）工期延长天数。

（4）索赔的处理与解决。从递交索赔报告到索赔结束是索赔的处理与解决过程。经过监理人对索赔文件的评审，与承包人进行了较充分的讨论后，监理人应提出对索赔处理决定的初步意见，并参加发包人和承包人之间的索赔谈判，根据谈判达成索赔最后处理的一致意见。如果发包人和承包人通过谈判达不成一致，则可根据合同规定，将索赔争议提交争议评审组或仲裁或诉讼，使索赔问题得到最终解决。

工程项目实施中会发生各种各样、大大小小的索赔、争议等问题，应该强调的是，合同各方应该争取尽量在最早的时间、最低的层次，尽最大可能以友好协商的方式解决索赔问题，不要轻易提交仲裁。因为对工程争议的仲裁往往是非常复杂的，要花费大量的人力、物力、财力和精力，对工程建设也会带来不利，有时甚至会产生严重的影响。

三、价格调整

由于公路工程项目工程造价对于整个工程的调整都有着重要影响，所以控制公路工程价格的重点是价格控制管理。[①]公路建设项目规模大、工期长、技术复杂，施工中具有较大的风险性。由价格变动带来的经济风险常常是难以避免的，工程中可能造成价格变动的原因主要有两种：一是物价变动引起，如人工、材料、运输费用上涨；二是在标价做出后，由国家政策、法律、法规的变更引起，如提高养路费的征收标准或增加了某项税收，这种变更会增加施工成本，同时又是承包商在编标时无法准确预料的。如果合同规定不允许调价，承包商必然将此风险计入报价中，承包商考虑的费用未必是合理费用，结果导致业主得到一种较高的不合理报价。为了避免这种情况的出现，公路工程多采用可调价的单价合同，合同条款中专门作出了相关规定。

（一）价格调整的种类和方法

第一，因物价波动引起的价格调整。在这种情况下，可采用两种方法的其中一种进行计算：①采用价格指数调整价格差额。这种方式主要适用于使用的材料品种较少，但每种

① 于洁．浅谈公路工程建设中价格调整的控制[J]．信息系统工程，2011（8）：131．

材料使用量较大的土木工程，如公路、水坝等。②采用造价信息调整价格差额。在施工期内，因人工、材料、设备和机械台班价格波动影响合同价格时，人工、机械使用费按照国家或省（自治区、直辖市）建设行政管理部门、行业建设管理部门或其授权的工程造价管理机构发布的人工成本信息、机械台班单价或机械使用费系数进行调整；需要进行价格调整的材料，其单价和采购数应由监理人复核，监理人确认需调整的材料单价及数量，作为调整工程合同价格差额的依据。这种方式适用于使用的材料品种较多，相对而言每种材料使用量较小的房屋建筑与装饰工程。

在采用造价信息调整价格差额时，应注意三点：①人工单价发生变化时，发、承包双方应按省级或行业建设主管部门或其授权的工程造价管理机构发布的人工成本文件调整工程价款。②材料价格变化超过省级或行业建设主管部门或其授权的工程造价管理机构规定的幅度时应当调整，承包人应在采购材料前就采购数量和新的材料单价报发包人核对，确认用于本合同工程时，发包人应确认采购材料的数量和单价。发包人在收到承包人报送的确认资料后3个工作日内不予答复的视为已经认可，作为调整工程价款的依据。如果承包人未报经发包人核对即自行采购材料，再报发包人确认调整工程价款的，如发包人不同意，则不做调整。③施工机械台班单价或施工机械使用费发生变化超过省级或行业建设主管部门或其授权的工程造价管理机构规定的范围时，按其规定进行调整。

第二，后继法律法规变动引起的价格调整。在基准日后，因法律、政策变化导致承包人在合同履行中所需要的工程费用发生增减时，监理人应根据法律与国家或省（自治区、直辖市）有关部门的规定，商定或确定需调整的合同价款。

（二）价格调整的程序

1. 选择调价的资源种类

施工中使用的资源种类很多，就工程材料而言，建设一条高速公路需要投入水泥、木材、钢材、预应力钢材、沥青、普通碎石、中砂、粗砂、石灰、粉煤灰、汽油、砖、料石、片石以及各种预制件等。如果全部考虑调价，一方面使调价的计算工作难度增加，另一方面也没有必要。实际中一般主要选择对工程投资、工程成本影响较大且投入数量较多的材料作为代表。一般来说，品种不宜太多，参与调价的资源种类取5~10种为宜，如设备、水泥、钢材、木材、沥青和人工单价等，这样便于计算。

2. 确定物价指数

物价指数包括基期价格指数和现价指数。合同条款规定，投标截止日期前第28天原产地国家统计局公布流通使用的基础物价指数为参与调价品种的基价指数，工程开工后原产地国家统计局公布流通使用的现行物价指数为参与调价品种的现行指数。

现价指数按指数选择基期的不同分为定基物价指数和环比物价指数。定基物价指数以某一固定期为基期所计算的相对价格指数，而环比物价指数是以计算期的前一时期为基期所计算的相对价格指数，如规定以一个年度期限编制的环比指数为年度环比指数。

3. 确定资源的权重系数

资源的权重系数反映各种资源在工程施工中所占的比重，其测算方法一般是由发包人根据标底资料或投标人根据投标资料中的有效合同价中所包含的劳力、材料、设备、运输费用等进行。

结束语

我国地大物博，为了让各地方人民可以自由往来，国家大力修建公路，从而实现了覆盖面广阔的交通网络，极大方便了人民出行。随着我国不同地方经济发展水平的变化，人们对公路的需求量也在发生变化，为保障经济发展，公路也需要配合地方发展作出合理的规划。随着国外建设企业的大量涌入，建设市场的竞争更加激烈，各行业也面临更大的机遇和挑战。公路企业要确保在竞争激烈的市场条件下立于不败之地，就必须提高工程质量、降低工程成本，以赢得市场，提高综合竞争力，所以加强公路工程施工管理势在必行。在公路正式施工之前，需要先进行招投标，因此造价管理控制就显得尤为重要。

参考文献

1. 著作类

[1] 艾建杰，罗清波.公路工程施工技术 [M].重庆：重庆大学出版社，2020.

[2] 李继业，贾雍，张平.公路工程材料检测和施工质量控制 [M].北京：化学工业出版社，2015.

[3] 莫勇刚，陈杨，邓德学.公路工程造价 [M].天津：天津科学技术出版社，2016.

[4] 钱源.公路工程造价编制 [M].重庆：重庆大学出版社，2014.

[5] 武彦芳.公路工程施工组织设计 [M].重庆：重庆大学出版社，2020.

[6] 张杰.公路工程施工概预算与造价控制 [M].徐州：中国矿业大学出版社，2015.

2. 期刊类

[1] 《中国公路学报》编辑部.中国路基工程学术研究综述·2021[J].中国公路学报，2021，34（3）：1-49.

[2] 安清，陈磊.浅述土质路基填挖方案 [J].科技信息，2008（24）：116，52.

[3] 曾凡稳.地质构造与公路工程建设关系研究 [J].公路工程，2010，35（5）：141-143，147.

[4] 陈富坚，黄世斌，包惠明.水泥混凝土路面的工后可靠度及其计算方法 [J].工程力学，2010，27（z1）：205-209.

[5] 陈丽萍.石化工程项目工程量清单计价管理研究 [J].建筑经济，2023，44（4）：58-63.

[6] 陈晓宇，陈潮锐.设计阶段公路工程的造价控制探讨 [J].中南公路工程，2006，31（3）：131-134.

[7] 丛卓红，陈恒达，郑南翔，等.水泥混凝土路面纹理的研究进展 [J].材料导报，2020，34（9）：9110-9116.

[8] 戴建玲，雷明堂.公路工程岩溶环境一、二级区划 [J].中国岩溶，2013，32（2）：153-160，174.

[9] 邓力铭，陈阿奇，陈建华，等.浅谈SMA改性沥青路面施工技术[J].散装水泥，2022（4）：84-86，89.

[10] 丁华.公路工程概、预算编制的几点体会[J].云南现代交通，2004，1（3）：43-45.

[11] 杜红云，陈晓明.公路工程施工项目成本管理探讨[J].价格月刊，2008（8）：84-86.

[12] 方翠兰，张力.基于模糊神经网络的公路工程造价评估研究[J].公路工程，2017，42（4）：228-231.

[13] 付智.水泥混凝土路面行车安全性研究[J].施工技术，2013，42（11）：105-107.

[14] 葛婷，王晓飞，符锌砂.改扩建高速公路工程交通组织方法探讨[J].公路工程，2010，35（6）：118-123.

[15] 韩成志，刘圣福.浅论沥青路面施工[J].科技致富向导，2011（8）：225.

[16] 韩彦斌.市政工程沥青路面施工技术[J].大众标准化，2023（4）：42-44.

[17] 何建云.公路建设工程造价控制的新思路[J].建筑经济，2009（5）：105-108.

[18] 贺吉祥.简析公路工程造价中的预结算编制问题及其策略[J].百科论坛电子杂志，2018（19）：134.

[19] 胡小燕.公路沥青路面施工技术分析[J].运输经理世界，2022（24）：28-30.

[20] 江山.公路工程投标报价编制与策略[J].城市建设理论研究（电子版），2014（26）：3415-3416.

[21] 蒋玉飞，李倩，樊晓刚.公路水泥混凝土的路面施工常见的问题及控制分析[J].公路工程，2017，42（5）：252-255，261.

[22] 黎述亮.海外公路工程项目的勘察设计探析[J].公路工程，2014（5）：194-198.

[23] 李建法.高速公路水泥混凝土路面改造工程共振机械碎石化施工技术与应用[J].公路，2011（7）：53-58.

[24] 李进成.土质路基施工质量控制[J].中小企业管理与科技，2012（31）：130-131.

[25] 李林，郑长安，陈赟.公路工程合理质量管理研究[J].湖南大学学报（自然科学版），2005，32（6）：121-124.

[26] 李炜光，孙己龙，陈栓发.超早强修补水泥混凝土早强机理研究[J].公路交通科技，2004，21（6）：31-34.

[27] 李祥熙.公路工程投标策略[J].中南公路工程，2002，27（1）：92-93.

[28] 廖涛.市政道路沥青路面施工技术及要点[J].江苏建材，2023（1）：97-99.

[29] 刘黎萍.浅议公路工程设计阶段的造价控制[J].中南公路工程，2000，25（4）：70-72.

[30] 骆娟.公路工程概、预算及编制控制措施探讨[J].科技视界，2015（11）：265，290.

[31] 马士宾，庞京杰，任俊财，等.基于最优混合设计法的路用混凝土配合比优化[J].中

国科技论文，2022，17（4）：394-399.

[32] 郤亚雄 .RCA 改性沥青路面施工技术 [J]. 交通世界（中旬刊），2021（5）：70-71.

[33] 司晓炜 .公路工程中的橡胶水泥混凝土动态力学性能分析 [J]. 公路工程，2017，42（4）：242-245.

[34] 唐盛，郑长安 .公路工程项目管理绩效评价研究 [J]. 公路工程，2010，35（5）：138-140.

[35] 唐寻，杨和礼 .薄层水泥混凝土修补破损路面的方法研究 [J]. 混凝土，2007（9）：95-97.

[36] 王海川 .SMA 改性沥青路面施工技术 [J]. 交通世界（中旬刊），2021（6）：44-45.

[37] 王辉，唐智 .山区高速公路水泥混凝土路面工程设计实例 [J]. 中外公路，2005，25（4）：53-58.

[38] 王静轩 .公路工程招标阶段的造价控制和管理分析 [J]. 交通世界（下旬刊），2020（9）：152-153.

[39] 王普栋 .沥青路面施工控制 [J]. 装饰装修天地，2015（12）：265.

[40] 魏海，胡宁 .土质路基施工技术 [J]. 科技视界，2012（27）：443-444.

[41] 吴海波，尤鑫鑫，冯忠超，等 .聚丙烯纺黏针刺土工布的制备及其在公路工程中的应用 [J]. 产业用纺织品，2023，41（2）：44-50.

[42] 吴军 .公路工程项目建设中的半干硬性水泥混凝土配合比设计 [J]. 公路工程，2017，42（3）：151-153，163.

[43] 许钦 .公路工程投资估算审核中应重点注意的问题 [J]. 城市建筑，2020，17（32）：184-186.

[44] 杨群，郭忠印，陈立平 .考虑板角脱空的公路隧道水泥路面设计方法 [J]. 哈尔滨工业大学学报，2007，39（6）：980-983.

[45] 杨伟林，高志兵，陶小三，等 .厚软场地上大跨径桥梁设计反应谱研究 [J]. 防灾减灾工程学报，2005，25（4）：394-400.

[46] 杨晓东 .厂拌热再生沥青路面施工技术 [J]. 科学技术创新，2023（6）：129-132.

[47] 于洁 .浅谈公路工程建设中价格调整的控制 [J]. 信息系统工程，2011（8）：130-131.

[48] 於孟元，赵忠伟 .高速公路工程水土流失预测与分析实践 [J]. 长江科学院院报，2021，38（4）：50-55.

[49] 袁磊 .公路工程水泥混凝土路面施工技术 [J]. 建筑·建材·装饰，2017（19）：48.

[50] 张敦，练练，肖梅峰 .合理确定公路工程建设项目竣工决算 [J]. 中南公路工程，2005，30（1）：130-131，135.

[51] 张建明，刘永智，吴青柏，等 .公路工程冻土类型划分研究 [J]. 西安公路交通大学学报，

2001，21（4）：1-5.

[52] 张进，张润，张欢，等．混凝土路面冻融损伤的修复研究 [J]. 混凝土，2022（3）：168-170.

[53] 张艳聪，高玲玲，申俊敏．施工环境温度对水泥混凝土路面早期应力强度比影响研究 [J]. 施工技术，2014（17）：93-96.

[54] 赵春梅．谈工程索赔 [J]. 辽宁建材，2011（6）：55-56.

[55] 赵尚传，傅智，罗蠹，等．粉煤灰水泥混凝土路面性能研究 [J]. 公路，2006（10）：67-70.

[56] 赵天宇，王发旺，侯建军，等．公路工程中盐渍土定性定量评价的探讨 [J]. 公路工程，2014（2）：217-221，231.

[57] 赵伟，董泽福．对公路工程质量标准与技术规范的建议 [J]. 中南公路工程，2002，27（4）：77-79.

[58] 周生连．谈公路工程施工质量控制的 3 个阶段 [J]. 中南公路工程，2001，26（2）：19-20.